博学而笃志，切问而近思。
（《论语·子张》）

博晓古今，可立一家之说；
学贯中西，或成经国之才。

复旦博学·复旦博学·复旦博学·复旦博学·复旦博学·复旦博学

主编简介

薛可，上海交通大学长聘教授、博士生导师，上海交大-南加州大学文化创意产业学院副院长，国务院特殊津贴专家。南开大学管理学博士，上海交通大学和北京大学两站博士后。美国麻省理工学院高级访问学者，加州大学圣地亚哥分校、加拿大不列颠哥伦比亚大学访问学者。主持国家社科基金艺术类重大课题、国家社科基金重点课题、国家社科基金一般课题、教育部人文社科项目、民族民委研究重点项目、国家广电总局社科研究项目、上海市决策咨询重点项目等纵横向课题20多项，出版专著、教材30多种，发表学术论文100多篇，担任国际期刊主编、SSCI期刊副主编。获教育部新世纪优秀人才、上海市教育系统"三八红旗手"、"宝钢教育奖"、"上海交通大学校长奖"等多个奖项。

龙靖宜，广东开放大学讲师，主要研究方向为媒介文化与文化传播。毕业于英国东安格利亚大学，媒体文化与社会专业硕士。2019年度上海交通大学访问学者。

文化创意传播学

薛 可 龙靖宜 主编

复旦大学出版社

扫二维码登录本书电子资源平台,
可获得相关思维导图、课件和习题。

序

文化创意(简称"文创")是当今的热门词汇和热点内容。20世纪80年代,美国学者约翰·霍金斯(John Hawkins)出版《创意经济》,1997年,时任英国首相安东尼·布莱尔(Anthony Blair)积极推动"创意产业",前者奠定了学科基础,后者推动了产业发展。此后,文创在全球引起广泛关注并蓬勃发展。

中国的文化创意研究和产业,从21世纪初开始发端,也取得了长足的进展。产品通过文创获得巨大的价值提升,景点通过文创产生全新的消费体验,会展通过文创营造出神奇意境,游戏动漫通过文创拓展出广阔空间。文创园区在各大城市纷纷落地成为新城市地标,文创展示成为各地的网红打卡点,文创专业在各高校为年轻才俊们热捧,文创作品在市场上红极一时。

为了更好地开展高校文创专业本科生和研究生的培养,文创专业教材的编写显得迫在眉睫。为此,2021年4月,我们在复旦大学出版社出版了"文创系列"的第一部教材《文化创意学概论》。出版以来,得到了学界和业界同仁的广泛认同,为了满足高校文创专业系列课程的需要,我们随即着手编写《文创伦理与法规》《文化创意传播学》和《文化创意设计学》教材,以满足本科生和研究生培养的需求。

文化创意学是一门以文化为元素、以创意为核心、以市场为导向、以载体为形态的综合性应用学科。任何文创都需要通过传播来影响受众和消费者,从而被市场所接受。换而言之,如果没有有效的传播,受众和消费者根本无法知晓、接受、喜爱文创产品,文创也就无法展现市场价值。从这个意义上讲,传播是文创展现市场价值的桥梁、手段和媒介。本教材就是研究和剖析文化创意传播的专门书籍。

本书分为十章。第一章"文化创意传播学概述",通过对文化、创意、传播概念的阐述,来界定文化创意传播的内涵与外延,从而勾勒出文化创意传播的特征、原则、方式和趋势,对全书进行系统界定和梳理;第二章"文化创意传播理论与学科基础"是全书的学术支撑,通过文化创意传播本体理论、基础理论和相关理论三个层次的理论介绍,为本学科找到理论定位和研究方法,并进一步阐述本学科与相应学科的关系;第三章"文化创意传播的机制",从文创不同发展的纵向阶段梳理出相应传播规律,从文创传播管理的过程、内容、策略、沟通、时间、风险六大横向要素，总结出相应的管理机制；第四章"文化创意传播的参与者分析"，分别从参与者类别特征、心理和行为来剖析文创传播参与者，使文创传播主客体清晰明确；第五章"文化创意传播的内容生产"，分别从内涵、方式、形式三个视角，来介绍文创传播的内容生产；第六章"文化创意传播渠道之线下媒体"和第七章"文化创意传播渠道之线上媒体"，分别介绍了文创传播与平面媒体、视听媒体、场景媒体、基础网络媒体、网络社交媒体、网络视听媒体、电子商务媒体等线下线上七种媒体的文创传播；第八章"文化创意传播的活动组织"，分别从活动分类、活动手段、表现形式等方面介绍文创传播活动；第九章"文化创意传播的组织机构"，介绍了机构形态、职责及管理；第十章"文化创意传播效果评估"，阐述了评估流程、方法和管理，介绍如何对文创传播效果进行客观和科学的评价。

教材由本人设计基本构架、确定各章体例、审定编写内容、选定案例样本，由龙靖宜老师协助进行细化和审稿，其他同仁分头执笔，最后由本人和龙靖宜老师审改定稿。各部分执笔人分工如下：

龙靖宜：第一至四章、第七章、第九章、第十章；

邓源：第五章、第七章；

鲁晓天：第六章、第八章；

赵诗颖、谢应杰：案例收集。

衷心感谢复旦大学出版社及方毅超先生对本教材出版的支持和对文创这一新兴学科高度的关注，不但首先积极推进出版了《文化创意学概论》这一核心教材，而且将持续推出"文创丛书"。衷心感谢本书编辑李荃，她的专业水准和敬业精神给我们留下了深刻的印象。你们不仅具有前瞻性的战略眼光，也实实在在在推动着中国文创理论与产业的发展。

本书是迄今为止第一部文化创意传播学教材，尚无其他可以借鉴和参考的体例，带有极强的探索性和初创性。本人和编写的同仁水平有限，书中的缺失和错误敬请读者指正，我们希望通过不断修订，使本书日臻完善。

2022年4月于上海交通大学

目 录

第一章　文化创意传播学概述	1
第一节　文化创意与传播	2
第二节　文化创意传播的特征	4
第三节　文化创意传播的原则	8
第四节　文化创意传播的方式	10
第五节　文化创意传播的趋势	15
案例解析　《唐宫夜宴》出圈是偶然还是必然？	17
思考题	20
本章参考文献	20

第二章　文化创意传播理论与学科基础	23
第一节　文化创意传播本体理论	23
第二节　文化创意传播基础理论与学科	28
第三节　文化创意传播相关学科基础	35
案例解析　2022年新晋顶流："冰墩墩"	40
思考题	42
本章参考文献	42

第三章　文化创意传播的机制	45
第一节　文化创意传播的规律	45
第二节　文化创意传播的管理	52
案例解析　好利来的品牌成长之路	60
思考题	62
本章参考文献	62

i

第四章　文化创意传播的参与者分析　64

第一节　文化创意传播的参与者　64

第二节　文化创意传播的参与者心理　70

第三节　文化创意传播的参与者行为　77

案例解析　盲盒的营销"魔法"　81

思考题　83

本章参考文献　84

第五章　文化创意传播的内容生产　86

第一节　文化创意传播内容生产的内涵　86

第二节　文化创意传播内容生产的方式　92

第三节　文化创意传播内容生产的形式　97

案例解析　花西子的"苗族印象"　101

思考题　104

本章参考文献　104

第六章　文化创意传播渠道之线下媒体　105

第一节　文化创意的平面媒体传播　105

第二节　文化创意的传统视听媒体传播　113

第三节　文化创意的线下场景媒体传播　119

案例解析　大唐不夜城：文化创意传播的三重赋能　125

思考题　126

本章参考文献　126

第七章　文化创意传播渠道之线上媒体　130

第一节　文化创意的基础网络媒体传播　130

第二节　文化创意的网络社交媒体传播　134

第三节　文化创意的网络视听媒体传播　141

第四节　文化创意的电子商务媒体传播　146

案例解析　蜜雪冰城"玩转"网络社交媒体　149

思考题　151

本章参考文献　151

第八章　文化创意传播的活动组织　155

第一节　文化创意传播活动的分类　155

第二节　文化创意传播活动的手段　157

第三节　文化创意传播活动的表现形式　164

案例解析　成都马拉松:城市与体育的创意碰撞　168

思考题　170

本章参考文献　170

第九章　文化创意传播的组织机构　174

第一节　文化创意传播组织机构的形态　174

第二节　文化创意传播组织机构的职责　184

第三节　文化创意传播组织机构的管理　186

案例解析　中国文化创意产业园区分布与发展　190

思考题　192

本章参考文献　193

第十章　文化创意传播效果评估　195

第一节　文化创意传播效果评估流程　195

第二节　文化创意传播效果评估方法　198

第三节　文化创意传播效果评估管理　207

案例解析　有效 or 无效:选秀节目的新创意　208

思考题　211

本章参考文献　211

图目录

图 2-1 "冰墩墩"手办	40
图 3-1 可口可乐昵称瓶	47
图 3-2 《这！就是街舞第四季》宣传海报	48
图 3-3 脑白金广告	50
图 3-4 快乐大本营	51
图 3-5 小米新旧标识对比	55
图 3-6 小米新 logo	56
图 3-7 奥迪在朋友圈投放的广告	59
图 3-8 英菲尼迪对"迪迪事件"微博回复	59
图 3-9 好利来与喜茶的联名产品	61
图 4-1 必胜客电影主题餐厅(一)	74
图 4-2 必胜客电影主题餐厅(二)	74
图 4-3 旺旺虚拟键盘	81
图 5-1 三星堆青铜面具雪糕	93
图 5-2 喜茶版联名礼盒	96
图 5-3 茶颜悦色版联名礼盒	96
图 5-4 笑果工厂	100
图 5-5 花西子"苗族印象"	102

i

图 6-1　《中国日报》百鸟衔花图的头版设计　107

图 6-2　《广州日报》"掌·声"版面设计　107

图 6-3　《你的名字》的报纸传播创意（一）　108

图 6-4　《你的名字》的报纸传播创意（二）　108

图 6-5　《你的名字》的报纸传播创意（三）　108

图 6-6　《哥伦布月刊》"哥伦布制造"封面　110

图 6-7　《视觉》第五十期杂志：艺术家玩偶　110

图 6-8　《长城绘》游戏棋盘式的腰封　111

图 6-9　The Real Cookbook　111

图 6-10　《文物有灵》　113

图 6-11　《紫菜 life》　114

图 6-12　《典籍里的中国》　116

图 6-13　《布达佩斯大饭店》　118

图 6-14　日本东京街头的"3D仿真猫咪"　120

图 6-15　光之博物馆　121

图 6-16　日本环球影城"哈利·波特的魔法世界"　122

图 6-17　秘密影院之《007大战皇家赌场》　124

图 7-1　Madma Visconti 网站　132

图 7-2　中国非物质文化遗产网截图　132

图 7-3　必应圣诞节个性化搜索界面　134

图 7-4　标致汽车在拼趣活动主页上的"画板"　136

图 7-5　福克斯带你畅游你的豆瓣记录　138

图 7-6　"受欢迎的老传统"　140

图 7-7　《毒枭：墨西哥》海报　142

图 7-8　喜马拉雅《宇宙电台》　145

图 7-9	手游《梦幻新诛仙》中的油纸伞	146
图 7-10	蜜雪冰城广告宣传 MV 截图	149
图 8-1	咪咕影院的复古邮票风格电影票	159
图 8-2	迪迦奥特曼与一加 9R	160
图 8-3	"雨屋"	163
图 8-4	2022 年成都马拉松路线图	169
图 9-1	企鹅图书"大写字母系列"	179
图 9-2	企鹅图书《神曲》封面	179
图 10-1	《乘风破浪的姐姐 2》片头	209

第一章

文化创意传播学概述

学习目标

学习完本章,你应该能够:
(1) 了解文化创意、文化传播与文化创意传播;
(2) 了解文化创意传播的特征;
(3) 了解文化创意传播的原则;
(4) 了解文化创意传播的方式;
(5) 了解文化创意传播的趋势。

基本概念

文化创意　文化传播　文化创意传播　文化创意传播特征　文化创意传播原则

第一节 文化创意与传播

从字面来看,文化创意传播由"文化""创意""传播"三个要点组成,但是要点之间并不是简单相加,而是基于内涵的有机结合、相互融合。因此,本节将讨论文化创意、文化传播以及文化创意与传播之间的关系,以此来理解文化创意传播的基本内容。

一、文化创意

最早的"文化创意"可以追溯到史前用于记录生活场景的人类岩画、壁画等形式。随着文字的出现与媒介的发展,世界各地的文化通过不同的创意形式逐渐向世人展示。当代的"文化创意"被各国大众广泛了解与接受以1998年英国提出的创意产业为开端。在我国,台湾地区参考英国创意产业的发展,于2002年率先提出"文化创意产业"的概念,随后我国香港地区和内地也逐渐采用这一概念。2009年国务院出台的《文化产业振兴规划》明确指出,文化创意产业包括文化科技、音乐制作、艺术创作、动漫游戏四类产业。2012年,《国家"十二五"时期文化改革发展规划纲要》将文化创意产业纳入新兴文化产业行列,并提出加快产业发展的要求。自此,文化创意产业逐渐成为我国文化产业的重要组成部分之一,也被纳入国内众多城市文化发展战略,"文化创意"一词也伴随产业的不断发展应运而生,逐渐进入国内大众视野。

所谓文化创意,并不是"文化"与"创意"的简单结合。文化是创意的来源和精髓,创意是"文化传承的动力之源",学者白庆祥、李宇红认为文化创意是"以知识为元素,融合多元文化、整合相关学科、利用不同载体而构建的再造与创新的文化现象",两者相辅相成,共同组成了文化创意的内涵与外延。[1] 薛可和余明阳在《文化创意学概论》中概括指出,文化、创意、市场和载体是文化创意的关键要素,文化是基本元素,创意是核心所在,市场为其提供导向,载体则是其存在形态。韩国科学与技术评鉴规划研究所在2014年的文化创意规划简报中指出,文化创意是"想象的能力、产生解释世界的原创想法与新方法以及透过文本、声音和影像的表达"。[2]

伴随各国文化创意相关产业的发展,文化创意在不同国家、不同地区的释义与侧重内容也不尽相同。比如,美国的文化创意更关注知识产权问题,日本的文化创意强调文化内容生产,欧洲国家则将文化创意倒置于历史、艺术、设计、文化保护等更为广泛的领域。因此,现在讨论的"文化创意"与文化创意产业有着密不可分的联系,既在产业中孕育而生,又将要回归产业发展。这一特殊的产业属性不仅是我们研究文化创意传播不可忽视的重要背景,也是开展文化创意传播的重要场域。

---

[1] 白庆祥,李宇红. 文化创意学[M]. 北京:中国经济出版社,2010:8.
[2] 薛可,余明阳. 文化创意学概论[M]. 上海:复旦大学出版社,2021:13.

二、文化传播

关于"文化"的界定多种多样:《美利坚百科全书》将"文化"解释为一种物质上、知识上、精神上的整体生活方式;英国文化研究的奠基人雷蒙·威廉斯(Raymond Williams)认为"文化"是由物质、知识与精神构成的整个生活方式;美国文化人类学家克莱德·克鲁克洪(Clyde Kluckhohn)则定义"文化"是一种借助象征符号获取和传播的某一类人群的行为模式或生活方式;钱穆先生认为文化是集体的、大群的人类生活;余秋雨则认为"文化"是一种包含精神价值和生活方式的生态共同体,它通过积累和引导,创建集体人格。[1] 通过不同学者对文化的释义,可以总结出文化是人类在社会历史实践中所创造的物质财富和精神财富的总和。对"传播"的界定则基于不同的研究角度:查尔斯·库利(Charles Cooley)从社会学角度认为传播是人与人之间关系发展的基础;查尔斯·皮尔斯(Charles Pierce)从符号学研究角度认为传播即意义的传递;威尔伯·施拉姆(Wilbur Schramm)认为传播就是共享信息、思想或态度;从传播学角度而言,传播就是传播者通过媒介进行信息传递的过程。

文化传播可以理解为基于文化的传播过程。早期的文化传播被理解为文化扩散,指文化从一个地区扩散到另一地区,从一个社会扩散到另一社会,或从一个群体扩散到另一群体的过程。随着互联网的普及,文化传播不仅包括文化在空间的扩散,也包括文化在各个领域的代际传承。具体而言,它是"人们社会交往活动过程产生于社区、群体及所有人与人之间共存关系之内的一种文化互动现象"。[2] 文化与传播有着千丝万缕的联系:其一,自人类创造了文化开始,传播就一直贯穿始终,传播是文化的本质,其本身就是一种文化形式与现象,将文化通过传播进行保存与传承;其二,传播的过程正是以"人"为中心进行文化价值批判与取舍的过程,进而完成文化认知与接纳;其三,文化对传播活动有着重要影响,传播者与受众的文化背景、文化水平、文化认知等都影响文化传播活动的开展与传播效果。可见,文化与传播密不可分,两者在互动发展中相互依存、相互影响、相互渗透。尤其在数字时代,媒介不断变革与发展,让文化与传播的关系日益密切,正如20世纪马歇尔·麦克卢汉(Marshall McLuhan)提出的"媒介即信息"论断,传播媒介在某种意义上也是推动文化创新发展的动力之一。文化与传播的关系也因此更为紧密,已经不能将文化传播单纯地作为一种社会群体之间的文化扩散过程来进行讨论。

与此同时,不仅文化是衡量综合国力的重要标准之一,文化软实力也逐渐成为世界各国未来发展的决定因素之一。从国家发展层面来看,文化传播已经成为一个国家对外传播的重要文化使命。就中国而言,习近平总书记早在2013年就强调,一个国家、一个民族的强盛,总是以文化兴盛为支撑的,中华民族伟大复兴需要以中华文化发展繁荣为条件。[3] 他也在十九大报告中指出:"文化是一个国家、一个民族的灵魂。文化兴国运兴,文化强民族强。"[4] 习近平

---

[1] 余秋雨.文化到底是什么?[N].光明日报,2012-10-14.
[2] 周鸿铎.文化传播通论[M].北京:中国纺织出版社,2005:18.
[3] 中华民族伟大复兴需要中华文化发展繁荣——学习习近平同志在山东考察时的重要讲话精神[EB/OL]. http://theory.people.com.cn/n/2013/1216/c40531-23849634.html.[访问时间:2022-03-22]
[4] 习近平:决胜全面建成小康社会 夺取新时代中国特色社会主义伟大胜利——在中国共产党第十九次全国代表大会上的报告[EB/OL].http://www.gov.cn/zhuanti/2017-10/27/content_5234876.htm.[访问时间:2022-08-10]

总书记多次深刻阐释了文化与文化传播的重要性,并强调要弘扬传播中华优秀文化,推动中国文化走向世界。

三、文化创意与传播的关系

文化创意与传播有着千丝万缕的联系。正如约瑟夫·熊彼特(Joseph Schumpeter)所言,"创意的关键在于知识信息的生产力、传播和使用",[1]传播是文化创意得以实现的重要渠道与工具。在工业文明时代,城市的形成、科学技术的进步以及劳动集约化的普及推动社会快速发展,大众媒体也因此出现,这都成为文化创意传播与发展的重要基础。进入信息时代,计算机技术和互联网的普及推动网络媒介的诞生,也成为文化创意生产与传播走向"草根化"的重要推力。随着5G技术与数字技术的发展与升级,传播范围在空间和时间上无限拓展,不断催生新创意,并逐渐渗透各行各业,文化创意的表现形式与传播方式更为多元化。同时,随着全球经济的快速增长与全球化进程的深入,人们的消费习惯、消费观念与审美观念也不断改变、不断升级,开始注重文化消费、愿意为创意买单,这也是文化创意不断发展的驱动力之一,凸显了文化创意传播在当代社会的重要性。

随着全球化在文化领域的深刻发展,文化创意产业逐渐成为各国经济发展的重要支柱之一,文化创意与传播之间的关系更为紧密。一方面,文化创意为当代传播提供了更多思路,丰富了传播方式,提升了传播效果;另一方面,传播是文化创意得以实现的重要途径,让文化创意被大众知晓与认同,同时也可以满足更多受众的多元需求,帮助他们快速适应新的数字社会生存环境。

文化创意传播是传播文化、展现创意、实现创新的重要手段。习近平总书记强调,把跨越时空、超越国度、富有永恒魅力、具有当代价值的文化精神弘扬起来,把既继承传统优秀文化又弘扬时代精神、既立足本国又面向世界的当代中国文化创新成果传播出去。[2]因此,在弘扬中华传统文化、实现对外创新传播过程中,应重视文化创意传播的重要作用,将中华传统文化的现代创意表达与创新传播手段有效融合,实现中华传统文化在全球范围的广泛传播。

第二节 文化创意传播的特征

与传统的文化传播不同,随着5G技术、互联网技术、数字技术的不断升级发展以及在各行各业日益深入的全球化进程,文化创意传播有着鲜明的时代特征,"创意"的融入让文化创意传

---

[1] 葛红兵,高尔雅,徐毅成.从创意写作学角度重新定义文学的本质——文学的创意本质论及其产业化问题[J].当代文坛,2021(2016-4):12-18.

[2] 习近平:建设社会主义文化强国 着力提高国家文化软实力[EB/OL].http://www.gov.cn/ldhd/2013-12/31/content-2558147.htm.[访问时间:2022-08-10]

播更具个性与独特性。

一、文化创意传播者身份多元化

"自媒体"[1]出现以前,文化创意传播者大都是具有媒体身份的专业传播机构,如报社、杂志社、出版社、电台、电视台等,或者是文化创意传播的专业从业人员,如记者、编辑、主持人、制片、策划等,又或者是提供文化创意传播服务的中介机构,如广告公司、公关公司、创意公司等。受众在信息选择上的自主性较差,参与文化创意传播过程的机会也相对较少。

随着自媒体时代的到来,文化创意传播者的身份已经不局限于专业的个人或机构,人人都可以参与文化创意内容生产与传播活动,可以参与整个文化创意传播过程,并且身兼多种角色:既可以作为文化创意传播者发布自己亲眼所见、亲耳所闻的文化内容与资讯,又可以分享文化信息、参与二次文化创意传播,成为文化创意传播的受众。同时,博客、微博、公众号、论坛、短视频等自媒体平台的快速成长与发展,也为大众提供了信息生产、积累、共享、传播的空间,传播内容兼具私密性和公开性,这种低门槛、易操作、更便捷的内容传播渠道让越来越多的人参与文化创意传播。

如今,文化创意传播者是由拥有不同的文化背景、擅长各类文化领域的专业人士或非专业人士甚至普通"草根阶层"的大众组成的,有让故宫文化遗产活起来的原北京故宫博物院院长单霁翔、芒果TV等专业文化创意传播人士或机构,有为中国文化代言的短视频博主、B站游戏解说"UP主"等自媒体人,有非遗传承人、演员等文化创意生产从业人员,也有身在各行各业中的"斜杠青年"、普通大众。正是传播者越来越多元的身份背景,才让当代的文化创意传播更具创造性与创新性。

二、文化创意传播内容去大众化

在伴随大众报刊而来的大众传播时代,文化消费升级带来文化消费激增,使文化市场快速发展。由于资本的介入,文化与文化市场向着商品化、同质化、低创造性的工业体系发展,也因此出现了"文化工业"的说法。正如法兰克福学派关于大众文化的评述,大众文化最终将在工业化的制作下沦为大众产品。对于文化传播而言,亦是如此。大众传播时代,文化传播内容在大规模的工业化生产下,已成为服务大众的"流水线"产品。特别是全球化在文化领域深刻发展,统一的要求让文化传播内容在尽量原汁原味的同时,更加趋于同质化。

如今,随着互联网与手机等移动设备的广泛应用,大众传播时代已渐行渐远,人们对于同质化的传播内容已经出现审美疲劳,逐渐进入倦怠期,此时新鲜的、更具创意性的内容才会赢得广大受众的关注或青睐。同时,人们获取文化信息的渠道越来越多元、便捷,如短视频、社交

---

[1] 美国新闻学会媒体中心于2003年7月发布了由谢因·波曼(Shayne Bowman)与克里斯·威理斯(Chris Willis)两位联合提出的"We Media"(自媒体)研究报告,里面对"We Media"下了一个十分严谨的定义:"We Media是普通大众经由数字科技强化、与全球知识体系相连之后,一种开始理解普通大众如何提供与分享他们自身的事实、新闻的途径。"

媒体、微信等新媒体渠道,信息内容也越来越丰富,对文化传播的个性化需求随之不断提升。因此,新时代的传播必须进行创新提升、创意升级,文化创意传播也应运而生,越来越受到重视。与制式化的大众文化传播内容相比,文化创意传播的内容带有去大众化、反同质化的属性,定制化内容、文创产品、虚拟穿戴等个性化产品和服务不断涌现。这样满足人们个性化的多元需求的过程也正是创造去大众化内容的过程,而具有创意性的内容本身就更具吸引力,可以抓人眼球,更符合如今"注意力经济"时代的发展趋势。

三、文化创意传播媒介融合化

"媒介融合"[1]的概念最早是由尼古拉斯·尼葛洛庞蒂(Nicholas Negroponte)提出的。他认为:狭义的"媒介融合"可以理解为不同媒介形态之间进行"融合"后产生"质变",进而形成一种新的媒介形态,如电子杂志、博客新闻等;而广义的"媒介融合"是将媒介形态、媒介功能、传播手段、所有权、组织结构等一切媒介及其有关要素进行结合、汇聚、融合,包括的范围更广泛。美国教授伊契尔·索勒·浦尔(Ithiel de Sola Pool)也在《自由的技术》(*Technology of Freedom*)一书中指出,一种因媒介之间界限模糊的媒介形态融合趋势正在发生,同时单一媒介服务将由多种媒介共同服务而取代。[2]

在数字化时代,媒介融合的发展势不可当,也成为文化创意传播的主要特征之一。不同媒介之间的融合可以产生不同的传播效果,这种组合本身就是一种具有创意性、创新性的传播手段。就文化创意传播而言,媒介的融合性发展就是在媒介上进行一种文化创意的实践,是对文化传播媒介的创意性整合与利用,媒介文化之间的碰撞与结合会产生意想不到的创意,达到最佳的传播效果。例如,"杂志书"(mook,即 magazine 和 book 的缩写)就是媒介融合发展下一种具有创意性的文化产物。它是一种介于"图书"与"杂志"之间的混合媒体形式,特点是图片多文字少、信息多理论少,多以文化、艺术、生活等方面内容为独立主题,也因此吸引了相对固定的受众群体,成为杂志与图书行业中文化创意传播的成功典范。此外,多种媒介之间互动合作的传播也是文化创意传播的重要特征。单一媒介输出的方式因数字技术的应用而逐渐退出传播舞台,选择媒介、构建传播矩阵是文化创意传播的重要任务。

四、文化创意传播时空无界化

伴随世界范围内的市场化、信息化、数字化发展,跨时空的全球性交流互动也不断向文化领域渗透,数字技术的更新迭代推动文化传播全球化的趋势愈加明显。"创意"则让文化创意传播的时空无界化特点更加突出。

其一,"创意"模糊了地理的疆域界限和时间界限,让文化创意传播在时间和空间上变得更

---

[1] 尼葛洛庞蒂"媒体融合"[EB/OL]. http://ex.cssn.cn/hqxx/tpnew/201807/t20180705_4496421.shtml. [访问时间:2021-09-10]

[2] Henry Jenkins. Convergence Culture[M]. New York: New York University Press, 2006:10.

广阔。得益于互联网与信息技术的升级发展,时空在无形中被压缩了,而创意表现也随之进入跨媒介视听的新阶段,依托人工智能、大数据和多媒体,不断突破国家、地区、文化、语言之间的限制,让传播变得更有新意、更吸引人,让世界各国文化创意成果可以在全球分享与传播。例如,李子柒利用短视频的创意传播形式,将中国文化中的诸多创意与民俗传统展现在世人面前,如中国的文房四宝、蜀绣、绢花、春节等,不仅吸引了全球众多粉丝追捧,而且也成为中国文化对外传播的典范。

其二,"创意"打破了人们之间的心理界限,让文化传播变得更易接受、更有温度。互相借鉴、文化交融、行业跨界、数字共生等文化创意的方式都可以让各国创意者打破时间、空间上的诸多界限进行合作交流,实现定制化、个性化的文化创意,完成跨时空、跨地域、跨文化的创意传播。例如,自1989年古希腊悲剧《美狄亚》与河北梆子首度结合以来,河北梆子版《美狄亚》已在我国成功演出30余年,不仅为跨文化戏剧研究提供了典型的素材,也让古希腊的戏剧文化通过中国戏曲形式在我国进行创意传播,成为中西戏剧融合的成功典范。

五、文化创意传播受众年轻化

当代社会的年轻人热情,充满好奇心,追求潮流、个性,正在文化创意市场逐渐崛起,成为文化创意消费的新生主力军,既是文化创意传播的重要受众,也将引领当代文化创意传播的发展方向。出生在互联网与数字生活快速崛起年代的"Z世代",在生活方式、消费习惯、思维方式、价值观等方面与"X世代"和"Y世代"截然不同。青山资本2021年中消费报告《Z世代定义与特征》从信息媒介、社会事件、成长周期三个维度进行测量,重新定义了中国的Z世代:1998—2014年出生的人群,总计2.8亿,占总人口的18.1%。Z世代人群不仅青春、有活力,具有很强的包容性和接受新事物的能力,而且是数字技术与互联网的重度使用者,网络社交与圈层社交成为他们主要的社交方式,他们重视信息分享、消费体验,尊重原创,追求个性,并会主动参与各种传播活动,正是当下文化创意市场的消费主力,也是文化创意传播的主要受众群体。

随着文化创意环境更加开放、文化创意生活更加丰富、文化创意产品更加多元,文化创意传播的受众也在不断扩大,并越来越年轻,逐渐向青少年、低年龄层人群扩展。相比Z世代,他们从出生起,就开始享受数字技术与文化创意带来的各种红利,如人工智能(artificial intelligence,AI)技术、自动驾驶、智能机器人、3D动漫、虚拟现实(virtual reality,VR)游戏等,数字化生存成为他们学习与生活中必不可少的重要内容,而创意生活也已经趋于日常化。随着国家"双减"[1]政策的推行,能力提升、素质拓展成为青少年主要的课余生活内容,创意开发与文艺培养将成为新的关注点,这也为文化创意传播提供了更广阔的发展平台。

---

[1] "双减"是指要有效减轻义务教育阶段学生过重作业负担和校外培训负担。2021年7月24日,中共中央办公厅、国务院办公厅印发《关于进一步减轻义务教育阶段学生作业负担和校外培训负担的意见》。

第三节 文化创意传播的原则

在开展文化创意传播时,为保证传播活动的顺利进行,也应把握一定的传播原则。因此,本节将详细阐述在进行文化创意传播时应遵守的四个原则,即严格遵循传播规律、认真筛选媒体矩阵、努力顺应受众喜好,以及模范践行法规伦理。

一、严格遵循传播规律

文化创意传播的出发点是文化创意,最终落脚点是传播,因而此过程中不仅要注重文化创意的创作与表达,更要严格遵循传播规律,实现最佳的传播效果。随着互联网与信息技术不断升级发展,数字化生活已经渗透在人们工作、生活的各个方面,新时代的传播环境与媒介生态已经发生改变,对文化创意传播也提出了新的挑战,这就要求传播者适时调整传播思路、改变传播策略,以应对社会进步带来的各种变革。

一方面,作为文化创意传播活动的起点,传播者要转变传播思维,在思想观念上与时俱进,紧随时代步伐,持续不断学习,接受数字技术与新媒体的快速发展给当代传播带来的诸多变革,不仅要加强数字化生存、生活和竞争的能力,提升自身数字素养与数字表达能力,而且要与时俱进,把握媒体融合发展趋势,了解新兴媒体的特点,掌握文化创意传播的新方式,提升文化创意传播的技能等。另一方面,传播者也要顺应社会发展趋势,尊重新时代文化创意传播规律,注重文化创意传播的语境转变,及时调整文化创意传播策略。通过创新传播内容、善用各种媒体特性、采用多元媒体组合、把握受众心理等方式,适应新的文化创意传播环境变化,营造利于文化创意传播健康发展的生态空间。

二、认真筛选媒体矩阵

不同的媒体有各自不同的特点与个性,对媒体特性准确把握,将媒体形式适当组合,才能实现有效的文化创意传播。因此,要根据文化创意传播的内容与目标,认真筛选媒体,构建合理而有效的媒体矩阵。所谓媒体矩阵,是指由报纸、杂志、广播、电视、微博、微信、APP等不同性质的媒体组合而成的聚合传播平台,信息发布者可借此实现"一次采集、多种生成、多元传播"的传播模式。[1]

与媒体融合不同,媒体矩阵是媒体之间的"物理相加""强强联合",而非不同媒体形式之间相互融合的"化学反应"。通过矩阵罗列,媒体各自特征得以保留,并在组合形式中得到充分发挥,这样不仅可以协同其他媒体平台形成传播合力,而且可以通过排列组合,进行优势互补,弥

---

[1] 陈杏兰."媒体矩阵"建设中的三个思维误区[J]. 传媒,2020(11):67-69.

补单一媒体平台自身缺陷,以应对新的文化创意传播竞争。此外,由于年龄、工作、教育背景等因素,人们有着自己相对固定的信息获取渠道或稳定的媒体使用习惯,如老年人更愿意选择报纸、广播等传统媒体,年轻人则习惯通过社交媒体平台获取信息,上班族更容易通过户外媒体或手机接收信息,而司机则更多的是收听广播获得资讯。倘若在单一的媒体平台进行文化创意传播,则很难覆盖更广泛的目标用户群体。因此,媒体矩阵可以拓展文化创意传播的范围,提供更多样化的信息接收渠道,满足不同用户对文化创意传播内容的获取需求。

三、努力顺应受众喜好

随着社会的进步、技术的发展,人们的经济收入与生活水平不断提升,对文化创意传播的需求也随之发生改变。根据经济学原理,商品供给变化会受到商品需求变化的影响。受众的需求一直是影响媒体发展、传播效果的重要因素。因此,了解、顺应受众的需求与喜好,将是当代文化创意传播需要遵守的重要原则之一。

如今,对于受众而言,文化创意传播的信息从不缺乏,而如何选择、选择什么才是比较困难的。移动互联的进步推动了移动社交的快速发展,给文化创意领域带来了全新的传播方式与营销生态,让网络社交更加多元化、实时化、互动化,也让受众在文化创意传播中获得感官刺激和个性化消费方面的满足,选择变得相对容易了。这得益于大数据挖掘、AI推荐算法等技术,在网络用户主动选择文化创意传播方式和信息的同时,他们的媒体使用习惯、信息内容喜好、使用场景需求、特殊偏好等用户画像数据也在同一过程中被收集,为实现文化创意传播与用户需求的智能化匹配奠定基础。因此,通过完成关系匹配、兴趣认同、需求响应等前期传播准备,顺应受众的喜爱偏好,才能在节约时间与资金投入的基础上,做到精准化、高效率的文化创意传播。

四、模范践行法规伦理

文化创意传播以文化创意为特色、以传播为目的,既要凸显文化内涵、体现人文关怀,又要遵循传播规律,这就要在开展文化创意传播时,严守法律红线、坚守道德底线。

伴随经济增长、消费升级,文化创意与传播市场的竞争也越来越激烈。同时,大数据与互联网技术的介入,让基于网络的各种竞争都向"流量"[1]看齐。为了占领市场、赚取流量、增加热度、提升用户黏度,各种哗众取宠、违背伦理的创意层出不穷、比比皆是,如标题党、"洗稿"、侮辱女性或弱势群体等,甚至存在色情、暴力、谣言、诈骗等有害乃至违法违规的创意信息或传播行为,严重扰乱了文化创意市场与传播领域的正常秩序,不利于文化创意事业的可持续发展。

法律红线与道德底线是文化创意传播的自由保障与文明边界。文化创意传播不仅承载着

---

[1] "流量"指的是某一泛媒体或者事件能够吸引到的人数,通常通过网络的点击量或者观看量来衡量这一指标。来源:"流量时代"——我们与这个世界的关系[EB/OL]. https://www.sohu.com/a/446181179_634046. [访问时间:2021-09-15]

商业价值与经济增长的重托,还肩负着文化传承与文化强国的使命。因此,在进行文化创意传播时,内容生产者与传播者都要对自己的行为负法律与道德责任,做到"红线不能碰、底线不能越"。同时,我国的文化创意传播也应从建设社会主义精神文明与法治国家的高度,提高行业法律法规意识与社会伦理道德标准,摒弃低俗、庸劣、违法的创意与行为,传播有益人们身心健康、积极发展的正能量文化创意内容。

第四节 文化创意传播的方式

科技进步带来的变革也让文化创意传播的方式更具时代性。崔保国教授曾说:"大众传播时代伴随着二十世纪已经翻了历史的一页,随着互联网的崛起和网络空间的出现,人类开始进入一个传播的新时代,传播学不再只是以探讨大众传播为核心议题,而是在更宽广的领域中展开。"[1]因此,本节将摒弃传统传播学中的分类方式,对目前文化创意传播中较为流行的社会化传播、圈层式传播、沉浸式传播与交互式传播进行具体讲解。

一、文化创意的社会化传播

技术变革不仅推动了社会的进步、经济的发展,也催生了互联网时代的产物——社会化传播。如今,随着形态与模式不尽相同的社会化媒体与日俱增,微博、微信、小红书、短视频等社交平台成为越来越多人获取信息的重要途径,我们也逐渐步入一个新的社会化传播时代。换句话说,"互联网时代即为社会化传播时代"[2]。

(一)社会化媒体与社会化传播

在了解社会化传播之前,首先要认识社会化媒体。社会化媒体(social media)最早由美国传播学者安东尼·梅菲尔德(Antony Mayfield)于2007年在《什么是社会化媒体》一书中提出,社会化媒体赋予每个人创造并传播内容的能力,是一种给予用户极大参与空间的新型在线媒体,具有参与、公开、交流、对话、社区化与连通性六个特征。[3]由于翻译的不同,在我国也有"社交媒体"的说法。比较而言,两者极为相似,又略有不同:社会化媒体是一个更为广泛的概念,是指在Web2.0的理念和技术的基础上,用户可以进行内容生产和内容交互的一类互联网媒体;而社交媒体则可以视为狭义的社会化媒体,更注重人际交往,如留言互动、人际交流等,

---

[1] 大众传播学的终结者:致敬一代宗师丹尼斯·麦奎尔[EB/OL]. https://www.sohu.com/a/153688178_700645. [访问时间:2021-09-15]

[2] 谭天. 构建社会化传播理论的思考[J]. 浙江传媒学院学报,2018(2):42-46.

[3] [美]安东尼·梅菲尔德. 什么是社会化媒体(What is social media)[EB/OL]. icrossing.co.uk/ebooks. [访问时间:2021-09-15]

并形成社交网络。[1]但在我国的相关学术研究、业内分析与新闻报道中,两者的含义已几近相同,并没有较大差异。

社会化传播可以简单理解为利用社会化媒体开展的传播活动。彭兰教授认为:"当内容生产和消费与人们的社交活动关联越来越密切,当内容越来越多地依赖人们的社会关系渠道流动时,传统的点对面的大众传播日益演化为'社交化'大众传播。"[2]互联网技术的快速发展与普及应用加速了"社交化"大众传播的升级与变革,社会化传播也因此而出现。学者李夏薇给出一个较为详细的定义:"社会化传播是一个宽泛的概念,强调的是一种弥漫式、辐射式的传播方式,强调每个互联网用户都是传播的一个节点,是一种基于社会化媒体平台,在信源、希望获取信息的受众和信宿之间进行沟通并且实现信息和内容分享的行为。"[3]由此可见,社会化传播是一种基于互联网、强调人人参与、具有社会性的传播方式。

(二)文化创意与社会化传播

在某种意义上,社会化媒体可以被视为互联网与媒体发展过程中的创意成果,它也可以被认为是一种当下流行的网络文化或创新的生活方式。同时,社会化传播可以理解为一种基于新媒体的创意传播形式。两者相互依存、相互促进,有着密不可分的联系。这里讨论的文化创意与社会化传播则侧重文化创意方面的社会化传播。

社会化传播在文化创意方面的应用可以归纳为两种方式。一是依托已有人际社交关系进行文化创意的社会化传播,主要是以社会化媒体所建立起的社交关系网为基础,通过分享文化创意产品、活动等形成口碑效应,进而提升文化创意内容的知名度。二是对内容进行文化创意的社会化传播,主要是根据社会化媒体的特性,制作具有文化创意性的传播内容,吸引更多的人参与传播,形成裂变,扩大影响力。以故宫文创为例,一系列基于社会化媒体的创意性社会化传播活动,如以朱元璋、康熙、咸丰、孝庄、慈禧等人物为主角的"萌萌哒"公众号推文《朕有个好爸爸》《朕生平不负人》《就这样被你征服》《朕是如何把天聊死的》《事已至此,唯有蛋出江湖!》等,让故宫文创成功进入人们的视线,故宫也一跃成为"网红"博物馆,更是国内文化创意事业的先锋代表。

二、文化创意的圈层式传播

社会学相关研究表明,生活形态、价值观念、文化认知相近的个体之间,通常会有更多的联系与交往,从而形成社会交往圈层。互联网的出现则推动社会交往圈层逐渐向线上转移,形成以共同兴趣爱好、价值观念、消费习惯等因素集合的网络圈层。

(一)圈层文化与圈层式传播

"圈层"原指地球圈层,包括地壳、地幔、地核等地球内部圈层和水圈、生物圈等地球外部圈

---

[1] 赵云泽,张竞文,谢文静等."社会化媒体"还是"社交媒体"?——一组至关重要的概念的翻译和辨析[J].新闻记者,2015(6):63-66.
[2] 彭兰.社会化媒体:理论与实践解析[M].北京:中国人民大学出版社,2015:37.
[3] 李夏薇.社会化传播初探[J].青年记者,2017(20):12-13.

层。[1]后来,这一概念被广泛地应用到社会生活中。社会的进步推动社会分工向精细化协作发展,新的社会圈层也在这一过程中不断形成。进入移动互联网时代,"圈层"就特指在网络上具有某种相同社会属性和特性的人群以某一平台为聚集点,以圈层核心人群为中心,与周围圈层内成员发生强"吸引"作用而形成无数隐性链接关系的一种社会人际关系。互联网技术与大数据技术的升级发展,使公众的角色与个人空间发生了多样性的转换,形成了新时代的圈层关系——"以价值观、兴趣、地域、行业为组织细胞基础,以新媒介为信息输送链条,并融合了现实与虚拟空间范畴的共享型、开放型、多层次的立体化人际关系网"。[2]与此同时,圈层文化就以一种时代性的社会现象和文化形态而存在与发展。在圈层的吸引下,"同好之人可以一起探讨,共同深耕这一领域",并且不断接纳更多志同道合的人参与再创造,特定的圈层文化也因此形成。[3]在互联网的推动下,圈层文化伴随圈子形成而不断呈现文化增量现象,这也让许多内容从小众逐渐走向大众,如电竞圈、美妆圈、汉服圈、二次元圈等。

由于社会进步、科技发展、媒体变革等因素,个体之间传播沟通的方式也随着其内部结构的变化而发生改变。圈层式传播正是基于这样的圈层结构和圈层文化而逐渐发展起来的新型传播形式,是一种受众到受众、更为精准的新时代人际传播方式。从传播结构和路径来看,圈层式传播由内向外主要分为核心层、影响层和外围层,并由核心层依次向外扩散,形成逐层渗透式的传播路径。随着大数据分析与AI智能推荐的精确性不断提高,受众群体的分众化、分层化也更加明晰,圈层化传播的重要性则愈加凸显。

(二)文化创意与圈层式传播

相较于一般的文化内容而言,文化创意并不是面向大众开展的文化活动,它的目标受众是部分特定人群。圈层聚集的重要因素包括共同的审美、知识背景、兴趣爱好、技术能力等,这很可能与文化创意的受众范围相互重合、交叉或匹配。因此,圈层式传播是文化创意传播的重要途径之一。

互联网连通了世界,让世界变小了,人们可以通过网络获取各种资讯,也开始主动寻找或打造属于自己的圈层文化,可能是嘻哈圈、辩论圈,或者二次元、汉文化,也可能是街舞、摇滚音乐等。在现实生活中,每个人都有自己的社交圈子与兴趣圈子,而互联网和社交媒体又让他们找到了网络上的文化圈层,进而形成了虚拟与现实并存的双重社交圈层结构,这也为文化创意的圈层式传播提供了"双轨"联动的优势,让线上与线下的圈层传播更具渗透性。例如,综艺节目《脱口秀大会》的策划与播出,不仅在国内推广了中文脱口秀文化,成功推出了诸多优秀的脱口秀演员与编剧,逐渐在圈层人群中渗透传播,也带动线下脱口秀市场的快速发展,在丰富线下演艺市场的文化表演形式的同时,也满足了人们多元化的文化消费需求。

---

[1] 王文艳. 网络圈层如何赋能青年[J]. 人民论坛,2020(26):120-121.
[2] 吴祎昉. 新时代基于圈层关系的时尚品牌文化传播模式探索[J]. 纺织导报,2019(8):97-100.
[3] 网络文化关键词:"圈层"既要特色,也要共识[EB/OL]. https://baijiahao.baidu.com/s?id=1666076621772383775&wfr=spider&for=pc. [访问时间:2021-09-20]

三、文化创意的沉浸式传播

随着信息技术的不断变革与发展,信息技术成为文化创意传播的重要支撑与研究内容。沉浸式传播正是依托"无时不在、无处不在"的互联网与沉浸技术而出现的一种创新型传播方式,其与文化创意的结合成为文化创意传播的方式之一。

(一)数字技术与沉浸式传播

中文语境下的"沉浸"有双重含义:一是本义的,即客观存在物在实体空间中的"沉浸";二是可以引申为主体认知在意识空间中的"沉浸"。学者约翰·G. 阿波斯托洛普洛斯(John G. Apostolopoulos)指出,未来的自然和强效的沉浸环境体验将由多媒体信号处理、电脑视觉、图像、网络、传感器、展示、声音再生产系统、触觉、感知建模和心理物理学等交织建构而成。[1]数字技术与沉浸式传播紧密相关,可以说,没有数字技术,就很难实现沉浸式传播。一方面,虚拟现实、增强现实(augmented reality,AR)、全息投影等技术是呈现"沉浸感"的重要基础;另一方面,沉浸式传播为数字技术的变革与发展提供了实践平台。

沉浸式传播是一种基于虚拟现实等数字技术,结合特殊的叙事手法,构建以假乱真的媒介图景,获得沉浸体验效果的传播方式。[2]沉浸式传播强调的是人的感官体验,集合各种视听效果和多种媒介于一身,旨在为人们提供包括视觉、听觉、触觉等多感官的服务体验,达到"全景""仿真"的沉浸传播效果。正如麦克卢汉认为,媒介延伸了人们的感官,"媒介是人的延伸"。沉浸式传播全方位、多维度地延伸了人的感官体验,让人们在沉浸式传播中获得多种感官体验和多重心理感受,以实现最优的传播效果。

(二)文化创意与沉浸式传播

融合"沉浸感"是实现当代文化创意传播的重要手段之一。文化创意与沉浸式传播也催生了诸多创新性的文化内容、文化活动及文化业态,以游戏、情境感音视频、戏剧、游乐设施、装置性空间展览等作为输出途径,最大化调动自身五感共鸣,如沉浸式戏剧、沉浸式展览、沉浸式娱乐活动、沉浸式影视综艺、沉浸式传统文化体验等。技术手段与硬件设备为实现沉浸式传播提供可能,而文化创意则是沉浸式传播的核心所在。有效、成功的沉浸式传播,不仅要有强有力的科技支撑,更要有与之相匹配的文化创意内容,才能达到效果与效益的双赢。依托 VR、AR 和 AI 等技术,大众可以通过佩戴智能设备,身临其境、沉浸式地了解文化内容、体验文化活动。例如,英国沉浸式戏剧代表《不眠之夜》(Sleep No More),将传统戏剧的线性剧情模式升级为多条剧情线,让佩戴面具的观众在演员与场景之间自由选择、探索任意区域,甚至会跟随演员进"小黑屋"展开"1v1"的对话,参与戏剧,与演员共同完成剧情演绎。全方位的戏剧沉浸体验能让观众加深对作品的理解,更易被里面的故事情节所感染、产生共鸣,这也是《不眠之夜》在全球备受追捧的重要原因。

---

[1] Apostolopoulos J G, Chou P A, Culbertson B, et al. The Road to Immersive Communication[J]. Proceedings of the IEEE, 2012(4):974-990.

[2] 孔少华. 从 Immersion 到 Flow experience:"沉浸式传播"的再认识[J]. 首都师范大学学报(社会科学版),2019(4):74-83.

四、文化创意的交互式传播

信息技术与互联网技术的进步推动传播媒介发生变革式发展,传播模式也逐渐从单向的大众传播向以社交关系为纽带的互动式群体传播发展。[1]交互式传播的出现既是媒介文化发展的必然,也是文化创意传播的重要手段。

(一)内容共创与交互式传播

所谓交互式传播,是指在一个传播通道中,来自受众的实际反馈被收集,而且传播者将其加以使用,以便不断调整或加工再次传送给受众的信息。[2]简言之,就是传播者与受传者之间多向交流互动的状态。

在多数的传播关系与传播过程中,互动性能够促成相互调整、共同取向、细微的控制,并达到更高的效率。[3]交互式传播更强调人际双向互动,既能通过交流互动扩大传播效果,也可以通过意见交换,实现传播内容共创,进一步提升传播效果。具体而言,当代传播改变了受众被动接收信息的局面,让更多的受众参与信息传播,也让传者与受者在交互过程中加深记忆、形成认同,实现真正意义上的有效信息传播。与此同时,数字时代的媒体为传者与受者提供了更广阔的平台,也赋予了受众更多自主选择的权利:一是大容量、多渠道、快传递等优势,让受众自主选择交互内容、交互形式;二是增加的连线直播、现场讨论、微博微信互动、弹幕刷屏等交互环节,吸引更多受众在接收信息的同时也参与讨论、新内容生产等传播活动;三是以数字技术、互联网技术与计算机技术为基础,同步交互与异步交互、人人交互与人机交互等方式也为受众提供了更多的交互渠道以及多元的交互体验。此外,在交互过程中碰撞出的新观点、新内容、新形式等都是传受双方共同参与完成的生产活动,交互内容不仅提升了一次传播信息的丰富度,而且也为二次传播提供了更具创新性、时新性的内容与素材,让受众充分参与当代的交互传播。

(二)文化创意与交互式传播

传受者之间的交流互动过程,也是创意产生、创意分享与创意实现的过程。因此,交互式传播正是一种具有创新性、产生文化创意的传播方式。一方面,文化创意借助交互式传播方式,将文化创意展现、传递给广泛的受众,在满足受众日益增长的文化消费需求的同时,引发受众讨论、分享,扩大传播影响力;另一方面,文化创意与当代媒体的结合,尤其是基于数字技术的新媒体,可以让受众完成从受传者到传播者的角色转变,通过参与内容生产,完成文化创意传播活动。例如,"三星堆之眼"光影艺术展全球巡展,将以"三星堆·金沙"为代表的古蜀文明作为主线,引导观众探秘中华文明起源。通过多媒体设计和场景塑造,利用全息投影、3D投影(3D mapping)、体感互动、雷达互动、涂鸦上墙互动、激光矩阵、多媒体声光艺术装置等全球顶级互动多媒体技术,提升展览的创意交互性,让观众享受集视觉、听觉、触觉为一体的光影盛宴,感受中华文明的独特魅力。

---

[1] 李凌凌.社会化传播背景下舆论场的重构[J].中州学刊,2016(9):160-163.
[2] 李红艳.文化新闻传播的新媒体实践——以北京日报"艺绽"公号为例[J].现代传播,2017(2):168-169.
[3] [美]丹尼斯·麦奎尔.麦奎尔大众传播理论[M].北京:清华大学出版社,2006:421.

第五节 | 文化创意传播的趋势

文化创意产业已成为世界各国发展经济和国家性战略选择的重要内容。全球文化创意产业如今逐渐从多极化走向全球化,从产品力走向文化力,从"文化+创意"走向"文化+创意+科技",[1]文化创意传播也因此出现了新的发展趋势。

一、全球性跨文化传播

当今世界,没有任何国家、群体和文化可以与世隔绝或自生自灭。全球化的深刻变革与快速渗透发展,也让文化无国界的特征日益突出。在文化创意全球化的大背景之下,借助日新月异的科技手段,信息传播得更快,人们之间的情感交流变得更密切,"去中心化"的特点愈加明显,全球文化共享的氛围也逐渐形成。随着世界各国文化创意产业的快速发展与国际交流的增多,文化创意传播也逐渐呈现全球跨文化传播的趋势。

文化学者霍米·巴巴(Homi K. Bhabha)认为,文化是一种兼具跨国性(transnational)和"译转性"(translational)的生存战略。文化、文化产品以及文化创意通过跨越物理边界来实现传播。[2]但是文化创意的全球化,并不意味着一些广泛的、以技术为基础的超级文化社会可以覆盖全球,甚至破坏地方的社会体系和文化生态。因此,文化创意传播的全球跨文化趋势也是在传播形式、传播范围等传播结构上的全球化,而文化内容与创意本身并没有因为现代科学技术压缩、重构文化创意的时空距离,而丧失其自身的个性化、创新性。相反,有了数字技术与互联网技术的加持,文化创意传播可以在打破传统的文化疆域与传播界限的同时,在全球范围内进行文明互鉴、文化交流、创意共生、内容共创,如起源于国外的 vlog,2018 年进入中国大众视野,经过几年的本土化发展与优化升级,如今在国内形成了"vlog+"的发展趋势,如"vlog+新闻""vlog+广告""vlog+美妆""vlog+中华传统文化"等。

此外,随着世界各国对文化创意产业发展与文化创意传播的大力支持,全球性跨文化传播已成必然趋势,对各国的跨文化冲突处理能力和跨文化创意传播能力提出了更高的要求。因此,基于新技术与新媒介,对传播传统文化的创意解构和创新转化将成为文化创意全球跨文化传播的重要手段,根植传统文化也成为各国开展文化创意的重要突破口。

二、多元产业融合传播

如今,任何一个领域和行业很难凭借单打独斗、孤军奋战赢得发展优势,与其他领域、

---

[1] 薛可,余明阳.文化创意学概论[M].上海:复旦大学出版社,2021:426-428.
[2] 全球跨文化传播的检审与突围[EB/OL]. https://baijiahao.baidu.com/s?id=1666537352150555210&wfr=spider&for=pc.[访问时间:2021-09-24]

产业的融合已成为各行各业的发展趋势，也是新时代创新发展的潮流。所谓产业融合，是指不同产业或同一产业不同行业相互渗透、相互交叉，最终融合为一体，逐步形成新产业的动态发展过程，其中包括产业渗透、产业交叉和产业重组三类。在文化创意产业范畴内的"跨界"风潮也在兴起。文化创意的高包容性、强可塑性、高附加值等特殊属性，为其与别的行业产生联动提供了更多的可能，因此文化创意多元产业的融合传播也将成为一种必然趋势。

一方面，产业之间的跨界融合为文化创意传播提供了更多创新内容和创意素材，其本身就是文化创意的一种创新性实践，也为探索创意性传播方式提供新思路。例如，电子商务与网络直播的有机融合，既推动了电商平台与直播平台的快速发展，又开辟了"直播带货"的创新型传播手段。另一方面，跨领域、跨行业、多元化、多交叉的融合的目的即实现创新，而多元产业的融合传播则可以扩大文化创意在不同产业、行业的传播广度。在不同产业圈、行业内形成融合传播，扩大影响，将成为更多产业进行推广和传播的选择，通过"破圈"获得最佳的传播效果。以创新型商业地产品牌"K11"为例，一改传统商业消费模式，将文化创意与商业业态跨界融合，旨在构建"文化界的硅谷"。K11以提供给消费者更高层次的购物体验为目标，成为文化创意传播的重要阵地；通过举办各类艺术展览、艺术表演、文艺讲座等一系列文化创意活动，创建推广艺术、设计、建筑与可持续文化的公共传播空间，为人们提供了解文化艺术、文化创意等信息的线下途径。

三、媒体矩阵复合传播

随着新媒体的强势渗透，年轻人的媒体使用习惯逐渐发生改变，移动化、可视化、社交化的传播越来越受到人们的青睐。传统媒体确实受到了巨大冲击，但是它们并未消亡，新媒体并不能完全取代传统媒体，而融媒体也不能完全替代某一媒体在传播中的作用。当今是全媒体发展时代，更是"百家齐放"的媒体全面发展的时代，传统媒体也在不断适应新技术的发展，满足受众多样化的需求，优化自身媒体内容与传播手段，做到守正创新，继续为其受众群体提供当代信息资讯。因此，在当代传播中建立媒体矩阵的目的就是，在不同的媒体渠道发布触达用户的媒体内容，让媒体之间形成优势互补，从而完成对受众传播的立体覆盖。通过搭建矩阵网络，可以让相互分隔的传播渠道向合力共赢方向发展，实现高质量、高水平、高效率的当代传播。

对于文化创意传播而言，采用媒体矩阵进行复合传播，不仅可以改变在单一媒体开展文化创意传播的局限性与单调性，而且可以规避通过"全媒体"进行文化创意传播的复杂性与宽泛性。进而，构建多种传播渠道的文化创意传播媒体矩阵，形成交叉、网格状的传播网络，让文化创意传播的内容更加丰富、形式更加多元、场景更加多样，满足受众各类差异化、分众化的需求，覆盖更广泛的传播受众，最终达到文化创意与媒体特性、受众偏好与传播渠道的高度匹配，进而提升文化创意传播的效果与效率。例如，湖南广电集团以马栏山视频文化创意产业园为基地，布局媒体发展矩阵，加强广播、电视和网络新媒体在音频、长视频、短视频、电影以及文化创意与旅游、电商等方面的内容制作与传播,旨在提升"文化湘军"核心竞争力。

四、科技创新智能传播

随着科技的不断发展和数字化应用的普及,科技已经成为未来文化创意发展的新引擎,文化创意传播也开始向以科技创新为基础的智能传播方向迈进。数字化技术与互联网技术的广泛应用,给人们带来了新的社会认识,培养了新的消费习惯,形成了新的信息接收模式,也因此为文化创意传播创造了新的效率增长空间。

一是科技的创新发展推动文化创意传播在方式、渠道等方面不断优化升级,虚拟现实、增强现实、裸眼三维图形显示、交互展陈等技术的发展,设备的普及和内容的创新突破,都逐渐在文化创意领域渗透融合与广泛应用,这让文化创意的实现方式与传播方式更加多元与智能。例如,故宫博物院运用AR技术将《千里江山图》画卷打造成全景环绕式数字展厅,让受众感受沉浸式体验,深入了解画卷意境。

二是科技革命催生了众多文化创意与数字技术融合的新兴业态,在推动文化创意产业创新、提振文化创意数字消费的同时,也促进了文化创意传播的新内容生产。例如,广州大剧院5G智慧剧院以数字技术为依托,集合剧院、内容制作方、设备商、视频平台等产业链各方共同合作,提供超高清视频、全景视角、自由视角、多屏多视角、VR第二现场、AI vlog等创新体验,推动剧院超高清内容生产及演艺生态建设,并逐渐完善剧场的信息化建设、文化创意的内容生产、艺术教育的培训拓展等,为文化创意传播不断输送优秀的创新内容。

三是智能传播技术的发展与突破,不仅可以为受众过滤无效、无感、无用的信息内容,还可以"读懂"每一位受众的心,通过大数据分析、算法推荐等方式为受众提供满足个性化需求的文化创意推送服务,让文化创意传播更加精准、更加有效、更具人性化。

案例解析

《唐宫夜宴》出圈是偶然还是必然?

2021年,河南卫视凭借舞蹈节目《唐宫夜宴》异军突起,在各大卫视的春晚混战中一举出圈,不禁让网友赞叹"这是什么神仙节目"。《唐宫夜宴》是一个由14名年轻舞者共同表演的舞蹈节目,展现了夜宴的乐师们从准备、整理妆容到夜宴演奏的过程。她们身着齐胸衫裙,化上唐代"斜红"妆容,扮成唐代少女"丰腴美"的形象,通过一颦一笑、诙谐神态,在举手投足中尽显盛唐时期的文化风情。整个舞台还运用了先进技术,串联起多件国宝级文物和古代名画,被网友形容为"唐朝少女的博物馆奇妙夜之旅"。"风吹仙袂飘飘举,犹似霓裳羽衣舞"的《唐宫夜宴》,从跨年夜首播时的"平平无奇",到《人民日报》点赞"安利",再到全网疯狂转发,网友纷纷称赞:"太惊艳!""这才是中国文化!"

一、春晚黑马,缘何成为新年"第一爆"?

《唐宫夜宴》的火速出圈、好评如潮,也在悄然间掀起了一股传统文化热。作为牛年春晚的"黑马",《唐宫夜宴》为什么会成为"爆款",吸引观众的目光?

(一)内容为王,传统文化激发集体记忆

据晚会总导演陈雷讲述,《唐宫夜宴》改编自郑州歌舞剧院舞蹈编导陈琳创作的第十二届中国舞蹈荷花奖中的参赛作品《唐俑》,巧妙地展示了中国传统文化的特点:节目灵感来源于河南博物馆中的一组唐三彩乐俑,节目组对唐代服饰、色彩、形态进行了高度还原,从演员的妆容到舞蹈的编排,再到场景的演变,都以传统文化为根基,处处体现出浓郁的文化气息。以妇好鸮尊、莲鹤方壶、贾湖骨笛、捣练图、簪花仕女图、备骑出行图、千里江山图这七大国宝为背景,舞者犹如置身于古画之中,让观众在欣赏唐风韵味的同时,重拾对于唐朝的集体记忆,感受到中华民族厚重而震撼的历史文化,自发开启"寻宝游戏",许多人走进身边的博物馆,领略中华文化的博大精深。

(二)科技赋能,数字创新上演视觉盛宴

如果说根植传统文化是《唐宫夜宴》的内核所在,那数字技术则让节目更加深入年轻人的心。《唐宫夜宴》虽然只有5分多钟,但是采用棚内与舞台两次录制,实现了不同表演场景和观众视角的多方切换:通过5G+AR等先进技术叠加水墨画、国宝文物等国风元素,将虚拟场景和现实舞台合成在一起,把盛唐光景的"鲜活画卷"从观众脑海中搬到了现实,犹如一幕"唐朝少女的博物馆奇妙夜"。同时,河南卫视采取"移动端比电视端提前半小时开播"的制播技术,体现了传统媒体主动适应创新传播的改革发展思路。

(三)贴近受众,突破流量至上文化"怪圈"

地方春晚已成为央视春晚的有力竞争者,各大电视台都想要在收视率中占有一席之地,纵观近几年的各台春晚作品,"大制作+多流量"的特点十分明显。在流行文化商品的包装中,流量明星不断涌现,粉丝经济体量巨大。同时,过度的商业化、娱乐化,如片面追求明星流量阵容与大制作,也让文艺作品忽视真实生活与人文关怀,被年轻人吐槽、诟病。

反观《唐宫夜宴》,相对低的制作成本、朴素的演员阵容以及略微滞后的宣发机制并没有成为其"爆红"路上的绊脚石,反而别出心裁地打破了传统古典舞的观众门槛,贴合了年轻受众的审美和心理,使得百万网民自发在线宣传推广。正如河南春晚总导演陈雷所说,"用时尚的、年轻人喜闻乐见的形式去包装"节目,才能真正符合年轻受众的文化消费需求。[1]

---

[1]《唐宫夜宴》"火出圈",灵感来自唐俑,演员口中塞棉花[EB/OL]. https://www.sohu.com/a/450970303_161623?tc_tab=news&block=news&index=2.[访问时间:2021-10-02]

(四)裂变传播,屏屏联动助推热点升级

河南卫视春晚的导演组进行了大量事前研究,了解年轻人的媒体使用习惯与内容喜好等。因此,此次晚会在前期预热与实时播出时联合快手平台,设置河南春晚节目相关话题,其中#河南卫视春晚开播#等话题高居播出时快手热搜第一。同时,"河南春晚""唐宫夜宴"等关键词也在当地同城页中频频出现,精准触达本地用户,引发更多用户关注,并在不同圈子形成互动,逐渐产生聚合议题。此外,快手平台的本地用户对河南春晚和《唐宫夜宴》的二次创作和自发传播,逐渐提升其网络热度,扩大传播范围、加快传播速度,随后跨越多个平台,实现全网传播,并在网民的参与下衍生出一系列全网热点话题,吸引各大媒体主动宣传。

二、从《唐宫夜宴》看"国潮崛起"

"国潮"如今已成为文化娱乐产业的创作趋势,围绕"国潮"打造的优秀文艺作品不断涌现,但是"国潮"创作也同样面临着诸多问题,如"国潮"创意"乱解读""瞎解读"中华优秀传统文化,过度的娱乐效果使传统文化变成作品空壳等。《唐宫夜宴》的"出圈"不仅是中华传统文化的创新展现,也是"国潮"未来创作可以借鉴的典范。

(一)立足传统文化,彰显文化自信

中华优秀传统文化源远流长、博大精深,早就潜移默化地根植于民心。好的文化作品就要在内容上立足于中华传统文化,创作者要无惧付出,去挖掘传统文化的内涵,让文化底蕴高于节目的形式。要将传统文化与现代审美进行深度的融合表达,令传统文化在二次创作下焕发新生、不断破圈,才能使传统文化既不浮于表面,又令观众眼前一亮。正如鲁迅先生所说的"只有民族的,才是世界的",只有根植传统文化,顺应民族自信,才能唱响观众心声、奏出文化强音。

(二)科技融合传播,创新文化传承

虚拟结合现实能为观众打造沉浸体验和感受,技术加持内容使视听效果更加多元和出色。通过《唐宫夜宴》可以看出,好的当代作品要将数字媒体与文化传播相融合,让文化内涵通过节目使用的技术与观众进行真实的互动。但同时,也要意识到运用技术不是一味打造沉浸效果和炫技,而是要在最大程度尊重节目内容的前提下,进行技术加工、修饰,以达到内容完美的呈现。

(三)转换受众思维,照进现实生活

《唐宫夜宴》的出圈也启示我们,"国潮"亟待为欠缺活力的传统文化找到一个更现代化、更年轻化的创作出口,这既是调动年轻观众热情的突破口,也是"国潮"转型所面临的机遇。因此,应以年轻人喜闻乐见的方式让中华传统文化"破圈",也让越来越多的年轻人喜欢传统文化、认同传统文化,进而有兴趣去观看、去关注、去传播,自愿投身于传承与弘扬中华传统文化的行列。

思考题

1. 请谈谈文化创意与传播的关系。
2. 试举例说明文化创意传播有什么特征。
3. 文化创意传播的原则是什么?
4. 文化创意传播的方式有哪些?
5. 文化创意传播有什么发展趋势?

 本章参考文献

[1] 白庆祥,李宇红.文化创意学[M].北京:中国经济出版社,2010.
[2] 薛可,余明阳.文化创意学概论[M].上海:复旦大学出版社,2021.
[3] 钱穆.文化学大义[M].济南:山东人民出版社,1990.
[4] 郑金洲.教育文化学[M].北京:人民教育出版社,2000.
[5] 周鸿铎.文化传播通论[M].北京:中国纺织出版社,2005.
[6] [德]马克斯·霍克海默,西奥多·阿道尔诺.启蒙的辩证法[M].渠敬东,曹卫东,译.上海:上海人民出版社,2013.
[7] 彭兰.社会化媒体:理论与实践解析[M].北京:中国人民大学出版社,2015.
[8] 朱增朴.文化传播论[M].北京:中国广播电视出版社,1993.
[9] [美]丹尼斯·麦奎尔.麦奎尔大众传播理论[M].北京:清华大学出版社,2006.
[10] [美]拉里·A.萨默瓦,理查德·E.波特,艾德温·R.麦克丹尼尔.跨文化传播[M].闵惠泉,王纬,徐培喜,等译.北京:中国人民大学出版社,2013.
[11] [美]罗尔.媒介、传播、文化:一个全球性的途径[M].董洪川,译.北京:商务印书馆,2005.
[12] 居延安.关于文化传播学的几个问题[J].复旦学报(社会科学版),1986(3):49-55.
[13] 葛红兵,高尔雅,徐毅成.从创意写作学角度重新定义文学的本质——文学的创意本质论及其产业化问题[J].当代文坛.2021(2016-4):12-18.
[14] 赵云泽,张竞文,谢文静,等."社会化媒体"还是"社交媒体"?——一组至关重要的概念的翻译和辨析[J].新闻记者,2015(6):63-66.
[15] 陈杏兰."媒体矩阵"建设中的三个思维误区[J].传媒,2020(11):67-69.
[16] 谭天.构建社会化传播理论的思考[J].浙江传媒学院学报,2018(2):42-46.
[17] 李夏薇.社会化传播初探[J].青年记者,2017(20):12-13.
[18] 王文艳.网络圈层如何赋能青年[J].人民论坛,2020(26):120-121.

[19] 吴祎昉.新时代基于圈层关系的时尚品牌文化传播模式探索[J].纺织导报,2019(8): 97-100.

[20] 史剑辉,靖鸣,朱燕.社交媒体互动圈层传播模式:驱动力及社会价值——基于社会热点事件的分析[J].新闻爱好者,2019(6):13-16.

[21] 孔少华.从 Immersion 到 Flow experience:"沉浸式传播"的再认识[J].首都师范大学学报(社会科学版),2019(4):74-83.

[22] 李凌凌.社会化传播背景下舆论场的重构[J].中州学刊,2016(9):160-163.

[23] 李红艳.文化新闻传播的新媒体实践——以北京日报"艺绽"公号为例[J].现代传播, 2017(2):168-169.

[24] 欧阳宏生,胡畔.交互传播中的移情效应及其实现途径[J].西南民族大学学报(人文社科版),2017(1):174-178.

[25] 青山资本投研中心.2021年中消费报告:Z世代定义与特征[C].2021.

[26] 北京市中国特色社会主义理论体系研究中心.中华民族伟大复兴需要中华文化发展繁荣——学习习近平同志在山东考察时的重要讲话精神[EB/OL]. http://theory. people. com. cn/n/2013/1216/c40531-23849634. html.[访问时间:2022-03-22]

[27] 中华优秀文化的传承和发展[EB/OL]. http://theory. people. com. cn/n1/2017/0320/ c40531-29154921. html.[访问时间:2022-03-22]

[28] 尼葛洛庞蒂"媒体融合"[EB/OL]. http://ex. cssn. cn/hqxx/tpnew/201807/t20180705_ 4496421. shtml.[访问时间:2021-09-10]

[29] 赵晓娇读本 Mook,找到重新出发的力量[EB/OL]. https://new. qq. com/omn/ 20191007/20191007A0IYN300. html.[访问时间:2021-09-10]

[30] 《美狄亚》:中西戏剧融合的成功探索[EB/OL]. https://www. sohu. com/a/ 420317712_659327.[访问时间:2021-09-12]

[31] SICAS 模型,顺应移动社交用户新消费心理[EB/OL]. https://baijiahao. baidu. com/ s?id=1680175880578852697&wfr=spider&for=pc.[访问时间:2021-09-12]

[32] 环球时报:创意要有道德底线支撑[EB/OL]. https://cul. sohu. com/20130922/ n386956692. shtml.[访问时间:2021-09-15]

[33] 大众传播学的终结者:致敬一代宗师丹尼斯·麦奎尔[EB/OL]. https://www. sohu. com/a/153688178_700645.[访问时间:2021-09-15]

[34] [美]安东尼·梅菲尔德.什么是社会化媒体(What is social media)[EB/OL]. icrossing. co. uk /ebooks.[访问时间:2021-09-15]

[35] 网络文化关键词:"圈层"既要特色,也要共识[EB/OL]. https://baijiahao. baidu. com/ s?id=1660766621772383775&wfr=spider&for=pc.[访问时间:2021-09-20]

[36] 沉浸式体验:科技、文化、艺术、创意交融[EB/OL]. https://www.sohu.com/a/426418138_712171.[访问时间:2021-09-20]

[37] 首个"三星堆"主题沉浸式创意交互型数字文创项目在蓉揭幕[EB/OL]. https://finance.ifeng.com/c/85cgMrGPEct.[访问时间:2021-09-20]

[38] 全球跨文化传播的检审与突围[EB/OL]. https://baijiahao.baidu.com/s?id=16665373521 50555210&wfr=spider&for=pc.[访问时间:2021-09-24]

[39] 陈世清:对称经济学术语表[EB/OL]. https://xueqiu.com/9680417822/131899102.[访问时间:2021-09-24]

[40] 业内:文化创意如何走向跨界与融合[EB/OL]. http://culture.people.com.cn/n/2015/0515/c172318-27004065.html.[访问时间:2021-09-24]

[41] K11邹郁:文化创意与跨界成为商业地产发展新趋势[EB/OL]. http://xm.fzg360.com/index.php/news/view/id/22802.html.[访问时间:2021-09-24]

[42] 浅谈社会化媒体矩阵[EB/OL]. http://www.woshipm.com/operate/573437.html.[访问时间:2021-09-24]

[43] 打造新型主流媒体,让传统文化活起来[EB/OL]. https://baijiahao.baidu.com/s?id=1711922651692955609&wfr=spider&for=pc.[访问时间:2021-09-24]

[44] 文化科技融合的四大趋势、三大路径与前景展望[EB/OL]. http://www.szzs360.com/news/2019/11/2019_1_zs67543.htm.[访问时间:2021-09-24]

[45] 广州大剧院开启5G智慧剧院[EB/OL]. https://baijiahao.baidu.com/s?id=1678899885847470773&wfr=spider&for=pc.[访问时间:2021-09-24]

[46] 人民日报:郑州歌舞剧院《唐宫夜宴》千年舞韵,何以走红[EB/OL]. https://baijiahao.baidu.com/s?id=1692560263268536026&wfr=spider&for=pc.[访问时间:2021-10-02]

[47] 创新让《唐宫夜宴》火出圈[EB/OL]. http://www.wenming.cn/wmpl_pd/whkj/202102/t20210218_5950331.shtml.[访问时间:2021-10-02]

[48] 《唐宫夜宴》"火出圈",灵感来自唐俑,演员口中塞棉花[EB/OL]. https://www.sohu.com/a/450970303_161623?tc_tab=news&block=news&index=2.[访问时间:2021-10-02]

[49] Jenkins H. Convergence Culture[M]. New York: New York University Press, 2006:10.

[50] Apostolopoulos J G, Culbertson B, Trott M D. The Road to Immersive Communication[J]. Proceedings of the IEEE, 2012(4):974-990.

第二章

文化创意传播理论与学科基础

> **学习目标**
>
> 学习完本章,你应该能够:
> (1) 了解文化创意传播的本体理论,文化创意学相关理论内容;
> (2) 了解文化创意传播与文化学、传播学等基础理论的关系;
> (3) 了解文化创意传播与民族学、广告学等相关理论的关系。

> **基本概念**
>
> 文化创意传播　文化创意学　文化学　传播学　民族学　广告学　市场营销　设计学

第一节 文化创意传播本体理论

文化创意传播的核心是文化创意,要了解文化创意传播理论,应先了解其本体理论,即文化创意学的理论内容与发展。因此,本节将以文化创意发展历程为脉络,对文化创意理论进行梳理与介绍。

一、熊彼特的"创新理论"

(一)"创新理论"的诞生

自19世纪七八十年代开始,资本主义发展的内部矛盾与外部冲突不断,经济危机与第一次世界大战也让资本主义的生存发展面临巨大挑战,因此诸多学者开始探讨资本主义的未来发展问题。美籍奥地利学者约瑟夫·熊彼特(Joseph Schumpeter)在如此背景下,提出了"创新理论",在其1912年出版的德文版《经济发展理论》一书中定义"创新"为"生产函数的重新建立"或"生产要素之新的组合"。具体而言,"创新"就是建立一种新的"生产函数",将基于生产要素和生产条件的"新组合"引入生产体系,引发经济波动、推动经济发展。[1]之后,他又在《经济周期》和《资本主义、社会主义和民主主义》两本书中对"创新理论"进行阐释与延伸,形成了独特的"创新理论"体系。

(二)"创新理论"的内涵与基本观点

"创新理论"强调生产技术的革新和生产方法的变革在经济发展过程中有着至高无上的作用。熊彼特认为,创新就是不断挖掘企业未利用资源、重新组合企业内外资源,创造新产品、新工艺、新流程等,进而提升企业生产效率。同时他也指出,生产一种新产品、采用一种新生产方法、开辟一个新市场、控制一种新供应来源、实现一种工业新组织是"创新"的五种手段。简言之,可以总结为产品创新、技术创新、市场创新、资源配置创新和组织创新的"五创新"。

以"五创新"为基础的"创新理论"体系,主要包含以下五个基本观点[2]:①创新是生产过程中内生的。经济变化是体系内部自行发生变化的,而非外部强加的。②创新是一种"革命性"变化。熊彼特强调创新具有突发性和间断性的特点,而经济发展的"动态"性研究则是"创新理论"的重点。③创新同时意味着毁灭。经济发展的新组合就意味着与旧组织展开优胜劣汰的竞争,可以说是经济实体内部的一种自我更新。④创新必须能够创造出新的价值。创新就是应用新工具、新方法,进而创造全新价值。⑤创新是经济发展的本质所在。

(三)"创新理论"的价值与影响

熊彼特独具特色的"创新理论"从经济与技术角度探讨创新在经济发展过程中的重要作用,奠定这一理论在经济思想发展史研究领域的重要地位,也在经济政治方面重塑了人们思考问题的方式。首先,"创新理论"的出现为分析经济现象提供了一种新的基本工具,并形成了微观(企业家与创新)—中观(社会网络)—宏观(经济周期)的理论体系,为经济学、工程学、社会学、心理学等其他学科开辟了一个全新的研究视角,推动整个社会经济和学科研究的发展。其次,熊彼特"创新理论"体系中提出的创新与企业家精神,不仅让公司管理成为创新研究的热

---

[1] 沈珉.由熊彼特的创新理论谈数字出版人才的培养[J].人才培养与教学改革——浙江工商大学教学改革论文集,2014:240-244.

[2] 张瑞林,李林.熊彼特创新理论与企业家精神培育[J].中国工业评论,2015(11):94-98.

点,也让创新成为指导企业运营与发展的重要理论基础。最后,自20世纪中期起,创新理论开始影响国家公共政策的制定,美国、德国、日本、韩国等国家逐步鼓励创新,创新政策也逐渐成为国家发展的重要策略。

"创新理论"不仅成为全球文化创意产业发展的重要理论基础,而且推动文化创意在各行各业的推广与传播,为文化创意传播的开展提供科学理论依据,也成为文化企业进行创意传播与创新管理的核心理念。

二、法兰克福学派的"文化工业"批判理论

(一)"文化工业"与"文化工业"批判理论的诞生

"文化工业"(culture industry)是指凭借现代科学技术大规模复制、传播文化产品的娱乐工业体系,包括商业性的广播、电影、电视,报纸、杂志、流行音乐等各种大众文化和大众媒介。"文化工业"的产生并非偶然。19世纪末20世纪初,资本逐利的方式随着资本积累的增长也开始发生变化。在如此形势下,文化不断资本化、组织化与机械化,开始进行规模化生产,也吸引越来越多的人去从事这个行业,文化工业也逐渐形成。同时,生活水平的不断提高也让人们更加注重精神层面的需求,琳琅满目的文化娱乐产品开始出现,并以商品的形式用于销售或提供服务满足人们的文化需求,文化工业日渐成熟并快速发展。

伴随文化工业的迅速发展,人们的生活也发生巨大的改变,对文化工业的认识与思考逐渐深刻。一方面,现代工业在第二次世界大战结束后进入迅速发展时期,数量繁多、品类丰富的文化商品涌入人们的生活,文化工业迅速发展并崛起。不可否认,文化工业的发展大大地促进了文化的传播和繁荣。另一方面,在市场经济的推动下,文化被包装成文化商品,并开始进行大规模、批量化生产,逐渐进入大众消费市场。同时,文化艺术的产出方式也随生产技术的进步而不断变化,大量的艺术复制品开始引发各国学者对文化工业及其技术的思考与反思。

20世纪30年代,对于"文化工业"的批判逐渐出现,"文化工业"批判理论也因此诞生。1947年,法兰克福学派代表学者西奥多·阿多诺(Theodor Adorno)和马克斯·霍克海默(Max Horkheimer)在《启蒙辩证法》一书中正式提出了"文化工业"批判理论。他们认为,资本主义的发展已经使"电影和广播不再需要作为艺术",而转变成了"工业",因此就以"文化工业"指代这些新的文化现象。之后,这一学说在20世纪50—60年代产生了更为广泛而深远的影响。

(二)法兰克福学派与"文化工业"批判理论的基础

"文化工业"批判理论由法兰克福学派提出,而该学派的理论来源是马克思早期的"异化"理论与卢卡奇的"物化"理论。其中,马克思在《1844年经济学哲学手稿》中提出"异化"理论,并论述了劳动异化的四种形式或规定性,即劳动产品的异化、劳动活动本身的异化、人的类本质的异化和人与人的异化。他认为,人在资本监督和压迫下所进行的劳动是非自发行为,是一种让人主体性日益丧失甚至沦为机械化碎片的劳动异化现象,而这种劳动异化与科学技术、工业社会日益复杂的分工也有深层的关联。法兰克福学派另一重要理论来源——卢卡奇·格奥尔格(György Lukács)的"物化"理论,则是在他1923年出版的《历史与阶级意识》一书中提出的。

他批判了现代工业背景下的文化商品化发展,并认为资本主义发展引发了物化和商品拜物教现象,而随着这些现象不断产生影响,人类的主体性也会逐渐丧失。

此外,法兰克福学派文化工业批判理论也受到黑格尔、康德、弗洛伊德和浪漫主义等众多西方哲学思潮的影响,提出和建构了一套独特的批判理论,旨在对资产阶级的意识形态进行"彻底批判"。因此,法兰克福学派也在西方社会科学界被视为"新马克思主义"的典型,并在理论上和方法论上以反实证主义而著称。

(三)"文化工业"批判理论的内涵与影响

所谓的文化工业产品,即符合大众口味、快餐式的精神文化消费品,如当下我们日常生活中所流行的畅销小说、商业电影、通俗电视剧、流行歌曲、休闲报刊等,都是工业化、规模化生产下的产物。[1] 法兰克福学派则从艺术和哲学价值评判的双重角度,对"文化工业"予以否定。他们认为文化工业是以满足大众需求为目标、以娱乐消遣为目的,进行精神文化消费品的生产,但是这种产品丧失了艺术作品的本真,是对艺术本质的否定。同时,他们也认为商业力量操控了文化工业,让文化工业具有以下特点:第一,传播技术推动文化生产与传播手段的进步;第二,文化工业模糊了低俗艺术与高雅艺术的界限;第三,赚取利润是文化工业的本质所在;第四,文化工业逐渐让人们失去独立思考的能力。也就是说,文化工业成为现代资本主义国家对广大民众进行意识形态控制的工具,以此来巩固自身的统治。

法兰克福学派对传媒研究做出了突出贡献,不仅开创了媒介批判理论研究的先河,成为西方媒介批判的理论基础,而且影响了之后的各种学派对传媒和文化研究的方向与内容。同时,文化工业批判理论也成为研究大众文化的经典理论之一。对文化创意传播而言,"文化工业"批判理论一方面促使文化创意传播者进行深层次思考,让文化跳脱出产业生产而更具创意,满足当代人们的多元化、个性化文化需求;另一方面,也对文化创意传播工作的文化内涵、艺术价值、审美价值等提出更高要求,推动文化创意传播不断发展。

三、霍金斯的"创意经济"理论

(一)"创意经济"理论的诞生与界定

进入后工业时期,流行于工业时代的消费主义逐渐呈现出消费形态非物质化、消费动机需求化、消费行为休闲化等特征,这都推动传统工业向着创新改革方向发展。同时,传统产业的发展也在这一时期出现了利润缩水、资源能源耗尽、产品附加值低、经济效益低下等诸多问题,迫使传统产业谋求新的发展出路。各种情况的出现,逐渐催生一种新的经济形态——创意经济。传统产业纷纷投身于创意经济的发展,开始从对自然资源、劳力资源、产业资源的依赖,转向对人自身的知识创新与文化创意等的创意资源的依赖,重视在经济发展过程中的创意、创新作用。

(二)"创意经济"理论的内涵与延伸

"世界创意经济之父"约翰·霍金斯(John Howkins)认为,创意(creativity)是"利用想法来

---

[1] 陈述."文化工业"及其价值评判[J].现代哲学,1996(2):90-93.

创造另一个新想法"(using ideas to produce a new idea)的过程,并指出"创意经济"(creative economy)是指创意产品的生产、交换和使用体系。[1]在《创意经济》中,霍金斯采用观察交易的数量与价格的方法来计算创意经济的市场价值。他认为,复制是一般市场的核心,但是实体作品或经验(experience)在艺术品市场中更有价值。因此,他提出自然资源和有形的劳动生产力将被知识和创意所取代,并成为未来财富创造和经济增长的主要源泉。

同时,霍金斯还提出了创意成长三部曲,也被称为"创意生态三原则",即"人人有创意,创意需自由,自由要市场"。具体而言,"人人有创意"是指每个人天生都具备寻找新的、有趣的、实用的可能性的本能和冲动,都可以成为创意者;"创意需自由"则指创意者不仅需要内在的自我表达自由,而且需要外在的环境自由,以此来帮助他们进行有针对性的创意思考和创意行为;"自由要市场"强调创造和购买在创意经济中同等重要,人们需要花费时间、注意力去了解市场信息,以帮助寻找自己所感兴趣的东西。

(三)"创意经济"理论的应用与影响

早在1986年,经济学家保罗·罗默(Paul Romer)曾预测创意将成为国家经济成长的重要引擎。[2] 2001年,霍金斯出版的《创意经济》从个体创意、知识产权和创意产业的角度,深入探讨了创意和经济的关系。该书一经问世,创意经济理论被迅速、广泛地应用于各国文化产业及创意产业的发展中。随后,联合国教科文组织于2007年发布了《了解创意经济》专题报告,其中明确指出,信息化、互联网和计算机时代的来临以及全球化的发展趋势等众多因素,推动了创意经济的形成和发展。霍金斯也指出,互联网、数字媒体及内容产业在新时代的发展中愈加重要,而创意也将在这一过程中起到支柱作用。经过近20年的创意经济理论研究与实践,霍金斯在原有创意经济理论基础上出版了《新创意经济3.0》,该书着眼于全球创新创业以及互联网经济发展,对各国创意经济发展模式进行梳理与总结,丰富、补充了新时代的创意经济理论,成为世界创意经济未来发展的全新指导和实践参考。这一理论也成为推动文化创意传播发展的动力支撑,为文化创意传播在数字时代的发展提供了新思路与新参考。

四、弗罗里达的"创意阶层"概念

(一)"创意阶层"的诞生与内涵

美国创意经济学家理查德·弗罗里达(Richard Florida)于2002年出版了《创意阶层的兴起》一书,他从城市发展的角度提出了"创意阶层"(creative class)的概念,并认为21世纪是创意阶层的世纪。进入后工业时代,伴随创意经济的出现,创意产业、文化产业开始崛起,创意成为各国经济增长与城市发展的主要动力。基于这样的发展趋势,弗罗里达指出,美国的社会阶层不仅有农业阶层、工业阶层、服务业阶层,还有创意阶层。他认为,"创意提供者"是创意经济的主导力量,他们不仅仅包括科学文化专业领域内的从业者,同时也包括更广泛阶层的大众,甚至任何人。所有能通过脑力方式持续不断地为社会提供各种价值的人都可以纳入创意阶

---

[1] [英]约翰·霍金斯. 新创意经济3.0[M]. 马辰雨,王瑞军,王立群,译. 北京:北京理工大学出版社,2018:50.
[2] 杜德斌,盛垒. 创意产业:现代服务业新的增长点[J]. 经济导刊,2005(8):78-82.

层。弗罗里达所提出的创意阶层由两部分人群组成：一是"从事科学和工程学、建筑与设计、教育、艺术、音乐和娱乐的人们"，如科学家、大学教授、作家、艺术家、演员、设计师、建筑师等，他们是创造新概念、新技术和创新内容的"超级创意核心"人群；二是具有创造性的专业人群，包括商业、科技、金融、法律等知识密集型行业的创意专业人士。

(二)"创意阶层"的特征

根据弗罗里达对创意阶层的深度剖析，可以归纳出创意阶层的共同特点：第一，创意阶层的年龄构成趋于年轻化，他们是一群具有创意和创造力的人，拥有创新的观点，善于发明新技术，并从事具有创造性的工作；第二，创意阶层有着相近的价值观和相当的能力，生活方式也更加多元，如喜欢开放、多样、包容的社会环境，尊崇个性，重视工作的意义与灵活性，业余文化生活比较丰富等；第三，创意阶层对城市的环境、交通、服务及相关配套设施的便利性有一定要求，多在创意城市形成人群集聚；第四，创意生产往往需要不同专业人群共同完成，因而创意阶层更倾向于团队协作、集体合作的工作形式。

(三)"创意阶层"概念的影响

在《创意阶层的兴起》一书中，弗罗里达指出，创意社会要吸引创意人才、激励社会创新、推动创意经济发展，必须具备技术(technology)、人才(talent)和宽容(tolerance)三要素，这就是著名的3T理论。具体而言，技术是指创新技术和高新技术，人才就是从事创意工作的人群，而宽容则指人文社会环境的高包容度。开放、包容、多元的社会环境才会吸引更多创意人才聚集，进而推动创新技术、创意生产的不断发展，即"宽容吸引人才，人才创造科技"。弗罗里达"创意阶层"概念的提出，不仅引发了各国学者对创意阶层与创意城市、经济发展的讨论与研究，而且也对各国发展创意产业、吸引创意人才、打造创意城市提供了诸多参考，3T理论也成为评价地区创意程度的重要理论之一。"创意阶层"已成为文化创意传播工作中不可或缺的重要组成，既是文化创意的内容生产团队，又是创意传播的人才支撑，在构建轻松、和谐的文化创意传播环境的同时，他们也会彼此吸引、相互影响、相互促进，形成文化创意传播的良性循环。

第二节 文化创意传播基础理论与学科

文化创意传播以文化创意的科学研究为本体理论，而文化学与传播学则是其基础理论，为文化创意传播的研究提供了理论依据与研究方法。因此，本节将对文化学与传播学理论研究发展、视角与方法进行介绍，并进一步阐述文化创意传播与两门学科之间的关系。

一、文化创意传播与文化学

文化创意传播的研究内容主要以文化学为基础，围绕文化创意开展传播方面研究。因此，文化学是文化创意传播相关研究的重要理论支撑。在此对文化学的基本内容进行概括与阐述，并进一步梳理与解释文化创意传播与文化学之间的关系。

（一）文化学概述

1. 文化学的兴起

文化学是一门研究和探讨文化的产生、创造、发展演变规律和文化本质特征的科学。文化学的研究内容包括文化现象、文化行为、文化本质、文化体系、文化产生及其发展演变规律。[1] 简言之，文化学就是研究文化现象或文化体系的学科。

在近代，关于文化的科学研究始于德国。德国学者列维·皮格亨(Levi Pighorn)在1838年首次采用"文化科学"一词，并主张建立独立的学科开展这类研究。学者 C. E. 克莱姆(C. E. Cramer)于1843—1854年出版了《人类普通文化史》和《普通文化学》，其中阐述了文化学相关内容，并定义文化是"习俗、工艺和技巧；和平和战争时期的家庭生活和公共生活、宗教、科学和艺术"。这一定义具有时代特征，重点强调地理与人文之间的关系。1871年，英国古典人类学者爱德华·伯内特·泰勒(Edward Burnett Tylor)出版著作《原始文化》，将"文化科学"作为首章标题，自此开启了英文的文化学研究。同时，他提出了文化的经典定义："所谓文化或文明，就其广泛的民族学意义来讲，是一复合整体，包括知识、信仰、艺术、道德、法律、习俗以及作为一个社会成员的个人所习得的其他一切能力和习惯。"[2] 因此，泰勒也被称作"西方文化学之父"。随后，德国化学家、诺贝尔奖获得者威廉·奥斯特瓦尔德(Wilhelm Ostwald)于1909年发表的《文化学之能学的基础》中，正式提出建立独立的"文化学"学科："把人类种系与全部其他动物物种区别开来的这些独特的人种特性，都被包括在文化一词之中。因此，对这门关于人类特殊活动的科学可能最适于称作文化学。"1915年，在讨论"科学之体系"时，他提议将"文化学"置于科学研究的顶端。

关于文化的理论研究，始于美国文化人类学者阿尔弗雷德·路易斯·克罗伯(Alfred Louis Kroeber)。他用"文化机械学""文化工程学""文化能学""文化心理学"等词预测未来的科学研究，并提出了关于文化研究的一整套概念，如文化框架、行为模式、符号系统、原型文化、文化系统、文化价值观等，都成为之后现代文化学的基本概念和理论基础。有"文化学之父"称号的美国文化人类学家怀特(L. White)，在其1949年出版的《文化的科学——人类与文明研究》一书中提出，文化学应独立于自然科学和社会科学，并认为文化学一词揭示人类有机体与超有机体的传统（即文化）之间的关系，它是创造性的，建立并确定了一门新的科学。[3] 1959年，他的著作《文化的进化》也标志着现代文化学的初步形成。此外，苏联的文化学研究从20世纪50年代也开始起步，出现了马尔卡良、阿尔诺利多夫等诸多研究文化的学者，也出版了如《文化论纲》《马克思列宁主义文化理论原理》《文化理论和现代科学》等文化研究专著。

在中国，"文化学"一词最早由李大钊在《史学要论·历史学的系统》一书中使用。随后，黄文山、陈序经、阎焕文、朱谦之、孙本文、费孝通等多位学者也在文化学研究上多有建树，出版了

---

[1] 林坚. 文化学研究：何以成立？何以为用？[J]. 探索与争鸣,2012(10):60-65.
[2] Edward B. Tylor. Primitive Culture[M]. London：J. Murray, 1871:1.
[3] [美]L. A. 怀特. 文化科学[M]. 曹锦清,等译. 杭州：浙江人民出版社,1988,389-393.

多部文化研究的著作或译作,如《文化论》《文化学体系》《文化学》《文化哲学》《社会的文化基础》等。其中,黄文山被认为是中国较早提倡文化学学科的学者,而陈序经1947年出版的《文化学概观》被认为是中国第一部较全面系统地阐释文化学学科内容的专著。20世纪80年代,中国学者对于文化的研究逐渐形成一阵热潮,不仅文化研究专著如雨后春笋般涌现,文化学的学科发展也逐渐体系化与细分化,研究视角与领域也日益多元、广泛。

2. 文化学的研究视角

对文化的研究是一个动态的过程,其研究内容与研究视角是随着人类社会发展不断推进与变化的。关于文化的研究主要包括文化本体论研究、文化认识论研究、文化价值论研究、文化方法论研究、文化实践应用研究等内容,主要流派有进化学派、传播学派、历史学派、社会学派、结构主义学派、功能学派、心理学派、后现代学派等,也形成了文化符号学、文化史学、文化人类学、文化社会学、文化心理学、文化生态学、媒体文化学、跨文化交际学等研究主流方向。下面将对其中几个与文化创意传播联系紧密的文化学研究视角进行简要阐述。

文化符号学就是把文化视为一种符号或象征体系进行研究的科学,认为文化通过符号进行意义表达,人们也凭借符号进行知识和态度的交流、存储和传播,同时要在符号系统中理解文化的内涵。20世纪20—30年代,德国哲学家恩斯特·卡西尔(Ernst Cassirer)所提出"人是符号的动物"的观点成为文化符号学最基本的理论基础之一。关于文化符号的研究主要有两种方式:其一,从文化视角探讨符号学,主要通过模式化建构文化,进而总结出适用于一般符号学研究的理论范式,即狭义的文化符号学,如以尤里·洛特曼(Yuri Lotman)为代表的莫斯科-塔图学派,也是目前世界上文化符号学的研究主流;其二,将符号学应用于文化内容的研究,将文化人类学与当代流行文化、大众文化结合研究,如以斯图亚特·霍尔(Stuart Hall)等人为代表的英国文化研究学派,将文化符号用于当代文化形态等内容。

文化社会学是"研究文化的产生与发展规律,及其社会学性质与功能的一门科学",研究内容包括文化起源、发展、传播、冲突、变迁等一系列社会历史过程以及过程中的机制规律。[1] 简言之,文化社会学就是对文化现象的社会学研究。19世纪末20世纪初,西方资本主义国家的动荡让诸多学者开始研究社会价值体系与现代社会生活相关问题,寻求摆脱当时社会危机的办法。关于社会学的研究也逐渐从综合社会学走向了经验研究和应用研究,因此,文化社会学作为一门独立学科而形成。由于对社会和文化的不同理解,西方文化社会学的研究主要分为两类:一是从文化现象探讨社会学研究内容的综合文化社会学研究,以德国学者马克斯·韦伯(Max Weber)和英国学者埃米尔·杜尔凯姆(Émile Durkheim)为代表;二是关注文化对人类社会的影响和作用的社会学研究,以美国学者伯纳德(Bernard Zezta)、鲍亚士(Franz Boas)和英国学者马林诺夫斯基(Bronislaw Kaspar)等为代表。在中国,文化社会学研究兴起于20世纪20—30年代,并不断涌现文化社会学研究成果,出现朱谦之、司马云杰等文化社会学学者。我国早期的文化社会学研究主要依靠西方理论,并逐渐开展本土化的研究。如今,文化社会学的

---

[1] 司马云杰. 文化社会学[M]. 北京:华夏出版社,2011:21-22.

研究范围和涉及领域也在不断扩展,研究队伍不断壮大,文化社会学应用的普遍性及论述社会规律的科学性也在不断被证实。

文化心理学是一门研究人的文化心理或文化行为的学科。1969年,人类学家戴沃斯和希普勒(G. A. Devos & A. E. Hippler)在《文化心理学:人类行为的比较研究》一文中首次采用"文化心理学"这一术语,也被认为是文化心理学的起源。他们将文化因素引入心理学研究,认为文化心理学是研究文化与人格所影响或决定的人类心理和行为的学科。现代文化心理学的理论内核则来自学者坎特(J. R. Kantor),他认为文化心理学是研究人类对制度性刺激的反应的一门学科,强调主观构建在人们心理活动中的作用与价值。[1]之后,科尔(M. Cole)、斯维德(R. A. Shweder)等学者在坎特的研究基础上,不断发展文化心理学,逐渐成为文化心理学研究的主流。其中,科尔认为文化心理学的本质就是研究人的文化活动中的心理现象和行为,斯维德则在研究中强调实践的重要性。此外,文化心理学与主流心理学研究不同,文化心理学研究弱实验量化、科学统计等方法,主要采用释义学、民族志、现象学等方法。

媒体文化学是研究人们与文化中的现实模式、文化程序和媒体系统在协作方面内容的学科。简言之,媒体文化学就是以研究人、媒体与文化之间各种关系为主要内容的学科。关于媒体文化的早期研究可以追溯到20世纪60年代,马克思·本泽(Max Bense)、彼得·哈特曼(Peter Hartman)从文化作品和广告片中抽象出文本的概念,开启了媒体文化的相关研究。新媒体的不断出现与发展也引起了各类学科学者的研究兴趣,尤以麦克卢汉为代表,"媒介即信息""媒介是人体的延伸"以及"冷媒体""热媒体"的理论构成了其媒介理论的重要内容,也对后续媒体文化的相关研究影响深远。20世纪90年代初,由于全球化的发展趋势,文化成为影响各国经济发展的重要因素之一,学者施密特(S. J. Schmidt)则提出建立独立的媒体文化学,通过研究媒体文化以明晰媒体在文化现象、文化发展中的角色与作用。之后,英美的文化研究和性别研究让欧洲传统的文化研究在概念、范围上得到扩展,也不断地推动媒体文化研究的深入。媒体文化学研究的主要方向有两个:其一是在认知、传播、媒体和文化等方面开展基本理论研究;其二是从媒体文化学视角出发进行跨学科研究。

跨文化交际学是一门集人类学、语言学、传播学、心理学、社会学、宗教学等学科于一体的综合性学科,主要研究不同文化成员之间的关系的交际维度。所谓跨文化交际,是指不同的文化群体以及不同的文化成员相互交换信息、相互沟通、共同建构意义与身份的过程,[2]其形式包括跨种族、跨民族、跨地区以及统一主流文化内不同群体之间的交际等。跨文化交际最早兴起于美国,移民国家的属性塑造了美国多元的文化格局,跨文化交际相关问题与矛盾也由此产生。美国学者爱德华·霍尔(Edward Hall)在1959年出版的《无声的语言》中首次提出"跨文化交际",也标志着跨文化交际学的诞生。跨文化交际学主要有两大流派:其一是研究跨文化交际学理论的理论-理论学派,主要倾向传播学方向研究;其二是重视应用和跨文化培养方面的研究的理论-实践学派。跨文化交际学研究的主要内容包括文化与交际、价值观与文化模式、

---

[1] 许波,钟暗华.文化心理学的内涵及特点[J].阴山学刊,2012(4):5-9.
[2] 孙丽娟,时耀红.浅析语码转换与跨文化交际能力的培养[J].江西科技师范学院学报,2008(6):76.

语言和非语言交际、文化认同、文化适应、跨文化交际心理、跨文化交际能力与训练等。

(二) 文化创意传播与文化学的关系

随着物质财富的不断增长，人们对于精神财富的需求也日益增加，文化作为人类精神财富的重要内容，为创意活动提供源源不断的素材与灵感。如今，文化创意已经成为各国经济发展的重要推手，对本土文化的挖掘与开发成为各国文化创意竞争中取胜的关键。因此，各国、各地区、各民族的传统文化逐渐成为文化创意所关注的新方向。

文化学作为研究人类发展历史与文明的学科，是开展文化创意传播的基础。一方面，文化学的理论研究成果是文化创意传播的重要依据。具体而言，文化学关于文化资源的挖掘、文化内容的探讨、文化符号的提取、文化心理的调研、媒介文化的剖析以及跨文化交际的技巧等方面的研究，都可以对文化创意传播进行科学性的指导。例如，文化学的文化符号分析研究，可以帮助文化在创意过程中加强符号化的精准度，加深受众对文化及文化符号的印象，进而提升传播效果。另一方面，文化学中所使用的田野调查、民族志法、比较法等诸多研究方法，也可以为文化创意传播的调研、策划所借鉴，协助文化创意传播活动的开展。例如，文化学中的民族志研究方法，可以深入文化地区、获取第一手观察资料，对于非遗内容的文化创意传播具有十分重要的参考价值。

二、文化创意传播与传播学

文化创意传播的起点是文化，关键在创意，而落脚点在于传播，因而文化创意传播的研究与传播学密不可分。下面将对传播学的基本概念与理论进行梳理，在此基础上进一步阐释文化创意传播与传播学之间的密切关系。

(一) 传播学概述

1. 传播学的兴起

"传播"来自英语"communication"，有传达、交流、交往、通信、交通、传染等意思。传播学中所指的传播是人与人之间通过符号传递信息、观念、态度、感情，以此实现信息共享和互换的过程。[1] 因此，传播学是研究人类一切传播行为和传播过程发生、发展的规律以及传播与人和社会的关系的科学。

传播学兴起于20世纪30—40年代的美国。第二次世界大战后，美国的政治家开始重视媒介的传播作用，并通过军事传播实践活动推动了传播学的诞生。同时，美国的经济发展迅速，市场竞争日益激烈，大众传播逐渐崛起，与人们生活日益密切，越来越多的社会学家、心理学家纷纷转向关于传播的研究，也为传播学的诞生奠定了基础。其中，尤以保罗·拉扎斯菲尔德(Paul Lazarsfeld)、哈罗德·拉斯韦尔(Harold Lasswell)、库尔特·勒温(Kurt Lewin)和卡尔·霍夫兰(Carl Hovland)的理论研究最为突出，因而他们也被称为传播学"四大先驱"。学者威尔伯·施拉姆(Wilbur Schramm)是传播学的"集大成者"和创始人，他对前人的传播理论研

---

[1] 陈志立.辞海[M].上海:上海辞书出版社,2008:232.

究进行系统化、结构化的归纳、总结与修正,将其发展成为集社会学、新闻学、政治学、心理学为一体的综合学科。他不仅建立了世界上第一个大学内的传播学研究机构,而且编撰了第一本传播学教科书,也是世界上第一个具有传播学教授头衔的人,因而被尊称为"传播学鼻祖"。

由于理论传统和研究方法的不同,传播学主要分为三大流派。一是经验学派,也称经验-功能学派、管理学派,以传播学"四大先驱"和施拉姆为代表人物,以实证研究为主,探讨传播效果与受众关系的相关问题,也是美国传播学理论研究的主流。二是批判学派,也称结构主义符号-权力学派,以德国法兰克福学派、英国文化研究学派与政治经济学派、法国结构主义学派为主要研究力量,深受西方马克思主义的影响,以思辨为主,反对实证主义,重点研究意识形态、文化背景对传播活动的影响、传播意义等相关内容。三是媒介环境学派,主要代表人物是北美的尼尔·波兹曼(Nell Postman)、哈罗德·伊尼斯(Harold Innis)、麦克卢汉等学者,他们侧重于媒介与人类社会文化关系的研究,探究传播技术本质的问题。

在中国,传播学于20世纪70年代末传入,早期的传播学作为新闻传播的理论基础,主要用于指导新闻传播实践活动。1982年,施拉姆的中国之行让传播学的实证学派理论传入中国,逐渐开始影响中国的传播学研究与理论发展。到了20世纪90年代,批判学派和环境学派的理论逐渐传入中国,进一步拓展了中国传播学理论研究的视野。因全球化推动的文化多元化发展,以及互联网与数字技术催生的新媒体强势崛起,传播学的研究对象不断扩大,研究内容更加丰富,多种学科与传播学交叉与借鉴,也逐渐拓展了传播学理论研究的外延。

2. 传播学的研究视角

传播学"四大先驱"之一的拉斯韦尔在《社会传播的结构与功能》中清晰地阐释了"5W"传播模式,并成为传播学研究的基本模型。所谓"5W",指的是传播过程的五个基本要素,即谁(who)、说了什么(says what)、通过什么渠道(in which channel)、对谁说(to whom)以及取得了什么效果(with what effect),也就是传播者、传播内容、传播渠道、传播对象与传播效果。这也是传播学主要的研究内容与视角。

传播者是整个传播活动起点,因而也成为早期传播学研究的重要内容。传播者负责信息的收集、加工和传递的重要任务,可以是个人或者集体。有关传播者的早期研究主要有美国学者赛博特(F. S. Siebert)、皮特森(T. Peterson)和施拉姆从传播者制度环境角度提出的"四种传播体制"(集权式、自由式、社会责任式和共产主义式),以及勒温的"把关人"概念等主要理论与相关研究。在大众传播时期,传播者是指专业化的传播组织及其从业者,体制与"把关"的概念尤为突出。进入互联网时代,传播者不再仅仅局限在专业的传播者,互联网及新媒体让任何个人都可以成为传播者,成为自媒体人,扩大了传播者的范围,相关研究开始向传播者能力与责任方面侧重,如传播者素养与伦理道德、传播者之间的知识鸿沟和数字鸿沟等。

传播内容是传播活动的中心环节,也是传播活动所要传达的信息所在。因此,传播内容一直是传播学者关注的重点,如通过对传播信息进行内容分析,了解信息与传播者、受众之间的关系,以及对传播内容进行的符号分析、叙事分析、互文性分析等文本分析。此外,批判学派从文化研究视角分析传播内容,如法兰克福学派对"文化工业"的批判、文化研究学派的电视媒体

"编码-解码"研究等,他们侧重探讨文化与社会之间的关系,进而反思人类文化实践的复杂性与多样性,寻求文化传播与发展的新思路。如今,数字技术飞速发展,传播内容的表现形式更加多样,也成为影响传播内容的重要因素之一。因此,有关传播内容形式的研究日渐增多,传播内容与其他因素之间的关系也逐渐成为关注重点。

传播渠道是传播活动、传播行为得以实现的重要手段。在传播中,传播渠道即传播媒介,也就是传播信息符号的载体。传播媒介从早期的符号媒介、手抄媒介,到后来的印刷媒介、电子媒介,发展到如今的网络媒介等新媒体,不断更新、融合发展,传播学关于传播媒介的研究从未停止。大众传播时代,传统媒体成为诸多传播学者研究的重要内容,尤以电视为甚。在互联网出现后,媒介环境派学者开始从技术角度探讨媒介的特性,以及媒介与社会之间的关系,如麦克卢汉的"媒介是人体的延伸""媒介即讯息"等论述。如今,5G 技术、互联网技术、数字技术等不断催生各种各样的新媒体,这也逐渐成为各国学者进行传播研究的新热点,如 vlog、短视频、网络直播等。

受众在传播活动中扮演着越来越重要的角色,是传播活动的重要参与者。大众传播时代,受众即传播过程中的受传者、信息接收者,也就是传播对象。早期传播学的受众研究主要集中在传受关系、受众心理与行为研究,以及受众在传播活动中的权利与作用等内容。阿瑟·詹森(Arthur Jensen)与大卫·罗森格伦(David Rosengren)于 1990 年发表的《受众研究的五种传统》一文,将受众研究分为效果研究、使用与满足研究、文学批评、文化研究和接受分析五个研究取向。其相关理论主要有个人差异论、社会分化论、社会关系论、文化规范论、社会参与论、"使用与满足"理论、游戏理论等。伴随经济的发展、社会的进步,传播活动愈加多样,传播媒介愈加多元,受众的特征和传受关系也随之发生改变。受众已经不再是单一的接收者、使用者、消费者,如今也可以成为信息的传播者或传播内容的生产者,受众研究与传播效果研究之间的关系也变得越来越紧密。

传播效果是指传播者发出信息经媒介传至受众而引起受众思想观念、行为方式等的变化。传播学中关于传播效果的研究最具现实意义,其结果与结论可以对传播活动产生直接而明显的影响。传播学关于效果的研究始于 20 世纪初,早期的效果研究也取得了丰富的理论成果,如"枪弹论""有限效果论""适度效果论""强效果论",同时也出现了诸多学理概念,如议程设置、沉默的螺旋等。互联网时代虽未形成较为成熟的传播效果理论,但是美国学者麦克劳将传播效果研究系统地梳理了五大类:微观与宏观效果;变化与稳定效果;积累与非积累效果;短期与长期效果;认知、态度与行为效果。随着媒体在新时代的发展,传播效果的研究越来越贴近实践与现实,与传播内容和受众之间的关系也越加密切。

(二)文化创意传播与传播学的关系

施拉姆在探讨传播与人类环境时提及:我们建立传播关系是因为我们要同环境特别是我们周围的人类环境相联系。具体而言,传播学的研究内容与视角是随人类生产生活的环境变化而变化的,与全球发展趋势紧密联系。正如熊彼特所说,创意的关键在于知识信息的生产力、传播和使用,如今文化与创意成为各国经济发展中越来越重要的两大关键因素,传播环境也随之改变，文化创意传播应运而生。

文化创意传播的研究离不开传播学的理论框架与方法指导，传播学是文化创意学的工具，也是文化创意传播基本流程的重要参考。本书以传播学理论作为探讨基础，以传播学的基本流程为框架结构，以传播五要素为基本视角，开展文化创意传播相关内容的阐述。同时，传播学的相关研究可以为文化创意传播提供学理支撑。其一，传播学中关于媒介的研究，可以为文化创意传播在认识媒介特点、选择媒介渠道、进行媒介组合等方面提供重要的参考依据。其二，与营销学不同，传播学中关于受众的研究是从传播与媒介角度出发，侧重如何通过传播影响受众，获得有效传播效果，因而文化创意传播在分析目标受众，采取具有针对性传播策略时，其具有关键性的参照作用。其三，传播学中的效果研究是最具现实意义的研究内容，其研究理论与方法对文化创意传播活动的开展具有借鉴意义，其研究成果也将影响文化创意传播的发展走向与创意切入的新视角。

随着全球经济的发展、现代社会的进步、信息技术的升级，媒介逐渐多元化，新媒体不断崛起，传播学也越来越重视文化、文化产业、文化创意等方面的理论与应用研究。由此，文化创意传播可以理解为传播在当代的新形式、新视角、新课题，它既要求在传播中融合文化内涵，又要在传播内容、渠道、技术等方面进行创意创新，并逐渐成为各行各业在开展传播活动时的新思路。

第三节 文化创意传播相关学科基础

除了前两节提到的文化创意传播的本体理论与基础理论外，文化创意传播还与诸多学科有着紧密联系，在学理研究与实践应用中相互交叉、借鉴。本节将对与文化创意传播联系密切的相关学科理论进行介绍，试图阐释其之间的关系，以对文化创意传播后续内容的讲解起到铺垫作用。

一、文化创意传播与民族学

（一）民族学概述

民族学是一门以民族与民族文化为对象的社会科学学科。具体而言，它主要研究民族共同体及其文化发生、发展、分化、融合的规律，研究各个国家和地区的民族成分、起源、分布和关系，以及各民族人民的生活方式、社会状况、民俗、社会问题等，以探索民族及民族文化特征的来源、功能、变迁过程和规律。民族学的基本研究方法是田野调查法，广泛利用各种文献资料及其他有关学科的研究成果进行比较研究。此外，对一个民族的行为与文化进行描述和比较的民族志法也是民族学研究的主要方法。

19世纪中期，资本主义国家为寻找原料与市场，不断向世界各地扩大殖民地，对殖民地当地社会文化与民族情况的研究也逐渐展开,西方第一个民族学流派——进化论学派应运而生。进化论学派在达尔文进化论的影响下,主要研究人类社会文化的起源和发展过程,认为全世界所有文化都遵循与生物进化一样的发展规律,主要代表人物有赫伯特·斯宾塞(Herbert Spencer)、泰勒、路易斯·摩尔根(Lewis Morgan)等学者。随后,民族学的研究进入了繁荣发展的阶段,在学界出现了诸多学派,如播化学派、历史学派、社会学年刊学派、功能学派、心理学派等。第二次世界大战结束后,受新思潮与社会变革的影响,民族学研究产生了新的变化与发展,也出现了一些新的流派,如结构主义学派、新进化论学派、文化相对论学派、新心理学派、社会生物学学派、苏维埃民族学派等。在中国,民族学在20世纪中期引入。蔡元培在1926年发表的《说民族学》一文中将民族学作为一门学科进行介绍与阐述,并提倡开展中国的民族学研究。中国的民族学研究具有本土化特征、鲜明的中国特色,与中国的语言、哲学、文学、音乐、民俗等文化密不可分。

(二)文化创意传播与民族学的关系

民族文化是民族学研究的主要内容之一,也是发展文化产业的创意来源,更是文化创意传播的重要内容支撑。各民族文化具有区别于其他民族的独特性,拥有丰富的物质与精神资源,包括语言、文字、饮食、服饰、艺术、民俗等内容。因此,基于民族学的理论基础与学术支撑,研究各个国家、地区的民族历史、文化、现状,掌握民族在社会发展中的特征、特点,是以民族视角开展文化创意传播的重要参考,其丰厚的研究成果不仅可以为文化创意传播提供丰富的物料资源,而且为文化创意传播的受众调研提供参考依据。文化创意传播则为新时代民族与民族文化发展提供新思路,在弘扬民族文化、建立民族自信的同时,还可以起到对民族文化保护与传承的作用,获得双赢的功效。就中国而言,56个民族的文化共同构成了中华民族文化,积淀深厚、丰富多彩,是中国发展文化创意产业、开展文化创意传播活动取之不尽、用之不竭的宝贵资源。民族文化中的诸多物质文化遗产与非物质文化遗产都已经成为当前进行文化创意传播的灵感来源和IP开发的重要内容,如北京故宫文创、中国非遗昆曲、苏绣等。

二、文化创意传播与广告学

(一)广告学概述

广告学是一门研究广告理论、方法及其应用的综合性独立学科,与现实经济生活的方方面面联系密切,具有很强的实践性。它以广告的产生、发展和应用为研究领域,以广告和社会经济发展的相互关系和变化规律为研究对象,主要任务是揭示广告为经济和社会发展服务的功能,并探讨如何有效地利用各种广告媒介,以最少的广告费用取得最大的社会经济效益。

广告学最早诞生于美国。学者哈洛·盖尔(Harlow Gale)在1900年出版了《广告心理学》,心理学家沃特·W.斯科特(Walter Scott)随后于1901年提议建立独立系统的广告科学。由于20世纪20—30年代经济危机的影响,诸多学者开始研究实际问题以试图推动经济发展,广告学在实践经验总结与理论研究方面得到了进一步提升,也因此产生了诸多广告学理论,如罗瑟·瑞夫斯(Rosser Reeves)的USP理论(独特的销售主张)、威廉·伯恩巴克(William

Bernbac)的 ROI 理论(关联性、原创性、震撼性)、大卫·奥格威(David Ogilvy)的 BI 理论(品牌形象论)等,创意成为各位广告学者关注重点。20 世纪 70 年代后,广告也随着新技术的进步,在技术与手段上经历了现代化更新与创新发展,计算机成为广告调研、策划、呈现等方面的重要辅助工具,新的广告理论也在此期间不断出现,如艾·里斯(Al Ries)和杰克·特劳特(Jack Trout)的定位理论、唐·舒尔茨(Don Schultz)的 IMC 理论(整合营销传播)等。进入数字时代,技术对广告在实践与理论方面产生了巨大影响[1]:第一,广告媒介的格局与形态发生改变,单一广告媒介的效果逐渐减弱,整合、多元、数字化成为广告媒介发展趋势;第二,互联网与数字技术的广泛应用,让广告受众的角色发生变化,广告受众的信息接收模式与行为出现变化;第三,技术变革也同时引发广告产业链的变化,创意将从末端逐渐渗透到广告线性运作流程的各个环节;第四,媒介、受众与广告产业链的变化必将推动广告策略的调整,互动、参与和创新形式的传播是如今广告策略的首选。

(二) 文化创意传播与广告学的关系

文化创意传播与广告学密不可分,广告本身就是进行文化创意传播活动,广告既是文化创意传播实践应用的载体之一,又是凸显传播过程中文化创意的关键步骤之一。可以说,整个广告活动都是围绕文化创意传播活动开展的,其中广告活动中的文案写作和内容策划都是为开展文化创意传播做好的内容准备,关于消费者心理与产品品牌形象的市场调研也可以用作文化创意传播调研的内容或参考,而媒介展示、品牌推广等广告活动则是文化创意传播的具体执行。同时,技术的进步和媒体的革新也让广告在传播过程中不断寻求创意、创新,消费升级和消费者需求多元化的现实也让广告活动重新审视文化内涵在传播过程中的重要性。此外,文化创意传播活动可以借鉴广告学的诸多理论与研究方法,从学理角度提升文化创意传播活动的合理性与科学性,进而实现最佳的传播效果。

三、文化创意传播与市场营销学

(一) 市场营销学概述

市场营销学是系统地研究市场营销活动或行为规律性的一门科学,也称市场学、行销学。所谓市场营销,就是将商品或服务从生产者手中转移到消费者手中的一种活动过程,是企业或组织为满足消费者需求采取的一种策略,其中交换是市场营销活动的核心。市场营销学正是研究市场营销活动或行为的应用型科学。

市场营销学诞生于 20 世纪初的美国。在萌芽阶段,美国诸多学校开设了市场学课程,学者海杰蒂(J. E. Hagerty)于 1912 年出版的销售学教科书推动市场营销学成为一门独立的科学。随后,诸多学者重点研究市场营销的功能,其中 1942 年克拉克(F. E. Clark)出版的《市场营销学原理》一书成为市场营销学建立的雏形。20 世纪中叶,学界对于市场营销的研究愈加深入,包括市场营销中的资源分配问题、市场营销的界定、市场营销学的研究方法等,传统的市场

---

[1] 戴丽娜. 数字时代的广告传播[J]. 企业管理,2008(11):77-78.

营销学初步形成。到了 20 世纪 60 年代,市场营销学理论逐渐成熟,开始成为独立于经济学的学科。其中,菲利普·科特勒(Philip Kotler)通过《市场营销管理:分析、计划与控制》一书对现代市场营销理论进行系统的梳理与阐释。随着社会经济的发展与市场营销学研究的深入,20 世纪 80 年代后出现了大量的市场营销学理论与营销概念,如 6P 理论、4C 理论、关系营销、顾客忠诚、品牌资产、整合营销传播等。在中国,市场营销学在 1978 年的第二次引进后才逐渐发展起来。20 世纪 90 年代后,随着市场经济在中国的快速发展,中国的市场营销学在理论研究、教育教学与应用实践方面也得到了进一步发展。之后,中国的市场营销学者大力开展国际学术交流与合作,逐渐与国际市场营销学研究接轨。

市场营销学的主要流派包括威斯康星学派、纽约学派、哈佛学派和中西部学派,各学派学者从不同角度开展市场营销研究,为学科理论发展做出了巨大贡献。其中,市场营销学中知名的理论有学者杰罗姆·麦卡锡(Jerome McCarthy)从产品、价格、促销和渠道四个角度进行营销论述的 4P 理论、罗伯特·劳特朋(Robert Lauterborn)教授提出的以顾客为中心的 4C 理论(顾客的需求和期望、顾客的费用、顾客购买的便利性、顾客与企业的沟通)、学者舒尔茨提出的强调与客户关系的 4R 理论(关联、关系、反应、汇报)与 5R 理论(回应、相关性、感受、识别和关系)等。

(二)文化创意传播与市场营销学的关系

营销是围绕目标消费者开展的商业活动,其目的是提升产品销量和品牌知名度,营销的价值转换离不开传播,而传播被认为是市场营销过程中的一个环节,也可以当作一种市场营销手段。市场营销学中的诸多理论也都对文化创意传播的开展具有指导与参考作用,如整合营销传播、关系营销等。中国著名广告人叶茂中就曾提出营销即传播的论述。从舒尔茨的整合营销传播视角来看,"4P"所包含的产品、价格、渠道和促销四要素构成了传播的基本元素:产品可以视作传播的主要内容;产品价格体现了市场定位,也决定传播受众的类型与市场;营销渠道在某种意义上可以与传播渠道相重叠;促销即执行具体的传播活动。由此看来,传播与营销密不可分,两者相互交融、相互借鉴,共同促进营销活动和传播活动的开展。文化创意传播则是升级、加强后的传播形式,它可以大大提升营销效率与效果,建立令人印象深刻的品牌形象,是一种区别于其他品牌的营销策略,同时也可以赋予营销活动及行为更多价值,如文化价值、创意价值等,满足消费升级后的消费者多元化需求。

四、文化创意传播与设计学

(一)设计学概述

设计学是基于艺术与科学整体观念,研究设计史学、设计创造理论和设计创作实践等内容的一门交叉学科。具体而言,它是以设计为对象,包含设计的创造与方法、设计的发生与发展,强调设计价值、设计应用的学科。[1] 学者许平在《中国高等学校设计学学科教程》一书中,定

---

[1] 王红.设计学学科的定义、内涵与属性概述[J].艺术教育,2014(12):152-152.

义设计学是"关于设计行为的科学,设计学研究设计创造的方法,设计发生及发展的规律,设计应用与传播的方向,是一个强调理论属性与实践的结合,融多种学术智慧,集创新、研究与教育为一体的新兴学科"。[1] 这一定义体现了现代设计的理念,既要求有艺术的美感,又需要技术为设计提供科学的保障,研究内容多与人们生活、工作息息相关,其涵盖的实践领域更为多元和广泛。

伴随人类生产生活方式的演变,设计学也在不断变化与发展。自欧洲文艺复兴开始,以人为中心的设计理念逐渐流行。随后,工业革命的开展又推动了设计与工业化生产的结合,深入更多的行业与产业。20世纪后,设计逐渐进入社会生活,融合了现代社会文化的诸多元素与内涵。一般认为,现代设计始于1919年德国的包豪斯,提倡在设计中实现"艺术与科学的统一",让设计的内涵与外延不断扩大。在中国,设计学于2011年成为艺术学下的一级学科,成为区别于工艺美术等学科的艺术学分支学科。在此之前,关于设计学的研究仅在个别领域开展,如设计史、与其他学科交叉的设计研究等。

(二)文化创意传播与设计学的关系

设计既讲求"设",又讲求"计",不仅包括视觉艺术上的设计,也包含功能效用方面的设计,还涵盖精神层面的设计,如方法设计、制度设计、策略设计等,与当今社会生活的方方面面密不可分。设计需要传播,需要让更多人去了解、使用,而传播的各个环节也离不开设计,如内容设计、表达设计、媒介渠道设计、传播策略设计等,只有通过科学合理的传播活动设计,才能获得预期的传播效果。就文化创意传播与设计来说,文化的传承与发展离不开传播与设计,互联网时代的文化弘扬与传承所面对的受众不仅仅是文化本身的创造者与使用者,还扩大到文化影响圈外的更多人,这就更需要对内容、技巧、渠道等方面进行有创意的设计,推动传播活动的开展。同时,创意既是文化创意传播的关键,也是设计所秉承的理念之一,创意将两者联结。此外,媒介又是两者必不可少的重要组成,文化创意传播需要通过媒介渠道进行信息的传递、思想的传达,以实现传播目的与效果,而设计的成果也需要依托各种媒介得以展示,如具有实体形态的产品媒介、基于技术的数字媒介等。

五、文化创意传播与其他学科

除了以上提到的学科外,文化创意传播还与其他学科有着千丝万缕的联系。管理学,可以从人才管理、过程管理、组织管理等角度,为文化创意传播在方法、模式、制度等方面提供理论依据与经验参考;法学,可以从法律法规角度为文化创意传播活动保驾护航,保护其过程中与文化创意相关的知识产权,同时也在制度上约束文化创意活动,以确保其在当前的法律法规允许范围内进行;文学,可以从内容生产角度为文化创意传播活动提供灵感,提升文化附加值,尤以创意写作为突出代表;等等。此外,社会学、公共关系学、经济学等诸多学科都可以从学术理论与实践应用方面为文化创意传播所借鉴与参考。

---

[1] 郭晓.构建中国特色设计学学科发展史[J].艺术教育,2018(15):10-13.

案例解析

2022年新晋顶流:"冰墩墩"

2022年虎年春节期间的顶级流量并非偶像明星,而是一只"穿衣显瘦,脱衣有肉"的熊猫——"冰墩墩"。不论是频频登上热搜,还是"一墩难求"的销售局面,都可见新晋顶流在北京冬奥会期间的热度,它也成为奥运会历史上最火爆的吉祥物之一。

一、"冰墩墩"的诞生

作为北京2022年冬奥会吉祥物,"冰墩墩"融合文化性、艺术性以及商业性设计而成(见图2-1)。首先,熊猫是世界公认的中国国宝,形象友好可爱、憨态可掬,也是具有代表性的中国国家形象符号之一。这也是"冰墩墩"以熊猫形象示人的重要原因。其次,"冰墩墩"头部外壳造型模仿冰雪运动的头盔,并配有灵感来源于"冰丝带"(北京冬奥会的国家速滑馆)的彩色光环,其左手掌心印有心形图案以示热情欢迎全世界的朋友。其整体造型酷似航天员,具有科技感和未来感,寓意现代科技和冰雪运动的结合。最后,"冰墩墩"在取名上也独具匠心,其中文名字既凸显冬奥会冰雪运动特点,又意喻熊猫形象的敦厚与可爱,而英文名Bing Dwen Dwen则是为了方便中外友人发音,在罗马字母拼写方式上融合创新而来的外文名。

图2-1 "冰墩墩"手办
(图片来源:天猫奥林匹克官方旗舰店)

二、冰墩墩的顶流之路

北京2022年冬奥会吉祥物"冰墩墩"在2019年9月正式发布。但在之后一段时间里,"冰墩墩"的整体销售一直不温不火,甚至被网友吐槽丑。随着北京2022年冬奥会开幕,"一墩难求"的局面出现。天猫奥林匹克官方旗舰店数据显示,5 000个"冰墩墩"手办在2月4日上线仅15分钟就售罄,而访客数也于2月6日突破1 000万。[1] 如此局面的出现,

---

[1] 冬奥文创概念股一字涨停!生产商回应冰墩墩断货,旗舰店限购[EB/OL]. https://baijiahao.baidu.com/s?id=1724086847449796551&wfr=spider&for=pc. [访问日期:2022-03-29]

也让众多网友在社交平台呼吁"冰墩墩自由""一户一墩"。下面让我们一起来看看这只穿着冰壳子的胖熊猫是如何走上顶流之路的。

(一)"天然萌"自带话题

"冰墩墩"的目标消费者虽然是九岁孩子,但其憨态可掬的熊猫形象本身就自带"萌"感,再加上左手掌心的红心、内八字站姿这样的细节设计,十分符合当下流行的"萌文化"审美,也吸引了众多成年人喜爱,这样的"天然萌"造型已经为其成为顶流奠定了广泛的群众基础。因此,与"冰墩墩"有关的事物自然而然就具有一定话题性。从开幕式呆萌可爱的"冰墩墩"人偶,到"冰墩墩"的奥运周边产品、表情包等,"冰墩墩"是冬奥会期间热搜榜的常客,也引发了国内外网友的热议与二次创作热潮,更有网友随身携带"冰墩墩"周边产品打卡各地风景名胜。此外,由于春节期间"一墩难求",网友还可以通过网络直播"顶流'冰墩墩'诞生记"随时"云监工""冰墩墩"的生产线,了解这只"天然萌"的熊猫是如何生产出来的,也为"冰墩墩"提升了不少热度。

(二)频频"出镜"社交媒体

"冰墩墩"在北京2022年冬奥会期间圈粉无数,众多运动员与记者朋友们也在其中。参加北京2022年冬奥会比赛的各国运动员在社交媒体平台表达了对"冰墩墩"不同程度的喜爱:捷克花滑运动员娜塔莉·塔施莱罗娃在发布的vlog中,不仅展示了自己拥有的"冰墩墩"周边产品,更称自己被"冰墩墩""迷倒";芬兰女子冰球运动员皮特拉·涅米宁向粉丝展示如何将"冰墩墩"抱枕一秒变成毯子;巴西钢架雪车选手妮可·西尔维拉在冬奥村留下的许多合影中都有"冰墩墩"的身影。此外,日本记者辻冈义堂也因携带大量"冰墩墩"徽章、周边而在社交媒体走红,被日本电视台署名为"义墩墩",也正因此吸引了更多日本人关注北京冬奥会。"冰墩墩"一时间成为社交媒体上出镜率极高的顶流"明星",而社交媒体的广泛宣传也对"冰墩墩"的火爆起到推波助澜的作用。

(三)水到渠成的"饥饿营销"

春节期间"一墩难求"的局面是由于各方面因素共同影响而形成的,也引发了"冰墩墩"的"饥饿营销"事件。首先,"冰墩墩"携手"雪容融"一同登上2022年央视春晚舞台,为北京冬奥会预热。依托春晚的影响力,"冰墩墩"赢得了广泛的曝光度,也为冬奥会后的销售起到有效的宣传作用。其次,"冰墩墩"的销售渠道只有线上天猫奥林匹克官方旗舰店和线下特许商品零售店。由于"冰墩墩"本身的制作工艺复杂,又值春节期间,"冰墩墩"的生产供应不比平日,这也是供不应求的重要原因。因此,天猫奥林匹克官方旗舰店启动预售机制,并自2月5日起对部分"冰墩墩"产品实行限购政策。这一波操作无疑让"冰墩墩"的销售成为名副其实的"饥饿营销"。最后,"冰墩墩"作为奥运会特许商品,其销售时间是有限制的("冰墩墩"和"雪容融"可以销售到2022年6月底),这在无形中也促成了"冰墩墩"热销的局面。

三、"冰墩墩"的经济影响

此次北京2022年冬奥会共有包括"冰墩墩"在内的16类5 000余种特许产品,有冰墩墩、雪容融毛绒玩具、造型手办、饰扣、水晶球,以及冰墩墩盲盒、徽章(吉祥物运动造型系列、倒计时系列、民俗系列)、贵金属(开幕式倒计时金银条等)等七大系列。[1]"冰墩墩"的抢购热潮也同样带动了北京2022年冬奥会其他纪念品的销量。"冰墩墩"的热度居高不下,天猫奥林匹克官方旗舰店在北京冬残奥会闭幕当天再次发售的100万只"冰墩墩"也很快就售罄。以此形势来看,"冰墩墩"在停止销售前也会保持可观的销量。

此外,"冰墩墩"的走红带动相关冰雪经济迅速崛起,如冬奥会期间滑雪场的订单增加了33%,同时也促进了相关的交通、餐饮、住宿等综合消费。"冰墩墩"的火爆让更多人关注冬奥会,参与或从事冰雪产业。正是在这样的影响下,我国冰雪产业总规模将在2025年达到1万亿元。[2]由此可见,"冰墩墩"不仅仅是奥运吉祥物,其背后承载的经济价值不可估量。

思考题

1. 请谈谈你对文化创意相关理论的认识。
2. 你认为文化创意传播与文化学是怎样的关系?
3. 请谈谈传播学对文化创意传播的影响。
4. 试举例说明文化创意传播与民族学、广告学等学科的关系。

本章参考文献

[1] 彭漪涟,马钦荣.逻辑学大辞典[M].上海:上海辞书出版社,2010.
[2] 薛可,余明阳.文化创意学概论[M].上海:复旦大学出版社,2021
[3] [英]约翰·霍金斯.新创意经济3.0[M].马辰雨,王瑞军,王立群,译.北京:北京理工大学出版社,2018.
[4] [美]理查德·弗罗里达.创意阶层的崛起[M].司徒爱勤,译.北京:中信出版社,2010.
[5] [美]L. A.怀特.文化科学[M].曹锦清,等译.杭州:浙江人民出版社,1988,389-393.
[6] 司马云杰.文化社会学[M].北京:华夏出版社,2011.

---

[1] 熊猫自古是顶流! 爆火的冰墩墩,能成为中国文化 IP 吗? [EB/OL]. https://www. 1905. com/news/20220208/1562824. shtml. [访问日期:2022-03-29]
[2] 冰墩墩背后的产业经济高达万亿[EB/OL]. https://www. 163. com/dy/article/H05742VO05373A99. html. [访问日期:2022-03-29]

[7] [德]安斯加·纽宁,维拉·纽宁.文化学研究导论:理论基础、方法思路、研究视角[M].闵志荣,译.南京:南京大学出版社,2018.

[8] 祖晓梅.跨文化交际[M].北京:外语教学与研究出版社,2015.

[9] 陈志立.辞海[M].上海:上海辞书出版社,2008.

[10] [英]奥利弗·博伊德-巴雷特,克里斯·纽博尔德.媒介研究的进路——经典文献读本[M].汪凯,刘晓红,译.北京:新华出版社,2004:212.

[11] 胡正荣,段鹏,张磊.传播学总论[M].2版.北京:清华大学出版社,2008.

[12] 张国良.传播学原理[M].上海:复旦大学出版社,2005.

[13] 陈国强.简明文化人类学词典[M].杭州:浙江人民出版社,1990.

[14] 中南财经大学.经济科学学科辞典[M].北京:经济科学出版社,1987.

[15] 沈珉.由熊彼特的创新理论谈数字出版人才的培养[J].人才培养与教学改革——浙江工商大学教学改革论文集,2014:240-244.

[16] 张瑞林,李林.熊彼特创新理论与企业家精神培育[J].中国工业评论,2015(11):94-98.

[17] 陈述."文化工业"及其价值评判[J].现代哲学,1996(2):90-93.

[18] 黄沁蕾.法兰克福学派的文化工业理论[J].社会,2001(3):28-29.

[19] 刘立平.法兰克福学派的"文化工业"论[J].赣南师范学院学报,1998(1):100-103.

[20] 黄春平.创意经济兴起的文化、技术及产业背景解析[J].浙江传媒学院学报,2014(6):4.

[21] 杜德斌,盛垒.创意产业:现代服务业新的增长点[J].经济导刊,2005(8):78-82.

[22] 孙智英.创意经济的形态和业态研究[J].东南学术,2008(6):108.

[23] 王娜,刘瑜.简析英国的创意产业[J].创意与设计,2011(2):85-87.

[24] 易华.创意阶层内涵探析[J].湖南商学院学报,2009(5):42-45.

[25] 林坚.文化学研究:何以成立?何以为用?[J].探索与争鸣,2012(10):60-65.

[26] 郭鸿.文化符号学评介——文化符号学的符号学分析[J].山东外语教学,2006(3):5-11.

[27] 方溪.一部具有中国特色的文化社会学专著——《文化社会学》评介[J].山东社会科学,1987(4):78-80.

[28] 许波,钟暗华.文化心理学的内涵及特点[J].阴山学刊,2012(4):5-9.

[29] 李炳全.文化心理学的基本内涵辨析[J].心理科学,2004(1):62-65.

[30] 谨朝霞,张雯,张玉娜.文化心理学的兴起及其研究方法[J].湖北函授大学学报,2009(22):129-130.

[31] 孙丽娟,时耀红.浅析语码转换与跨文化交际能力的培养[J].江西科技师范学院学报,2008(6):76.

[32] 张小军.世界的人类学与中国的民族学[J].世界民族,2018(5):1-11.
[33] 戴丽娜.数字时代的广告传播[J].企业管理,2008(11):77-78.
[34] 孙茂永.市场营销学发展简述[J].山东省农业管理干部学院学报,2004(1):144.
[35] 杜雨潇.国内外营销理论综述[J].智富时代,2017(12):42-42.
[36] 王红.设计学学科的定义、内涵与属性概述[J].艺术教育,2014(12):152-152.
[37] 郭晓.构建中国特色设计学学科发展史[J].艺术教育,2018(15):10-13.
[38] 陆梦颖.法兰克福学派"文化工业"批判理论研究[D].中国青年政治学院,2019.
[39] 周婷.历史村镇发展脉络的文化社会学解析[D].清华大学,2014.
[40] 英国文化产业扶持政策与管理体制全解析[EB/OL]. https://www.sohu.com/a/357075447_99905995.[访问日期:2021-10-11]
[41] 文化符号学[EB/OL]. cultural semiotics https://www.sohu.com/a/160647015_258583.[访问日期:2021-10-11]
[42] 民族学[EB/OL]. https://baike.baidu.com/item/％E6％B0％91％E6％97％8F％E5％AD％A6/9647465?fr=aladdin.[访问日期:2021-10-18]
[43] 传播即营销[EB/OL]. https://baijiahao.baidu.com/s?id=1694944091490137328&wfr=spider&for=pc.[访问日期:2021-10-18]
[44] "冰墩墩"设计师:这个吉祥物的目标消费者是九岁孩子[EB/OL]. https://baijiahao.baidu.com/s?id=1724083635440643545&wfr=spider&for=pc.[访问日期:2022-03-29]
[45] "冰墩墩""雪容融"译名:汉语拼音的"融"创新[EB/OL]. http://wenhua.youth.cn/whyw/202203/t20220314_13526468.htm.[访问日期:2022-03-29]
[46] 冬奥文创概念股一字涨停!生产商回应冰墩墩断货,旗舰店限购[EB/OL]. https://baijiahao.baidu.com/s?id=1724086847449796551&wfr=spider&for=pc.[访问日期:2022-03-29]
[47] 外国运动员到底有多喜欢"冰墩墩"![EB/OL]. https://baijiahao.baidu.com/s?id=1723795894445339729&wfr=spider&for=pc.[访问日期:2022-03-29]
[48] 冰墩墩经济学[EB/OL]. https://view.inews.qq.com/a/20220308A0B91X00.[访问日期:2022-03-29]
[49] 熊猫自古是顶流!爆火的冰墩墩,能成为中国文化IP吗?[EB/OL]. https://www.1905.com/news/20220208/1562824.shtml.[访问日期:2022-03-29]
[50] 冰墩墩背后的产业经济高达万亿[EB/OL]. https://www.163.com/dy/article/H05742VO05373A99.html.[访问日期:2022-03-29]
[51] Edward B. Tylor. Primitive Culture[M]. London:J. Murray, 1871.

第三章

文化创意传播的机制

学习目标

学习完本章,你应该能够:
(1) 了解文化创意不同阶段的传播规律;
(2) 了解文化创意传播管理的基本内容。

基本概念

传播规律　过程管理　内容管理　策略管理　沟通管理　时间管理　风险管理

第一节 | 文化创意传播的规律

事物与事物之间的关系是一个有规律可循的过程,文化创意传播亦如此。它本身就是一个动态的传播过程,伴随人类活动逐渐形成了其自身特定的规律。与传统的文化产品、文化传播活动不同,文化创意传播更具创意性,给人带来新鲜感,让人眼前一亮,倘若其中的创意变成老生常谈,则并无创意可言。因此,文化创意传播也遵循一定规律,有一定的生命周期。参照产品生命周期与品牌的市场生命周期,同样可以将文化创意传播的生命周期理解为从文化创意初创开始,大致经历成长阶段和成熟阶段,最后到创意衰退阶段结束。在不同阶段,文化创意具有不同特点,其传播规律也各不相同。

一、文化创意初创阶段的传播规律

新的文化创意开始传播,就进入了初创阶段。在这一阶段,文化创意传播可能面临三种情况:很快被认可和接受;遭到批评和抵制;只有少数认可,反响平平。根据受众与市场不同的反应,文化创意在初创阶段的传播策略也有所不同。

第一,新的文化创意传播立刻被大家接受、认可,并即刻引起巨大反响与热议,通常这种情况可以被认为是较成功的传播,此时应把握时机、扩大影响,让文化创意在初创阶段的传播更加深入人心。如河南卫视于 2021 年推出的节目《唐宫夜宴》,一经上演就广受好评、引发热议,从传统文化再现到服化道,再到多种科技的融入,无不让这一创意"霸屏"各大头条,并被各种媒体平台多次转发,持续保持热度。

第二,新的文化创意传播并未被大家接受,甚至出现批评、非议或抵制。当这种情况出现时,应及时止损,启动危机公关应急预案,将文化创意传播的负面影响降至最低。如 2018 年杜嘉班纳(Dolce&Gabbana)上海大秀"The Great Show"的宣传视频,包括配音、演员、文案、构思等短片创意都被质疑带有明显辱华倾向、刻意丑化中国人形象,加上设计师的不当言论,引发了之后一系列事件,国内众明星和模特退出此次活动,模特们发起在社交媒体上的"Not Me"行动,品牌遭到中国在线销售渠道的全面封杀等,该品牌的形象与销售业绩因此事件遭受重创。

第三,新的文化创意传播在初创时,未被广大受众所了解,也没有引起较大反响和广泛关注,只被少数追求创新或特定人群认可和接受,这时应把握已有稳定受众,进一步开展调研,寻求文化创意传播的突破口,适时调整传播思路与策略。如早期的小红书以跨境电商问世,但是其影响力远没有现在作为分享类社交媒体的影响力大。

无论在初创时期遇到哪种传播境况,新的文化创意在面市前都应做好充分的市场调研,准确把握文化创意的创新点,尽量减少或规避文化创意传播可能遇到的风险,在合适的时机与恰当的传播媒介开启文化创意传播,以确保文化创意在第一时间被认可,并达到所预期的传播效果。

研读材料

可口可乐"昵称瓶"引爆创意新热点

"昵称瓶"在如今看来已经不能称之为新的创意。但是,早在 2013 年,可口可乐率先推出"昵称瓶"时,这一新创意瞬间引爆中国,成为当年最具创意的传播热点之一,并荣获当年中国艾菲奖。

"昵称瓶"创意的最早实践并非发生在中国,而是源于2012年澳大利亚可口可乐的"Share A Coke"活动——将澳大利亚最常见的150个名字印在可乐包装上。可口可乐继续沿用这一创意的精髓,在中国对活动进行本土化改良,将"高富帅""白富美""月光族""喵星人"等中国网络流行词汇印在瓶身(见图3-1),让"昵称瓶"的创意在中国掀起一阵热潮。随即在新浪微博推出的可口可乐定制"昵称瓶"活动,伴随明星频频参与、转发等宣传活动,也让可口可乐微博订购系统一度崩溃。

图3-1 可口可乐昵称瓶

(图片来源:可口可乐昵称瓶社交传播[EB/OL]. https://www.digitaling.com/projects/12701.html.[访问时间:2022-02-25])

"昵称瓶"的创意在中国实践的成功主要源于以下方面:第一,充分了解中国地区消费者心理,尤其是年轻人的文化与心理,植入流行文化元素,标签化的词语让消费者找到共鸣,抓住消费痛点、引发情绪价值;第二,定制化体验,满足了不同人群的个性化需求,使其纷纷寻求代表自我个性的标签;第三,充分利用社交媒体与明星效应,让原本契合的目标受众在社交媒体互动交流,推动"昵称瓶"创意的传播;第四,让新创意抢占先机,短时间将创意爆点最大化,让竞争者一时措手不及;第五,产品瓶身本身就是一种传播媒介,因而借用"昵称瓶"的创意,也可以凸显可口可乐创新性的文化精神。

二、文化创意成长阶段的传播规律

文化创意在首次传播被认可和接受之后,便会进入成长阶段。这一阶段是文化创意快速成长的时期,是被市场和受众广泛接受和认可,并被不断复制和扩大传播的阶段。

这一阶段,在成功引爆文化创意传播的基础上,应在保持已有热度、持续扩大传播影响的同时,逐渐开展有针对性的传播,提升受众对文化创意的深入了解,以稳固核心受众群体。因此，成长阶段的文化创意传播优化可以从三个方面入手。一是适时调整传播策略。根据市场和受众的反应、传播效果的评估分析以及各项数据指标，可以有的放矢地调整这一阶段的传播策略，以保持文化创意持续或更进一步的传播。二是输出高质的传播内容。把控传播内容的品质、增加传播内容的深刻性对传播的效果及影响力起到关键作用，也可以让受众深入了解文化创意，为后期的 IP 打造、品牌化发展奠定基础。三是拓展多元的传播渠道。文化创意通过多元渠道的传播，进一步扩大传播范围和影响，获得更多受众或群体的广泛关注。

当一个好的创意被广泛认可时，它也会面临被竞争者不断复制、模仿的境况。例如，随着密室逃脱新型沉浸式游戏逐渐兴起，"密室"的创意被不断复制，越来越多的密室工作室相继出现，让这一行业的竞争日趋激烈和同质化。因此，在成长阶段，文化创意在扩大影响的同时，也要保持自身的独特性和差异性，这就要求文化创意在传播内容、手段与渠道方面加以改进和提升，保持文化创意在市场与受众中的持续热度与关注。

不断成长的《这！就是街舞》

《这！就是街舞》是优酷平台于 2018 年推出的一档街舞选拔类真人秀节目，也是优酷"这！就是"的重点节目之一（见图 3-2）。《这！就是街舞》通过"明星导师＋专业舞者真人秀"的赛制创新了舞蹈类节目模式，并通过中国传统文化与街舞的巧妙融合，展现了中国当代街舞文化，激发了青年人的正能量。

图 3-2 《这！就是街舞第四季》宣传海报

（图片来源：《这！就是街舞 4》概念海报公开"不愧是我滑板体验中心"看起来就超酷[EB/OL]. https://baijiahao.baidu.com/s?id=1705503633148335675&wfr=spider&for=pc.［访问时间：2022-07-17］）

目前已播出了四季的《这！就是街舞》，并未出现综艺 N 代的下滑趋势，反而在口碑与热度上仍保持相当水准。作为垂直类综艺中的佼佼者，《这！就是街舞》取得目前成绩主要在于创作团队一直不断调整策略、改进创新，让观众在每一季街舞比赛中体会到不同的街舞文化与乐趣。第一，通过明星导师引导粉丝群体关注街舞文化，让街舞的小众文化逐渐进入大众视野，不断破圈。同时，在第一季与第二季打开口碑基础上，与同期热播综艺《乘风破浪的姐姐》联动合作，持续引流，增加话题热度。第二，在舞台设计、赛制、主题等方面，每一季节目都有创新变化：第一季的街头特色舞台、第二季的"抢毛巾"和"同盟积分"环节、第三季的"同舞种大淘沙"赛制以及第四季的"世界精英挑战赛"等，不断给观众带来新鲜感。第三，《这！就是街舞》力求实现中国综艺的国际化传播，通过优酷的 YouTube 官方频道将节目传播到全球 190 个以上国家和地区。特别是第四季的"世界精英挑战赛"更成为中国第一个在更新日就可以同步上线 10 种外语字幕的综艺节目，节目话题也屡次登上泰国、菲律宾、秘鲁、美国等国当地社交媒体热搜。第四，从第一季开始，中国文化、中国元素就是《这！就是街舞》必不可少的重要内容。如以北京胡同、上海石库门、广州骑楼为背景的舞台设计，贯穿四季的国风街舞，以及第四季中融入中国象棋概念的战队 battle 赛制，无不体现了中国传统文化，也让世界各国舞者更加深刻地了解中国风街舞与中国文化内涵。

《这！就是街舞》在垂直类节目中的成功并不是偶然，而是由于创作团队在把握文化潮流与节目创新策划上付出了巨大努力，不断调整文化创意传播策略，让节目不仅具有国际化水准，更是推动国际街舞交流、促进中外文化融合，从而持续扩大中国当代文化在世界的影响力。

三、文化创意成熟阶段的传播规律

当文化创意已有了稳定的受众群体，并被大多数的潜在受众广泛接受，此时就进入了文化创意的成熟阶段。在这一阶段中，文化创意已经深入人心，逐渐成为广为人知的内容，其 IP 或品牌形象已初步建立，文化创意进入常态化的传播时期。

这一阶段主要的传播任务是让文化创意更加自如地融入人们日常生活，成为典型且令人印象深刻的文化创意，因而可以从几个方面进行优化：一是仍要维持文化创意的一定量曝光，以免文化创意远离人们视野；二是从长久规划来看，要认真思考文化创意的发展与传播方向，对文化创意传播的各种策略做出适度调整，以适应这一阶段的发展现状，尽可能延伸文化创意的传播周期；三是逐步拓展文化创意在多领域的合作、应用与创新，持续不断地向社会输出文化创意与创新内容，向更深更广的受众群体渗透，让文化创意"飞入寻常百姓家"；四是加强文化创意的 IP 化与品牌化，以此加深文化创意传播的深度与影响力，形成文化创意的可持续传播。

由此看出，成熟阶段是文化创意在传播发展中的一个转折时期，是进行管理与策略调整的重要阶段。把握成熟阶段的文化创意传播，事关文化创意能否长久而持续地传播。

研读材料

脑白金广告中"永葆青春"的爷爷奶奶

一对翩翩起舞的卡通形象老爷爷和老奶奶,配着"今年过年不收礼,收礼只收脑白金"的魔性广告语,伴随80后、90后的一批人走过了20多年。

这则广告自1999年播出,其创意就引起了极大的社会反响。单从广告内容来看,老人的卡通形象展现了产品定位,既可爱又生动,朗朗上口、简洁易懂的广告突出了其作为节日礼品的优势,让这则轻松的广告给广大受众留下了深刻印象,可以称之为"洗脑"的广告。在随后的数十年里,这则广告创意的核心内容和"精髓"并没有太大变化,而是在可爱老爷爷老奶奶的服装与舞蹈上随着时令节日与年度话题不断更新、改变,有夏威夷的草裙舞、踢踏舞、芭蕾舞、桑巴舞,以及西部牛仔造型、迈克尔·杰克逊造型等,不断给观众带来不同的新鲜感与"惊喜",也成为这则广告的最大特色,并被网友称为"最省钱的广告创意"(见图3-3)。

图 3-3 脑白金广告

(图片来源:脑白金官方网站[EB/OL]. http://www.goldpartner.com.cn/. [访问时间:2022-07-14])

正是这样,在同一广告创意上不断创新与变化,才让广告中老爷爷老奶奶"永葆青春",也让大家记忆犹新。

四、文化创意衰落阶段的传播规律

文化创意传播的衰落阶段是文化创意逐渐被社会或市场放弃,不再引起关注与影响,甚至被淘汰或舍弃的时期。任何文化创意走向衰落的原因都是多种因素共同影响的结果,如制度政策、法律法规的要求,可以让进入成长阶段或成熟阶段的文化创意直接夭折。例如,2021年《国家广播电视总局办公厅关于进一步加强文艺节目及其人员管理的通知》明确表示,"广播电视机构和网络视听平台不得播出偶像养成类节目",这让近几年爆红的偶像养成类综艺节目遭到全面封杀;又如,随着技术进步与社会发展,人们的消费习惯、生活方式以及思维模式也在逐渐变化,有的文化创意已与当今社会生活发展不相适应,逐渐落伍或被其他新的创意所替代,从而走向衰落,如曾在 20 世纪风靡许久的挂历,如今已经淡出人们的日常生活与视野,被台历、电子时钟等所取代;此外,文化创意传播组织机构内部管理不善、文化创意传播过程出现问题等也是可能的原因。

对于已经处于衰落阶段的文化创意而言,其传播发展可以采取两种策略。一是将文化创意直接叫停,不再使用、及时止损,以规避未来可能出现的更大风险或其他方面的损失,这种处理方式在影视剧等文化项目投资方面较常见。二是暂停文化创意的传播,进行优化升级,重新进行规划与管理,以适应社会、市场的快速变化。例如,作为大众传播时代的重要媒介,广播受到网络时代新媒体发展的冲击,曾一度走向没落,甚至被预言将会消失,但是伴随汽车的普及与网络视听的发展,广播媒体为求生存也随之调整了媒介使用场景、功能与内容,汽车广播的崛起与网络电台的风靡又让广播焕发青春。

正如美国广告大师詹姆斯·韦伯·扬(James Webb Young)所言,"创意就是旧元素的新组合"。当一文化创意成为旧的、过时的创意时,就意味着它已经步入衰落阶段,只有将陈旧的创意与新元素重新组合、碰撞,激发新灵感,升级创意,才能让创意持续不断地保持鲜活。

 研读材料

《快乐大本营》的停播、改版意味着什么?

《快乐大本营》被誉为"中国综艺节目的天花板""中国最具影响力节目",从 1997 年开播至 2021 年停播、改版,已经陪伴全国观众走过了 24 年,也是国内存在时间最长的综艺节目,具有极高的国民认知度。

《快乐大本营》开播初期,曾掀起一阵综艺风潮,各大卫视争先效仿制作类似的综艺节目,如东南卫视《开心 100》等,曾一度成为与中央电视台《综艺大观》不相上下的综艺节目。《快乐大本营》不断的创新、改版,如更换主持人、调整节目内容等措施(见图 3-4),让其不仅成为一个拥有吉尼斯世界纪录的综艺节目,而且也成为众多明星争先参与的首选节目,尤其承包了如贝克汉姆、Lady Gaga 等国外名人的国内综艺首秀舞台。

图 3-4　快乐大本营

(图片来源:《快乐大本营》在 22 周年之际更换主视觉及新 logo[EB/OL]. http://www.szquanli.com/zixun/1028.html.[访问时间:2022-02-25])

> 但是,随着国外综艺版权引进和本土化改良,多元化的综艺节目不断涌现,如《中国好声音》《奔跑吧!兄弟》《非诚勿扰》《爸爸去哪儿》《我是歌手》等,与《快乐大本营》形成了竞争局面,使其在综艺界的地位岌岌可危。2021年《快乐大本营》停播前的最后一期节目收视率仅有0.59%,全网排名第57位,成为该节目收视率最低的一期。这也是影响《快乐大本营》停播、整改的重要因素之一。
>
> 2022年3月,国家广播电视总局发布了名为《湖南广电局持续深化文娱领域综合治理》的文章,其中指出要"重点指导湖南台开展专项整治工作,湖南卫视《快乐大本营》《天天向上》两档综艺节目完成改版升级"。不少网友表示,已经开始期待新的《快乐大本营》重返荧屏。对于文化创意传播而言,"不进则退"也同样适用,不继续创新、改变,深入人心的创意也会有衰落的那一天。

在实际的传播过程中,并非所有的文化创意都会呈现出典型的生命周期传播规律。有的文化创意会在经历了成熟阶段和半衰退阶段后,直接进行升级、更新,因而再次进入成长阶段,如戏剧、音乐、舞蹈等表演类文化创意传播活动。有的文化创意则会在发展过程中不断进行创新开发与拓展,持续延长其传播的生命周期,如围绕创意IP进行衍生品的不断开发与生产。也有的文化创意随潮流因素迅速发展但也快速进入低谷,如大头贴、QQ宠物等。真正好的创意是不会因时代变迁、技术进步而过时的,反而会受到越来越多的尊重与赏识,甚至成为经典。例如,时尚设计师玛丽·奎恩特(Mary Quant)的迷你裙设计,经过了几十年的发展,如今仍是时尚界重要的潮流之一。因此,优秀的文化创意与拙劣的文化创意是可以通过时间进行检验的,这也同样对文化创意传播者提出了更高的目标与要求。

第二节 | 文化创意传播的管理

文化创意传播的管理是对文化创意传播过程的控制,确保其可以实现既定目标、达到预期效果。本节将对文化创意传播的过程管理、内容管理、策略管理、沟通管理、时间管理、风险管理等内容进行讲解。

一、文化创意传播的过程管理

(一)过程管理

过程管理[1]是指为了达到某种目的,对企业或组织所涉及的实施过程进行设计、改进、监控、评估、控制和维护等各方面的工作。进行过程管理主要是为了减少在执行过程中对资源、

---

[1] 唐任仲,Mejabi.过程管理技术[J].浙江大学学报:工学版,2002(3):4.

材料和时间的浪费,以求获得最高的利用效率。

过程管理主要包括过程描述、过程诊断、过程设计、过程实施和过程维护等步骤。过程描述就是对过程目标和过程本身进行识别、定义,以明确过程管理目的。过程诊断是根据过程进行中出现的问题进行判断,寻找其中原因。过程设计则是根据过程需求进行方案设计,得出最佳的管理方案。过程实施即对过程进行实际管控,明确各个环节的具体控制活动。过程维护就是对过程进行动态的监控,以确保实施过程的顺利。

(二) 过程管理与文化创意传播

文化创意传播是一项有规律的活动,开展文化创意传播时也要遵循一定的程序。一般来说,文化创意传播的基本流程可以分为综合调研、目标确定、创意策划、预算编制、计划执行与实施、阶段考核与效果评估等环节,其过程管理就是对各个环节进行监测与控制。

首先,要对文化创意传播的综合调研进行管理,确保行业调研、受众调研、媒介调研与组织机构调研等方法的科学性,以及结果的可靠性与实施的有效性,为文化创意传播的目标与策略制定提供可靠依据。其次,对文化创意传播的策划进行管理,由于策划贯穿于整个文化创意传播过程,所以文化创意传播的品牌策划、内容策划、媒介策划、广告策划、活动策划等要具有整合性与前瞻性,凸显文化创意传播的创新点。再次,要对文化创意传播计划执行过程进行管理,包括实施前期的物料、人力、资金等准备,具体执行的情况,以及后期收尾等,对实施过程中出现的变量、风险以及可能需要统筹的资源和关系进行控制。这远比"纸上谈兵"阶段更复杂。最后,要对文化创意传播的阶段性考核和实施效果评估工作进行管理,确保考核与评估工作的公正性与科学性,为今后工作提供重要的参考依据。此外,文化创意传播过程中的财务情况也需要监督与控制,既要对立项资金、科研费用、运行费用等预算费用进行合理规划,又要确保整个文化创意传播过程的具体花费合理有效,做到专款专用、心中有数,保证工作顺利完成。

二、文化创意传播的内容管理

(一) 内容管理

内容管理[1]是基于互联网,对多种格式和媒体类型的信息资源的组织、分类、管理等有序化过程,其主要目的是解决关于信息资源的分析、过滤、阅读权限、内容安全等方面的问题。内容管理的过程主要包括采集、存储、分享、应用和更新五个重要环节,通过对内容的监控与处理起到管理内容的作用。通常所说的内容管理也指内容管理系统(content management system,CMS),即一种位于Web前端(Web服务器)和后端办公系统或流程(内容创作、编辑)之间的软件系统,主要用于共享和处理信息,是一个集信息数字化、分布存储、管理、传播、查询为一体的管理平台,为内容生产与内容管理提供技术支持。

随着内容管理与内容管理系统的广泛应用,内容管理思维也逐渐被多个领域采纳,如可以

---

[1] 孔佳,李昀.内容管理系统的产生与发展[J].农业网络信息,2008(3):89-92.

通过需求管控、梳理流程、产品框架和迭代规划对产品实现内容管理。

（二）内容管理与文化创意传播

在文化创意传播方面，内容管理可以理解为对文化创意传播的文创产品、文创服务、文创表演以及文化创意信息的管理，以确保传递与分享的文化创意传播内容是安全、可靠的。一方面，文化创意传播的内容管理要对传播内容所呈现的内涵及故事进行监测、预警与调控，要符合政策法规、伦理道德，尊重历史风俗、宗教信仰，传递积极向上的文化创意内容，避免引发社会矛盾与冲突。例如，文化创意传播活动邀请违法失德的艺人参与，不仅会引起社会不满，而且也会让该活动面临巨大声誉上和经济上的损失，导致活动失败。另一方面，文化创意传播也对内容表现的规范性和合理性进行控制，包括质量技术、文字表达、资源使用、编辑处理等方面，确保传播内容合法合规、健康积极，不会造成误解，引起受众的不适与不满。例如，2012年伦敦奥运会会徽宣传片曾因过于"动感"（两秒钟45帧画面配合大量动态闪光效果），导致癫痫病人不适、触发癫痫症，专家认为这种画面处理方式已经超过了一定的"安全"标准，不符合电视图像的基本要求。因此，在开展文化创意传播时，要对内容进行全面、系统的控制与管理，既保证实现传播效果，又可以让传播在安全、合法的框架内开展。

三、文化创意传播的策略管理

（一）策略管理

策略管理就是对各项策略进行规划、执行、协调与控制的过程。一般来说，策略管理会遵循一定的程序：在明确管理目标基础上，采用科学的方法进行分析研究，进而做出策略选择与设计，并在实施策略过程中对其加以管控，保证策略可以顺利地执行。

策略分析的方法众多，其中常用的是宏观环境的分析、SWOT分析法、波士顿矩阵法、波特五力模型等。宏观环境的分析法即PEST分析法，是对宏观环境进行政治（politics）、经济（economy）、社会（society）和技术（technology）四个方面的分析，是一种外部环境分析的基本工具，旨在从总体上对外部宏观环境进行把控。SWOT分析法则是对内外部竞争环境和态势的分析，主要从优势（strengths）、劣势（weaknesses）、机会（opportunities）和威胁（threats）四个方面入手，对内部自身的强项和弱项，以及外部环境的机会和威胁进行全面、系统的分析，得出制定策略的依据。波士顿矩阵法也称四象限分析法，是指对产品的销售增长率和市场占有率两个因素重组，并通过四个象限表示出四种不同性质的产品类型及相应的策略——明星产品、金牛产品（厚利产品）、问题产品和瘦狗产品（衰退类产品）。波特五力模型是指衡量行业内现有竞争者的竞争能力、潜在竞争者进入的能力、替代品的替代能力、供应商的讨价还价能力与购买者的议价能力，它们共同影响行业的基本竞争态势，这一方法经常用于企业制定竞争相关策略。

（二）策略管理与文化创意传播

策略管理贯穿整个文化创意传播过程，在各个环节都需要进行策略管理，确保文化创意传播的各种策略得到切实的执行。其中涉及的策略管理众多，如产品策略管理、品牌策略管理、传播策略管理等。

　　文化创意传播的产品策略管理可以分为两方面：一方面是对产品生产策略进行管理，如对有形、无形等产品生产策略的执行进行控制；另一方面是对产品营销策略进行管理，如对包装设计、价格设定、产品组合等策略的实施进行把控。文化创意传播的品牌策略管理是对推动文化创意传播品牌积累的策略进行控制与管理，包括名牌名称策略管理、品牌定位策略管理、品牌延伸策略管理、品牌形象策略管理等。文化创意传播的传播策略管理是对基于受众调研和传播内容而选择的传播手段与媒介策略的调控与管理，具体可以包括传播时间策略管理、传播方式策略管理、传播渠道策略管理等。

研读材料

小米更换 logo 这件事

　　2021年年初，小米斥资200万元更换了新 logo，将原 logo 底图的方形变为圆角矩形（见图3-5），也意味着品牌形象与品牌策略的重大升级。然而，新 logo 一经公布，就引来的全网诸多争议。众多网友认为雷军"被骗了"、新旧 logo 并无异、设计了与没设计一样，更有网友将新 logo 做成视力表、"一起来找茬"游戏等来调侃小米。

图3-5　小米新旧标识对比

（图片来源：你们不要再吵了啦！小米200万做的新 logo 已经很棒了[EB/OL]. https://baijiahao.baidu.com/s?id=1695840688226554639&wfr=spider&for=pc.[访问时间：2022-07-26]）

　　虽然小米更换 logo 这件事引发全网热议，但从小米的品牌发展与策略调整方面来看，小米更换 logo 是品牌全新升级的重要标志。

　　其一，从小米新 logo 的设计角度来看，它由日本设计大师原研哉亲自操刀，耗时三年完成。新 logo 秉承"生命感设计"(alive)理念，遵循 $|X|^n+|Y|^n=1$ 数学公式，从正圆形和正方形中精密推导出 $n=3$ 的外形轮廓，成为最终方案。新 logo 在视觉上更加舒服、自由、灵活，更加贴近小米亲民、人性化和融入生活的品牌形象。此外，新 logo 包括标识与字母 logo 两个部分（见图3-6），既解决了小米品牌以前没有英文的 logo 拼写问题，也梳理了小米的品牌发展策略：橙色标识用于品牌形象宣传，而辅以黑银两色的字母 logo 用于高科技产品，让小米品牌更具国际化。

图 3-6 小米新 logo

(图片来源:小米 200 万新 logo 换了一年获网友力挺 雷军:曾引起很大争议[EB/OL]. https://baijiahao.baidu.com/s?id=1728879552206527577&wfr=spider&for=pc. [访问时间:2022-07-26])

其二,从小米更换新 logo 这件事来看,可以认为是一次成功的品牌营销。首先,新 logo 只是在主元素上进行微调,增加字母设计感,不会让顾客产生割裂感,仍保持对小米品牌的形象的认知,一定程度上维系了原有"米粉"对小米的忠诚度。小米更换新 logo 的话题在网络引发热议,一方面让诸多网友记住了新 logo 的设计,另一方面 200 万的品牌升级故事也令人印象深刻,让小米的新 logo 发布成为全网营销热点事件,也为小米未来的造车事业提前进行网络造势、积攒热度。

小米此次品牌形象升级,不仅是小米品牌战略调整的重要里程碑,也是小米品牌走向国际化的重要标志。

四、文化创意传播的沟通管理

(一)沟通管理

沟通是人与人之间信息传递与交换的过程。根据不同的分类标准,沟通方式可以分为多种类型,如正式沟通和非正式沟通,上行沟通、下行沟通和平行沟通,横向沟通和纵向沟通,单向沟通和多向沟通,书面沟通和口头沟通,面对面沟通、电话沟通和邮件沟通等。选择何种沟通管理方式,要以了解沟通各方基本情况、满足沟通要求和可以实现沟通目标为基础,因此,可以选择一种或多种沟通方式和渠道来完成信息的传递工作。

沟通管理是对信息收集、传递和交换等活动的管理,即对信息交流过程的管理。好的沟通管理可以提升解决问题和做出决策的效率,可以促进成员之间协调有效地工作,可以提升人际关系、构建和谐氛围。就某一项目或某一活动而言,沟通管理的主要内容是客观事实、主观情感、价值观和基本观点。客观事实就是关于项目或活动的基本信息,如数据、计划、文件、资讯等各类信息,这类信息传递是否准确与完整、是否被及时传达与是否被接收都关乎整个项目或活动的顺利开展。主观情感、价值观和基本观点则是关于对项目或活动的认知、态度、情感与看法等主观表达,对项目或活动的发展与人际关系的改善大有裨益。

进行沟通管理通常先要了解沟通目的和需求是什么,以确保后续的信息交流是有效的、准确的,这是进行信息收集与传递的第一步。然后明确各方所需沟通的具体内容,如信息情况、交流方式、沟通渠道等,制定可行的、易实现的沟通计划,提升沟通效率,完成信息有效交流。

(二) 沟通管理与文化创意传播

文化创意传播的沟通管理就是对文化创意传播的沟通要求、沟通内容及其他沟通事宜进行控制与管理。具体而言,文化创意传播的沟通管理可大致分为内部管理与外部管理。内部管理就是在文化创意传播组织机构的内部,对信息的交流与共享的过程进行把控。一般包括组织机构管理者与管理者、管理者与成员、成员与成员之间的沟通,可以采取面谈、会议、报告、培训、书面文件、团建等形式进行内部的沟通管理,其目的是将组织机构内部成员联系在一起,以实现组织机构共同开展文化创意传播的目标。外部管理是对文化创意传播组织机构与外部各利益相关者的沟通交流过程进行控制,包括政府机关、事业单位、企业、社会组织、第三方机构等,广义上也包括受众群体、消费群体以及普通的社会人群。文化创意传播组织机构在选择以何种方式进行外部沟通时,要充分了解沟通各方基本情况,如外部各利益相关者或机构的基本信息、本机构与其的相互关系、各方的沟通条件与要求等,为进一步沟通交流做好充分准备,尽量规避因沟通不畅引起的冲突或误解。

五、文化创意传播的时间管理

(一) 时间管理

时间管理是确保项目或活动可以在规定时间内实现既定目标的管理,简言之就是管理项目或活动的进度、日程安排。"时间就是金钱",因此,时间管理的目的就是在有限时间内将时间效益发挥到最大程度。

时间管理的内容主要包括活动定义、活动排序、活动资源估计、持续时间估算、进度计划及进度控制等。活动定义就是对项目或活动进行任务分解,成为子任务、任务清单等形式,并能够确保这些细化任务可以实现项目或活动所需的最终结果。任务排序是对子任务和任务清单之间的关系进行逻辑梳理,据此排列它们先后完成的工作时间顺序。资源估算是对完成任务过程中所需要的各种软件、硬件投入的数量及需求时间进行估计,确保完成每一个子任务或任务清单时可以有充足的资源支撑。评估历时估算是根据项目或活动的目标、资源情况及相关条件,对已确定细化任务可能持续的时间长度进行估算,以便制定详细而具体的进度计划。

进度计划不仅要确定各项任务开始和结束的时间,还要制定具体的实施方案和措施,是一个需要反复确认的过程。进度控制以进度计划为依据,管理工作进度的实施与变更,保证工作任务可以按时完成。

(二) 时间管理与文化创意传播

文化创意传播的时间管理就是保证文化创意传播工作可以按时完成的一系列管理活动,也包括文化创意传播任务细化、排序、资源估计、时间估算、进度及进度控制等六部分内容,这不仅可以让文化创意传播工作计划与进度有章可循,也可以确保团队工作井然有序,尤其对那些需要进行严格时间把控的文化创意传播活动而言,时间管理尤为重要。例如,在影视剧拍摄时,通常要制作拍摄时间进度表,包括拍摄内容、地点、时间、演员、工作人员以及其他配合事项,便于把控拍摄进度,确保整个拍摄可以如期完成,为之后的后期、宣发等一系列工作争取有利时间。

研读材料

央视春节联欢晚会的时间管理

自1983年开始,央视春节联欢晚会不仅给大家带来新春的第一份贺礼,也是中国家庭除夕夜的必备节目,连续多年成为除夕夜收视率最高的节目。由于央视春节联欢晚会是一台备受全国人民瞩目的晚会,其对时间管理要求十分严格。艺术家阎肃先生是第一个将"时间控制理念"引入春晚的人。他在早期设备与技术相对欠缺的条件下,用秒表来对节目进行计时,把控节目时长,确保零点敲钟的准确性。如今,数字技术与设备的升级让春晚的时间管理更加有序、精确。

春晚的时间管理主要体现在两个方面。一是在晚会筹备到正式演出期间,对节目排演进行严格的时间安排。通过排演计算节目时长,保证直播当晚的时间控制有序。以2022年虎年春晚为例,在1月31日(虎年除夕夜)正式开演之前,分别在1月21日、1月23日、1月25日、1月27日进行四次带妆带观众的大联排,并在1月29日进行备播录制。每隔两天的大联排确保在1月31日晚可以为大家奉上一台完整且精彩的联欢晚会。二是春晚的开始时间与零点倒数敲钟时间必须准确无误。按照惯例,春晚一般历时五个小时,从晚上八点整开始,一直持续到第二天凌晨1点左右。与开始时间相比,零点倒数敲钟环节更为重要。要保证零点可以准时进行倒数敲钟,就要对之前的节目安排与节目时长进行严格把控,以预留出可以倒数的时间。在历届晚会中,不乏优秀主持人通过自身过硬的控场能力和台词功底,完美卡点,顺利进入倒计时。

六、文化创意传播的风险管理

(一)风险管理

风险管理是在项目进行过程中,对影响项目的目标达成、实施进程、工作效率等的风险进行识别、评估、应对、控制的管理过程。根据不同需求,风险管理可以分为内部因素和外部因素的管理,也可以分为主观因素和客观因素的管理。其管理与控制的目标都是以最低的成本获得最大的效益。

通常来讲,文化创意传播的风险管理要经过风险识别、风险评估、风险应对及风险控制四个流程。风险识别贯穿于整个文化创意传播过程,既要识别评估过程中的潜在风险和特征,又要预测和改变风险可能导致的后果,为应对和控制风险提供科学依据。风险评估就是对文化创意传播过程中风险发生的可能性、时间、危害程度等因子进行量化分级(风险值=风险发生的概率×影响程度),并分析风险与风险之间的影响关系,为确定其可能产生的后果提供参考。风险应对是在风险识别与风险评估的基础上,提出处理风险的意见和具体方法。可以从改变风险性质、降低风险发生概率、减小风险后果等角度,选择恰当的风险应对策略,如采取规避风险、转移风险、减轻风险、自留风险等方法。风险控制就是对文化创意传播过程中,因风险发生而导致的各种变化及时做出反应、采取措施,保证风险管理可以完成预期目标,进一步确保文化创意传播工作可以顺利进行。

(二) 风险管理与文化创意传播

文化创意传播的风险主要可以分为外部风险和内部风险。其外部风险主要来自外部环境中所存在的风险,包括自然环境、社会环境、法律法规、经济变动、市场变化等,如2020年席卷全球的新冠肺炎疫情,不得不让众多社会生产中断或停止,其中也包括诸多文化创意传播活动;内部风险主要是由文化创意传播组织机构内部因素引起的风险,如资金不足、人员变动、管理不佳、技术变化、沟通不畅等管理问题。因此,在文化创意传播过程中,既要注重文化创意方面的创新,又要提前识别和及时应对其中可能出现的风险。

研读材料

"迪迪事件":风险变身创意传播

2019年,奥迪在微信朋友圈投放广告导致"翻车",奥迪通过"放飞自我"的补救,转危为安,让本为风险事故的乌龙事件成为一次成功的品牌宣传事件。

故事的起因是腾讯广告素材上传失误,让奥迪在朋友圈投放的视频广告中出现了英菲尼迪的内容(见图3-7),一时间在网络引发热议。随后,沃尔沃、奔驰、吉利等其他汽车品牌蹭热度在社交媒体相继发文,让这一事故逐渐戏剧化。英菲尼迪最后的幽默回应让此次乌龙事件圆满解决(见图3-8),因而这次事件也被网友称为"迪迪事件"。通过此次乌龙事件,奥迪与英菲尼迪都获得了超出正常广告投放的曝光量,事件的和平解决也提升了两个品牌的认知度,展现了大品牌的姿态与风范,让一场风险事故变身为一次成功的创意传播活动。

图3-7 奥迪在朋友圈投放的广告

图3-8 英菲尼迪对"迪迪事件"微博回复

资料来源:微信朋友圈"双迪事件":202元获百万营销效果[EB/OL]. https://www.163.com/dy/article/EU1KP2PG053891DZ.html. [访问时间:2022-07-14]

此外，文化创意传播的管理工作还包括人力资源管理、效果评估管理等内容，其中文化创意传播的人力资源管理可以参照第九章内容，而效果评估管理将在第十章第三节中详细阐述。所有的管理工作都是为了提升文化创意传播工作的效率与效益，保障文化创意传播工作有序开展。

案例解析

好利来的品牌成长之路

1992年，好利来诞生于甘肃兰州。经过30年的发展，它仍然在中国的烘焙行业占有一席之地。好利来在2019新国货榜单中，获得烘焙行业细分品类中最高的支持率。随着国内烘焙市场逐渐升温，作为一家烘焙老品牌企业，好利来不断创新发展，延续品牌之路。

一、品牌升级，建立经营新标准

在好利来初创时期，因蛋糕款式新颖、品种繁多备受消费者喜爱，也在短时间内将品牌直营门店开到全国各地。随着企业的扩张，好利来并没有采用"加盟制"的门店管理方式，而是将好利来全国市场分成六个大区，各大区负责人持有所管区域的股份。到1999年，好利来实行"联合创始人内部加盟制"——罗红拥有"好利来"品牌的所有权，而每位联合创始人按照总公司统一的标准独立经营各自片区，并在每年向总部缴纳品牌管理费。但是当好利来进入高速发展时期，这种管理制度很难让各片区产生协同效应，不利于品牌统一发展，因而好利来也将品牌转型、升级提上日程。

北京好利来在2017年建立了品牌经营的新标准，主要包括店面装修新标准、产品品质新标准、服务品质与店员形象新标准，并要求全国好利来烘焙连锁店在当年都要按照新标准执行。新标准的制定，不仅对品牌形象进行更新、升级，而且也相应提升了门店的经营成本，导致部分地区门店时常亏损。综合考量各种因素与利害关系，本着"收缩规模，坚持标准"的原则，好利来将"联合创始人内部加盟制"废止，品牌联合创始人可以自主创建新品牌、独立发展。

二、调整策略，坚持直营模式

随着品牌升级、新标准的执行，好利来在部分地区的门店规模骤减，联合创始人们也纷纷更名，建立自己的烘焙品牌，如华东地区门店改名为"甜星"，烟台、锦州、佳木斯等地门店更名为好芙利，平顶山、南昌等城市的好利来改名为"蒲公英"，河北、山西、甘肃等地门店更名为"心岸"。[1]

除了好利来总部直辖的北京、沈阳、哈尔滨、成都、上海等十个城市外，原内部加盟片区苏州、济南、太原、重庆四个城市因符合新运营标准，其好利来门店也被保留下来。从目前格局来看，品牌升级后的好利来门店主要集中在国内一二线城市。好利来也于2019年8月发布官方声明，坚持直营模式，无任何形式加盟。

---

[1] 好利来：老品牌年轻化成长路径[EB/OL]. https://baijiahao.baidu.com/s?id=16598060978756282825&wfr=spider&for=pc.[访问时间：2022-02-26].

三、回归品质,开发主打产品

2015年,一款名为"半熟芝士"的蛋糕诞生。这款产品是由日本筑波市著名的甜品匠人中山满男与好利来共同开发而成,并随季节和节日变化不断更新产品口味和包装,随即成为好利来的镇店产品。

在产品开发方面,好利来在原材料、配方和制作工艺上都经得起考验,注重产品品质,并在口味和选品上日益契合当下的消费市场和消费人群。例如,好利来推出的价位在20~40元的蜂蜜蛋糕、北海道蛋糕、舒芙蕾等新品,虽然价格高于原软点产品,但是深受年轻消费者的喜爱。

之后,好利来在产品口感、外观等方面不断研发,不仅推出了双层芝士、小樽雪团等日式风格的烘焙产品,而且签约了众多日本知名烘焙大师,共同研发好利来未来新品。

四、创新思路,试水IP营销

作为一家有30年历史的老品牌,好利来也不断推进品牌年轻化发展,开拓多元IP营销活动。

在IP联名方面,好利来与彩通(Pantone)联名推出6种口味的夏日饮品和冰棒;与喜茶推出联名"多肉葡萄雪绒芝士""层层爆浆蛋糕"等甜点和饮品(见图3-9);联名国货美妆品牌橘朵(Judydoll)推出限量联名礼盒,包括珊瑚蜜桃空气盒子蛋糕+橘朵珊瑚蜜桃腮红;与阿华田合作推出"脆脆棒""奶油包""爆浆球"等八款面包、蛋糕甜点;与小马宝莉联名推出云朵芝士蛋糕、文身贴周边和甜梦宝莉蛋糕等一系列梦幻粉嫩的联名新品。

图3-9 好利来与喜茶的联名产品

(图片来源:网红甜点品牌好利来,一个钟爱IP营销的跨界狂魔[EB/OL]. http://sohu.com/a/399657000_454523.[访问时间:2022-10-12])

好利来还借中国传统节日开展 IP 营销活动。每逢新春、端午节、中秋节推出特色礼盒,如端午粽子、半熟主题月饼等,突出中华传统文化元素,强化好利来品牌的"国货"特色。此外,好利来还不断拓展 IP 营销,开发好利来 IP 服装等周边产品。例如,在新年推出红色麻将主题的限量服饰周边产品,开设 Holiland Lab 未来风格主题店等。

在品牌年轻化的发展之路上,好利来也遇到了诸多困难与困境。例如,好利来主打高端市场的"黑天鹅"品牌,曾推出一款标价 1999999 元的"婚典·举世倾慕"蛋糕,让人不寒而栗,也让所谓的"高端"成为价高的空壳。正因此,好利来及时调整发展战略,关停全国部分门店,仅在北京、天津、成都、沈阳四个城市保留实体门店。但是,"黑天鹅"要在当下竞争日益激烈的烘焙行业立足,成为满足年轻消费群体的高端品牌,不仅需要融入更多高附加值的服务和体验,而且需要在数字时代考虑更多元化的品牌发展之路,这也是好利来长久发展所需要考虑的重要问题。

思考题

1. 请谈谈文化创意在不同阶段的传播规律是怎样的。
2. 试举例说明文化创意传播过程管理包括哪些内容。
3. 文化创意传播都需要进行哪些策略管理?
4. 试举例说明如何进行文化创意传播的沟通管理。

本章参考文献

[1] 陈刚,沈虹,马澈,孙美玲. 创意传播管理——数字时代的营销革命[M]. 北京:机械工业出版社,2012.

[2] 张立波. 文化产业项目策划与管理[M]. 北京:北京大学出版社,2013.

[3] 吴健安,聂元昆. 市场营销学(第六版)[M]. 北京:清华大学出版社,2018.

[4] [美]菲利普·科特勒. 市场营销原理[M]. 全球版. 6 版. 北京:清华大学出版社,2019.

[5] 曹洪星. 商业策划与项目管理[M]. 北京:知识产权出版社,2019.

[6] 唐任仲,Mejabi. 过程管理技术[J]. 浙江大学学报:工学版,2002(3):4.

[7] 孔佳,李昀. 内容管理系统的产生与发展[J]. 农业网络信息,2008(3):89-92.

[8] D&G 辱华事件全程梳理[EB/OL]. https://www.sohu.com/a/277142890_100195450. [访问时间:2022-02-25]

[9] 可口可乐昵称瓶社交传播[EB/OL]. https://www.digitaling.com/projects/12701.html. [访问时间:2022-02-25]

[10] 可口可乐:昵称瓶[EB/OL]. https://a.iresearch.cn/case/4906.shtml. [访问时间:2022-02-25]

[11] 案例分析:"可口可乐昵称瓶"何以摘下艾菲奖?[EB/OL]. https://www.huxiu.com/article/22867.html. [访问时间:2022-02-25]

[12] 《这!就是街舞4》收官:垂类综艺,如何缔造全球影响力?[EB/OL]. https://www.sohu.com/a/498385592_613537. [访问时间:2022-03-28]

[13] 广告:盘点那些经典广告案例,90后的你总有几个看过![EB/OL]. https://www.sohu.com/a/348646643_120104552. [访问时间:2022-02-25]

[14] 《快乐大本营》在22周年之际更换主视觉及新logo[EB/OL]. http://www.szquanli.com/zixun/1028.html. [访问时间:2022-02-25]

[15] 内容管理系统(CMS)的产品构思流程[EB/OL]. http://www.woshipm.com/pd/377055.html. [访问时间:2022-02-26]

[16] 伦敦奥运会宣传片遭投诉"动感"过头诱发癫痫[EB/OL]. http://news.cctv.com/sports/aoyun/other/20070912/100434.shtml. [访问时间:2022-02-26]

[17] 你们不要再吵了啦!小米200万做的新logo已经很棒了[EB/OL]. https://baijiahao.baidu.com/s?id=1695840688226554639&wfr=spider&for=pc. [访问时间:2022-07-26]

[18] 小米这次的换logo,真的一点都不亏![EB/OL]. https://www.sohu.com/a/459071780_120080421. [访问时间:2022-07-26]

[19] 小米200万新logo换了一年获网友力挺 雷军:曾引起很大争议[EB/OL]. https://baijiahao.baidu.com/s?id=1728879552206527577&wfr=spider&for=pc. [访问时间:2022-07-26]

[20] 奥迪"翻车",英菲尼迪做对了什么?[EB/OL]. https://www.sohu.com/a/353882223_262742. [访问时间:2022-02-26]

[21] 奥迪英菲尼迪竟然"联合"? https://baijiahao.baidu.com/s?id=1650509125776195603&wfr=spider&for=pc. [访问时间:2022-02-26]

[22] 魏婕.好利来:老品牌年轻化成长路径[EB/OL]. https://baijiahao.baidu.com/s?id=1659806097887562828&wfr=spider&for=pc. [访问时间:2022-02-26]

[23] 网红甜点品牌好利来,一个钟爱IP营销的跨界狂魔[EB/OL]. https://www.sohu.com/a/399657000_454523. [访问时间:2022-02-26]

[24] 好利来品牌营销策略分析[EB/OL]. https://www.xhangdao.com/news/content-280-d6.html. [访问时间:2022-02-26]

第四章

文化创意传播的参与者分析

学习目标

学习完本章,你应该能够:
(1) 了解文化创意传播参与者的界定、分类与特征;
(2) 了解文化创意传播参与者的心理与常见心理;
(3) 了解文化创意传播参与者的行为决策相关内容。

基本概念

文化创意传播参与者　心理决策　常见心理　需求与动机　行为决策

第一节 文化创意传播的参与者

在传统的大众传播环境中,媒体的接触者、信息的接收者被称为受众,而营销传播环境下,企业的目标对象则是消费者。与之不同,随着互联网技术的发展与数字生活的深入,文化创意传播的对象既是文化创意信息的接收者,又是文化创意产品的消费者,故不能简单地用受众或消费者一概而论。因此,本书将文化创意传播的对象称为参与者,本节将对其进行分析与阐述。

一、文化创意传播参与者的界定

当代社会的发展与各种技术的革新,让人们在社会生活中的角色日益多样。就文化创意传播而言,如今人们也在其过程中扮演了多重角色,更喜欢追求互动性与参与感,既是消费者又是受众,甚至还同时扮演了传播者、决策顾问等角色。

作为消费者,文化创意传播参与者是文化创意产品和服务重要的目标客户。他们为满足个人的文化、创意、审美等方面的需求,购买和使用文化创意产品,享受和体验文化创意服务。与普通消费者相比,文化创意传播参与者更关注文化创意产品和服务所带来的附加值和潜在价值,如美学价值、文化内涵、创新互动、文化认同等内在层次需求,文化创意产品的多元价值才是他们为此买单的重要原因。

作为受众,文化创意传播参与者是文化创意传播工作的主要受传群体。他们通过不同的媒介渠道接收各种文化创意传播信息主动或被动地了解文化创意领域新闻。随着互联网的发展,文化创意传播参与者成为文化创意信息需求最活跃的主体,在不断接收信息的同时,也逐渐积极参与双向互动,给予信息反馈与反应。同时,伴随文化创意的发展,小众文化、潮流文化逐渐兴起,扩大了文化创意传播受众的范围,不断吸引更广泛的受众关注文化创意的传播。

作为传播者,文化创意传播参与者不仅可以亲自进行文化创意传播的内容制作或二次加工,如自媒体、短视频用户等,也可以参与媒介的各种传播活动,如信息分享、转发等,成为名副其实的文化创意传播践行者,积极参与文化创意的各种传播活动。互联网和数字技术的普及降低了文化创意传播的准入门槛和技术限制,让文化创意传播工作成为全民可以参与的社会活动,真正做到"用户共创"。

作为顾问,文化创意传播参与者成为文化创意传播生产与创作的重要意见来源。他们对产品使用或服务体验的评价与建议会被生产者、创作者或传播者积极采纳,有时他们甚至会受邀成为文化创意的开发顾问,在"取之于民,用之于民"的过程中献计献策,也让文化创意传播更贴近参与者,提升传播效益,扩大传播效果。

由此可见,文化创意传播参与者在文化创意传播过程中并不是单一的身份,也正是这种多元身份让文化创意传播区别于一般的文化传播活动,让文化创意传播更具创新性和挑战性。

二、文化创意传播参与者的分类

由于受年龄、性别、职业、收入、文化程度、习惯兴趣、思维方式等因素的影响,文化创意传播参与者有着多元化的欲望和需求。因此,对文化创意传播者进行分类,也可以理解为对文化创意传播的市场进行细分:一方面,参与者差异化的需求可以为设计、制作文化创意传播产品和内容提供方向;另一方面,参与者不同的群体特征也让文化创意传播工作有的放矢,实现效果最大化,其最终的目的都是促进文化创意传播工作的开展。根据不同的维度或细分因素,文化创意传播参与者也有不同的分类方式。

(一) 根据人口统计维度的分类

人口统计维度一般包括性别、年龄、婚姻与家庭情况、语系语种、民族种族、宗教信仰等,这些都可以成为文化创意传播参与者分类的重要依据。

根据年龄阶段的不同,文化创意传播参与者可以分为婴幼儿、青少年、中年和老年参与者,也可以按照出生年代分为60后、70后、80后、90后、00后等参与者,或X世代、Y世代、Z世代等,通过年龄对文化创意传播参与者进行划分是了解代际文化创意传播认知、态度与行为的重要方式。

根据性别差异,文化创意传播参与者可以分为男性与女性参与者,不同性别的参与者在文化创意传播过程中所体现出的心理活动与行为方式也有所不同。

根据婚姻和家庭状况的不同,文化创意传播参与者可以分为独居家庭(含单身者)、丁克家庭、单亲家庭、核心家庭、重组家庭和联合家庭等以家庭为单位的参与者,家庭的结构对文化创意传播参与者的需求、心理变化、媒介习惯、文化创意氛围等方面产生一定影响。

根据语系语种的不同,文化创意传播参与者可以分为汉藏语系、印第安诸语系、南亚语系、印欧语系、阿尔泰语系、高加索语系等不同语系的参与者,或分为汉语、英语、法语、西班牙语、德语等不同语种的参与者,语言和文字在文化创意传播中起到举足轻重的作用,将极大地影响整个传播工作的开展。

根据民族种族的不同,文化创意传播参与者可以分为中华民族、大和民族、日耳曼民族、斯拉夫民族等不同民族参与者,也可以进行更为细化的分类,如中国有56个民族,他们在种族、语言、宗教信仰、风俗习惯等方面具有各自的民族特色,因而也可以作为文化创意传播参与者分类的维度之一。

根据宗教信仰的不同,文化创意传播参与者可以大致分为有宗教信仰与无宗教信仰的参与者,其中有宗教信仰的参与者又可以按照具体的宗教类别分为基督教、佛教、伊斯兰教、道教等宗教参与者,这种分类方式是为了在文化创意传播过程中尊重宗教文化与信仰,避免产生不必要的误解与冲突。

(二) 根据地理环境维度的分类

市场营销学常采用地理环境的分类方法对消费市场进行细分。在文化创意传播中,也同样可以根据地区、人口分布、城乡差异、城市规模等地理因素的不同,对文化创意传播参与者进行分类。文化创意传播者所处的地理位置和城乡环境与其消费水平、购买能力、文化创意接触程度等因素紧密相关,同时,城乡差异与城市规模也在一定程度上决定着文化创意传播参与者所在地的文化创意氛围与文化创意基础设施的规模,这都可以作为划分文化创意传播参与者的依据。

根据大洲或国别的不同,文化创意传播参与者可以分为亚洲、欧洲、非洲、美洲、澳洲等大洲的参与者,也可以分为国内与国外参与者,或中国、美国、英国、日本、韩国等国家的参与者。

根据行政区划的不同，以中国为例，文化创意传播参与者可以分为北京、上海、河北、江苏、四川、广东、香港、澳门等省、特别行政区或直辖市参与者，或分为京津冀、长三角、大湾区等区域参与者。

根据城乡人口分布的不同，文化创意传播参与者可以分为城镇与乡村参与者，或更为细致地分为城市、区县、镇、乡、农村等参与者。

根据城市发展规模的不同，文化创意传播参与者可以分为大、中和小城市参与者，或一线、二三线或三四线等城市参与者。

此外，根据不同的文化创意传播工作，地形因素与气候因素也可以成为划分文化创意传播参与者的维度。

（三）根据社会经济维度的分类

经济基础决定上层建筑，文化创意传播参与者的需求和行为都受到社会经济方面变量因素的直接影响。文化创意传播参与者经济状况的差异主要可以体现在职业、文化教育、收入水平、消费水平、消费角色等方面。

根据职业特性的不同，文化创意传播参与者可以有更为细化的分类，如基于职业产业性可以分为第一产业、第二产业、第三产业参与者，或基于职业行业性可以分为企业单位、事业单位、机关团体和个体从业的文化创意传播参与者，又如基于职业的职位性可以分为领导层、中层和基层员工参与者等。

根据文化教育程度的不同，文化创意传播参与者可以简单地分为高学历和低学历参与者，也可以根据具体学历情况细分为高中以下学历、大专学历、本科学历、硕士以上学历等参与者，受教育程度不同的参与者通常在理解和认知文化创意、接收和接受文化创意信息以及卷入文化创意传播活动的程度方面也都有所差异。

根据收入水平的不同，文化创意传播参与者可以分为高消费、中等消费和低消费群体，收入的多少不仅影响其消费需求的整体结构，参与者对文化创意的需求层次和倾向因此不同，而且也决定了文化创意消费的内部构成。简而言之，就是投入不同的资金用于不同类型的文化创意产品，这样的划分可以更好地满足不同经济收入参与者对文化创意的多元化需求。

根据消费水平的不同，文化创意传播参与者可以分为高档型消费参与者和经济型消费参与者，消费水平的高低决定了其文化创意消费需求的档次，如高档型消费参与者可以投入大量资金在文创艺术品或演出等服务上，而经济型消费参与者可能仅浏览文化创意产品或信息，花费很少的资金甚至零投入地了解文化创意传播信息。

根据消费角色的不同，文化创意传播参与者可以分为个人参与者和团体参与者。团体参与者比个人参与者在文化创意方面的资金投入要更多，同时影响范围也更广，因而是文化创意传播更需要关注的参与人群。

（四）根据心理特征维度的分类

心理特征维度是划分文化创意传播参与者的主要依据。根据马斯洛的需求层次理论，文化创意高于人们的生理与安全需求，关于尊重、认知、审美、自我实现等更高层次的需求。心理因素对参与者在文化创意传播的认知、选择、态度与行为等方面的影响,也随着社会进步、技术发展日益明显。具体而言,可以从文化创意传播参与者的精神需求、性格特点、消费习惯与动机、媒介接触习惯、兴趣爱好、购买动机、审美观念等因素入手,对其进行细化分类。

根据个人精神需求层次与形态的不同,文化创意传播参与者可以分为认知需求、社交需求、享受需求、发展需求等参与者。拥有不同需求的参与者对文化创意的内在要求也各不相同,如有的文化创意传播参与者是为了审美与娱乐享受,有的则是出于个人发展、自我价值实现目的去参与文化创意传播。

根据消费习惯与动机的不同,文化创意传播参与者可以分为规律型、冲动型、理智型、随机型、经济型、收藏型等参与者。消费习惯的养成与消费动机的产生往往受到多种因素影响,因此,消费习惯与动机也成为划分文化创意传播参与者的重要因素之一。

根据媒介接触习惯的不同,文化创意传播参与者可以分为单一媒介、多元媒介、融合媒介等参与者,还可以分为忠诚型、基本型、潜在型与不接触型等参与者;根据媒介使用习惯的不同,文化创意传播参与者又可以分为纸媒、广播、电视、网络、户外、新媒体等参与者,针对不同媒介接触习惯的文化创意传播参与者也会采取不同的传播策略。

根据兴趣爱好程度的不同,文化创意传播参与者可以分为癖好型、固定型、好奇型参与者;根据兴趣爱好领域的不同,文化创意传播参与者则可以分为更多、更广的类型,如美食旅游爱好参与者、时尚潮流爱好参与者、科技先锋爱好参与者、二次元爱好参与者、国风爱好参与者等多种多样的参与者。

此外,还可以根据具体的文化创意传播目标,选择其他维度对文化创意传播参与者进行分类,也可以选择一种或多种分类方式细分文化创意传播参与者的类型。无论哪种分类方式,其目的都是对文化创意传播参与者进行有规律、有目的、有依据的分类,为后续文化创意传播工作的策略制定、计划实施等提供重要参考依据与发展思路。

三、文化创意传播参与者的特征

文化创意与其他经济领域的融合发展,也推动文化创意产业快速升级、持续增值,文化创意产品与服务的大量涌现与推出,不断地刺激文化创意消费、激活文化创意传播。进入数字时代,在信息资源十分丰富的同时,注意力却是稀缺的,同时随着技术革新、媒介发展,传受关系在持续变化。文化创意传播中的传受关系亦如此,不断被刷新。与传统传播受众或文化市场消费者相比,文化创意传播参与者有着时代性的特征。

(一) 主动参与传播

文化创意传播参与者具有数字时代传播受众的共性——主动参与[1]。互联网技术与数字技术为人们生活、工作提供了诸多便利,同时也提供了更加丰裕的信息资源,越来越多的人可以并乐于主动参与传播活动。一方面,得益于人们在现代技术方面能力的不断提升,人们逐

---

[1] 陈宝仁.新媒体时代受众地位的转变——以 Vlog 视频日志为例[J].传媒论坛,2020(9):2.

渐从大众传播时代的被动接收信息变为如今数字时代的主动搜索和寻找信息资源,主动性在这一过程中一步步被激活;另一方面,主动参与体现在从单一的信息接收者变为传受合一参与者的身份转换,文化创意传播参与者不仅是文化创意的接收者,也可以是生产者或传播者,主动地创造、发布文化创意传播信息与内容。

(二) 日趋年轻化

科技进步、社会发展逐渐推动消费结构的升级,年轻人在消费市场强势崛起,也成为文化创意消费的主力军与文化创意传播的主流人群。2019年北京师范大学发布的《中国文博文创消费调研报告》显示,1990年后出生的消费者占比超过53%,其中"95后"占比达30%。[1] 与年长人群相比,年轻人对新事物具有很强的接受力和包容性,喜欢追求新鲜感、刺激感,具有勇于创新的精神,正契合文化创意的调性,也愿意接触文化创意信息、消费文化创意产品和参与文化创意传播。特别是被称为"网络原住民"的Z世代,他们不仅思维活跃、朝气蓬勃、具有活力,而且在网络技术与数字能力方面具有得天独厚的优势,是当仁不让的文化创意传播参与者。

(三) 现代技术水平高

伴随数字化在各行各业的渗透发展,文化创意的载体也在不断迭代,文化创意传播的媒介更是与数字技术密不可分,因而文化创意传播参与者一般都具备更高的网络技术、数字能力、媒介使用能力。具体而言:一是他们对网络和数字技术具有更强的感知力与适应力,能快速接收与应用文化创意的数字化产品与服务,并可以迅速参与数字化网络生活中的文化创意传播;二是他们可以通过多元化媒介渠道获取、参与文化创意传播的信息或活动,并熟悉不同媒介的使用规则与方法,尤其是对新媒体的关注与使用更为频繁。

(四) 追求个性潮流

文化创意本身就是创新的、个性的、引领潮流的,如"盲盒"、博物馆文创等,这也反映出文化创意传播参与者喜欢追求个性潮流的特点。他们愿意尝试新鲜事物,对潮流趋势高度敏感,喜欢与众不同的创意与创新点。此外,数字时代的新媒体也为文化创意传播参与者提供了更广阔和个性化的平台,其丰富而特色鲜明的文化创意信息与服务可以满足更多人群的多元化需求,也能照顾到利基受众的小众化需求,同时参与者可以在新媒体平台生产、创作自己"标签化"的创意内容,展现个性、表达自我。

(五) 热衷互动体验

文化创意传播的关键在于创意,而具有互动性和体验性的文化创意表达方式更受文化创意传播参与者的喜爱。具有互动性和体验性的文化创意传播工作,可以调动人的感官体验,强化情感因素,进而达到共情、同频,让文化创意的表达与展现更加深入人心。以Z世代为代表的年轻群体,他们格外关注文化创意传播过程的互动体验感,如观赏体验、触摸体验、试用体验、观感体验、画面体验等感官类的体验,又如消费体验、氛围体验和服务体验等场景类的体

---

[1] 把艺术创造力和中华文化价值融合起来[EB/OL]. https://baijiahao.baidu.com/s?id=1721257738310242518&wfr=spider&for=pc.[访问时间:2022-03-02]

验。此外，他们也热衷于通过虚拟现实技术、智能穿戴设备、线上线下互动服务让文化与科技完美融合，体验文化创意所带来的沉浸式惊喜。

（六）社交社群显著

文化创意传播参与者注重社交功能，社群化发展也相对显著。牛津大学路透新闻研究院曾对 26 个国家的 50 000 名受访者展开新闻调查，其中 51% 的人通过社交媒体获取新闻，而社交媒体是年龄在 18～24 岁受访者获取信息的主要来源。[1] 以 Z 世代年轻人群为代表的文化创意传播参与者，相较于简单的文字信息，他们更喜欢图片、视频等丰富的信息展示形式，也希望在一个媒介平台可以同时满足获取资讯、休闲娱乐和社交互动的需求。此外，文化创意传播参与者也容易通过相同、相似的兴趣爱好、文化需求和创意偏好，沟通交流、相互影响，逐渐形成有着稳定群体意识的社群，如 B 站有上千种热门文化圈组成的文化社区，也是中国年轻人最大的网络文化娱乐社区之一。

（七）对品质有要求

与传统的文化消费者不同，文化创意传播参与者更注重文化创意产品和服务的品质。一方面，他们希冀文化创意产品和服务要有创意、创新突破，但不能成为一个空架子，也要具有一定使用价值，满足基本的文化消费需求；另一方面，文化创意传播参与者也十分看中文化创意产品和服务所带来的附加值与潜在价值，如美学价值、文化内涵、文化情感、身份象征等，为了追求更美、更具创意、更高品质的生活，他们也愿意为此支付更高额的费用。由此可见，文化创意传播参与者在消费和享受文化创意的同时，需要通过产品和服务建立心理的情感连接，深层次地体验文化价值、创意价值、审美价值等，这也对文化创意传播提出了更高水平的要求。

第二节 文化创意传播的参与者心理

文化创意传播参与者的任何活动与行为都是基于一定的心理活动而做出的。因此，在了解文化创意传播参与者的类型与特征后，还应对其心理进行研究，帮助文化创意的传播者了解文化创意市场所需、所求以及参与者们所想。本节将从文化创意传播参与者心理的研究意义、影响因素和主要机制三个方面进行详细阐述。

一、文化创意传播参与者心理的研究意义

文化创意传播参与者在整个文化创意传播过程中处于主体地位，不仅决定了文化创意传播的基本方向，也是文化创意传播的前提与条件。随着文化创意产业的发展和竞争日益激烈，

---

[1] 史安斌，刘弼城. 数字媒体时代 BBC 的青年受众战略[J]. 青年记者，2017(10)：3.

人们越来越重视对文化创意传播参与者心理问题的研究。因此,准确把握文化创意传播参与者的心理活动,既对文化创意传播研究具有理论性意义,又对实际开展文化创意传播工作具有实践指导意义。

(一) 文化创意传播参与者心理研究的理论意义

一方面,研究文化创意传播参与者的心理,可以揭示他们在消费、参与文化创意传播的过程中所发生的心理变化与活动,以及与文化创意生产等相关工作各方面的关系,这可以帮助文化创意传播者清晰而准确地把握参与者心理活动的规律,为制定一系列相关策略提供可靠依据。另一方面,随着文化创意产业的蓬勃发展,对文化创意传播参与者心理研究的课题也不断变化、深入,可以丰富文化创意传播参与者心理研究的素材,也可以促进文化创意传播学的理论研究,拓展理论研究的外延,完善理论体系,推动文化创意传播相关研究成熟发展。

(二) 文化创意传播参与者心理研究的实践意义

从实践角度来看,研究文化创意传播参与者的心理,是有效开展文化创意传播工作和理解参与者行为的重要前提。掌握其文化创意传播过程中的一般心理规律,可以切实促进文化创意的广泛传播,推动文化创意传播工作顺利进行。

第一,研究文化创意传播参与者的心理活动,有利于指导文化创意内容创作、产品和服务生产,避免内容产品与实际需求相脱节,进而满足人们对文化创意的需求。因此,文化创意传播者在开展实际工作之前,必须要了解参与者的心理活动,如心理变化、消费特点、媒介接触习惯等,为文化创意传播的内容生产提供指引方向。

第二,研究文化创意传播参与者的心理活动,有利于把握参与者的需求变化趋势,适时调整生产的内容,满足他们的多元需求。文化创意传播参与者对文化创意的需求会伴随技术革新、媒介发展、社会思潮等因素不断变化。因此,对他们的心理进行研究,不仅可以了解文化创意传播参与者当下的现实需求,而且可以把握产业和市场风向,了解参与者不同的潜在需要或潜在参与者的文化创意需求,以确保文化创意传播工作可持续发展。

第三,研究文化创意传播参与者的心理活动,有利于提升管理者与传播者的整体素质与传播能力,想参与者之所想,急参与者之所急,提高服务意识与管理水平。一方面,了解文化创意传播参与者的心理特点可以帮助管理者和传播者制定以参与者为中心的产品策略、营销方案和传播计划,提供周到的文化创意服务;另一方面,可以帮助改进管理水平,提升文化创意经营效益,以实现文化创意传播目标。

第四,研究文化创意传播参与者的心理活动,有利于创造良好的文化创意传播氛围。作为文化创意传播者,有义务为参与者提供健康、正能量的文化创意内容、产品和服务,以获得文化创意传播参与者积极、正面的反馈与评价,实现文化创意传播目标,进而达到良性循环,构建和谐共进的文化创意传播环境。

第五,研究文化创意传播参与者的心理活动,有利于文化创意跨文化传播工作的开展。因社会经济、历史文化、民俗习惯、民族宗教等因素的影响,不同国家、地区参与者的心理活动也有较大差异,进而对文化创意的产品、服务等方面的需求也各不相同。因此,研究不同地域、民族、文化圈的参与者心理活动,可以不断扩大文化创意传播的范围,有效地推动文化创意的跨文化传播工作。

二、文化创意传播参与者心理决策的影响因素

影响文化创意传播参与者心理决策的因素众多。我们将这些因素归为两大类:一是以生理与心理为主的个人因素;二是以经济环境、社会环境和文化环境为主的环境因素。

(一)个人因素

1. 生理因素

个人生理状况的差异会对文化创意传播参与者的心理活动产生影响。一是体态因素,如身高、体型、相貌等,在参与者消费或享受与身体形态紧密相关的文化创意产品或服务时,会直接影响参与者的心理变化。二是年龄因素,不同年龄参与者因各自生理机能的差异,也会对文化创意产生不同的需求,如潮流创意更受年轻人的喜爱,而国风、传统文化类的创意覆盖年龄群就较广。三是性别因素,生理和心理的差异让男性与女性在文化创意传播上的偏好也呈现不同。例如,盲盒品牌泡泡玛特官方用户数据显示,其品牌女性消费者占75%,[1]相较于男性而言,女性更钟爱泡泡玛特的盲盒创意。四是身体状况因素,如身体健康与否、是否有天生缺陷等问题,都会影响文化创意传播参与者在接收文化创意信息或选择是否消费文化创意产品时的心理活动。例如,心脏健康有问题的参与者很可能不会选择具有感官刺激性的文化创意活动或产品。

2. 心理因素

文化创意传播参与者心理状况包括参与者个人所特有的气质、性格、情感以及思维方式等。即使处于同样的环境与条件,心理特征的差异也会让不同参与者在对文化创意的选择、理解、记忆和反应方面有着较大不同。文化创意传播参与者的心理特征往往直接影响他们接收文化创意信息、消费文化创意产品、享受文化创意服务、参与文化创意传播等,对他们的心理决策也起到关键性作用。

此外,动机、感知、学习以及信念和态度也是影响文化创意传播参与者进行心理决策的主要因素。动机是一种心理需要,促使人们寻求满足,因而意识里的潜在动机会影响文化创意传播参与者的心理决策。感知是指人们对五官所获取的信息用自己的方式进行组织与解释,因此,感知因人而异,不同的文化创意传播参与者对同样的外部刺激会产生不同的知觉与认知。学习是因经验而产生的个人行为变化,文化创意传播参与者会通过自己习得的经验判断做出一定的心理决策。信念和态度是人们对事物或观念所持有的相对稳定的看法、评价和感受,这直接关乎文化创意传播参与者对文化创意的喜好与倾向,影响他们的心理决策。

---

[1] 盲盒:年轻人的新"瘾"性消费 女性占到75%[EB/OL]. https://baijiahao.baidu.com/s?id=1648064275884668882&wfr=spider&for=pc.[访问时间:2022-03-05]

(二) 环境因素

1. 经济环境

经济环境包括社会经济水平、宏观经济政策、个人经济收入等具体内容,这对文化创意传播参与者进行心理决策起到影响作用。首先,文化创意传播参与者所处的社会经济水平影响文化创意的质量和数量,因而对参与者在选择文化创意产品、服务或其他内容时产生较大的影响。其次,政府宏观经济政策在一定程度上会影响参与者的心理决策,例如,政策扶植的惠民文化创意活动和产品可以吸引更多潜在参与者,扩大文化创意影响力。最后,个人经济收入状况则是文化创意传播参与者进行心理决策很重要的因素,它决定了参与者消费何种价位的文化创意产品、服务。文化创意传播参与者的收入变化也将改变其原本的消费结构、消费质量和消费行为,进而影响其进行心理决策。

2. 社会环境

人的本质属性是社会性,在社会生活中有着多重社会关系,并在不同的群体中有着不同角色和地位。因此,文化创意传播参与者的心理活动与决策或多或少都受到社会环境的影响。例如:不同阶层的参与者有着不同的立场、观点,在对文化创意传播进行心理决策时,会受到其所在阶层道德观念、价值观等方面的影响;不同组织有着各自不同的行为准则、组织章程与规章制度等,他们的心理活动往往会受到其所在组织规范的约束和影响;不同的家庭则会因不同的生活需求、家庭角色、成员之间关系等因素产生不同的心理决策。因此,文化创意传播参与者在进行心理决策时,通常会考虑自身所扮演的社会角色或所处的社会关系,做出符合自己身份和地位的决定。

3. 文化环境

文化是决定人们欲望和行为最基本的因素。文化创意传播参与者的心理决策会受到国家文化、民族文化、地域文化、城市文化、家庭文化等多种文化的影响,也在潜移默化中形成了他们相对稳定的价值观、风俗习惯、生活方式、审美偏好、兴趣爱好等。例如,不同民族有着不同的信仰、语言、文字、图腾、风俗习惯、生活禁忌等,其在文化创意方面的偏好在很大程度上都会受到民族文化的影响,直接关乎其心理决策。再以我国与西方文化为例,两者在多个方面具有显著差异,也对不同文化影响下的文化创意传播参与者的心理决策起到重要影响作用。例如:我国以春节作为最大的节日进行庆祝,而大部分西方国家则以圣诞节最为热闹;我国多以"6""8"为吉利数字,忌讳"4",而西方国家则忌讳"13"。

三、文化创意传播参与者的常见心理

文化创意传播参与者在做出心理决策和实际行为时,通常都是出于一定的动机和目的,或是为了满足自身的某种需求,如好奇心、虚荣心、成就感等。因此,文化创意传播的参与者可能会出现以下11种常见的心理状态。

(一) 求新心理

文化创意本身就具有创新性,因此,文化创意传播参与者在选择文化创意产品和服务时,很大程度上都有求新心理,追求一种新鲜、新潮的感觉。就如莎士比亚所言,"衣服穿破的少,过时的多",人们总愿意为时尚的、新奇的东西买单。当新的文化创意产品、服务或是传播活动出现时,也会给参与者带来一种耳目一新的感受,往往可以获取一定的关注度。例如,球鞋爱好者总是对自己喜爱的品牌每年所推出的新款球鞋趋之若鹜,甚至不惜重金买来收藏。因此,在文化创意传播中,创意是不能忽视的关键因素,应力求突破,最大化地满足参与者的求新需求。

 研读材料

必胜客创新打造"开心麻花"电影主题餐厅

作为一家西式休闲餐厅,必胜客的消费群体主要以家庭人群为主,年轻人对其的关注较少。为此,2021年,必胜客联合"开心麻花"团队,在北京、上海、成都等地打造了多家沉浸式电影主题餐厅(见图4-1、图4-2),依托影像语言连接美食文化,以创意新潮的形象为年轻人打造全新的沉浸式体验,不仅受到年轻人的青睐与喜爱,而且还荣获2021年金投赏商业创意银奖。

图4-1 必胜客电影主题餐厅(一)   图4-2 必胜客电影主题餐厅(二)

(图片来源:必胜客打造首家电影主题餐厅[EB/OL]. https://socialbeta.com/c/62361.[访问时间:2022-07-14])

必胜客的这一创新举动主要在四个方面展现了独特卖点。

第一,新模式。"开心麻花"的加入让餐厅演出常态化,并设有迷你分剧场与和独立入口。同时,开设麻花专属粉丝折扣优惠,依托开心麻花剧场资源,引流部分粉丝到餐厅观影。

第二,新环境。全新的电影主题餐厅,利用胶片、场记板、放映机等诸多电影、剧场等元素增添餐厅的影院氛围。

第三,新体验。必胜客电影主题餐厅让消费者享受沉浸式桌边喜剧,为年轻人创造零距离的沟通、社交空间。

第四,新夜晚。策划"必胜喜剧电影周",在每周二、四晚八点后,举办麻花专属粉丝和社区观众的喜剧电影沙龙活动,激活夜经济。

> 必胜客与"开心麻花"跨界合作打造的沉浸式电影主题餐厅,不仅让消费者获得美食、环境、活动等维度的全新沉浸式艺术,而且创建了以影视文化为依托的年轻人社交性空间,更是为休闲餐饮业与文化创意结合提供了新的发展思路,开辟了消费新场景、经济增长新模式。
>
> 资料来源:高 ROI 营销案例都有哪些创意特征?[EB/OL]. https://baijiahao.baidu.com/s? id=17173184661488140338&wfr=spider&for=pc.[访问时间:2022-03-05]

(二) 猎奇心理

文化创意传播参与者具有追求个性潮流的特征,他们喜欢与众不同、可以展现个性的新奇事物。这种猎奇心理让他们对标新立异的追求十分强烈,认为文化创意的个性、独特性比其本身的使用价值和其他价值更为重要,因此,他们会出于好奇心而去消费文化创意产品和服务、参与文化创意传播。一方面,满足文化创意传播参与者的求异心理,可以促进传播者持续创新、更新,推动文化创意产业不断发展;另一方面,差异化的内容也可以帮助传播者在激烈的文化创意竞争中立足,形成独特的品牌化或 IP 化优势。但与此同时,文化创意传播者也要考虑到过于标新立异的文化创意可能带来消极的社会影响或参与者的反感,如哗众取宠的创意、虚假宣传的内容等。

(三) 求美心理

爱美之心,人皆有之。人们对于美的不断追求是伴随生活水平与审美水平的提高而逐渐加深的。因此,求美心理是一种普遍的消费心理,在文化创意产业中尤为突出,"美而不同"则成为文化创意传播参与者追求的目标。精美的文化创意产品的外观与包装,以及有漂亮修辞的文化创意文案,都可以让文化创意传播参与者在享受产品的同时,得到心理和情感上追求美的满足,获得欣赏价值和艺术价值。如今,"高颜值"的包装不仅影响文化创意传播参与者的心理决策,而且已经成为吸引文化创意传播参与者注意的重要一环。

(四) 从众心理

在经济学里,常用"羊群效应"来表示经济个体的跟风心理,也就是从众心理。在文化创意传播中,这也是一种常见的心理状态。文化创意传播参与者在传播文化创意过程中可能会为了与大多数人保持一致,而受到群体压力,改变自己的心理决策或行为。一方面,这种效仿式心理可以引发受众对文化创意的关注,帮助文化创意进行二次或多次的传播,扩大文化创意的影响;但另一方面,从众心理也容易引发冲动消费与非理智传播,让文化创意传播参与者忽略自身真实的文化创意需求和预期,开始盲目从众,以获得心理上的满足。

(五) 求名心理

求名心理是希望借助品牌或 IP 的名气来彰显、提升自己社会地位的心理倾向。也就是说,在这部分消费者或受众看来,品牌或 IP 往往代表了质量、性能与价格的保障,同时也可以带来荣耀感和满足感。在文化创意方面,求名心理尤为常见。很多参与者会选择自己喜爱的品牌或 IP 推出的文化创意产品、服务等内容。以故宫文创为例,无论是故宫自己推出的"奉旨旅行"行李牌、"朕就是这样汉子"折扇、故宫日历等文创产品,还是与其他品牌创新的联名款彩妆、球鞋、首饰等产品，都同样受到广大民众的喜爱。此外，一部分人为了展现消费水平与社会地位，也会求名来满足自己的虚荣心。

（六）求利心理

人们往往在消费时会衡量商品价格与其功能之间的对等关系，以求"少花钱多办事"和更高的性价比。有求利心理的文化创意传播参与者则评估文化价值、创意价值、美学价值、使用价值等与获得这些价值所需支付的费用之间的关系，同样希望用符合预期值的价格来获取超值的文化创意产品、服务或其他传播内容。因此，价格因素也是影响文化创意传播参与者心理决策的重要原因。不过，每个文化创意传播参与者对价值与价格之间关系的评估标准不尽相同，更注重价值体验的参与者往往愿意支付高昂的费用，享受文化创意带来的满足感，在他们看来，精神享受是物超所值的。

（七）求实心理

求实是普通消费者最普遍的一种心理动机，注重商品的质量效用，讲究实用性。对文化创意传播参与者而言，这种求实心理也越来越受到重视。随着文化创意产业快速发展，人们在追求文化享受与创新创意的同时，也逐渐重视文化创意的实际使用价值，比如，文化创意产品不仅要有创意性、美感以及文化内涵，更要具有实用性、功能性，让文化创意更好地融入生活与工作。文化创意传播参与者更愿意为使用方便、经久耐用、性价比高、生活化的文化创意产品买单。

（八）偏好心理

偏好心理是一种满足个人特殊爱好和欲望的消费心理。一般有这种心理的人，喜欢某一类、某一种或某一领域的商品，其偏好往往与专业、知识、兴趣爱好、生活情趣等相关。文化创意传播参与者的这种偏好心理较为突出，他们一般对某种文化领域、创意内容或传播方式尤为偏爱，并在这些方面有着执着且持续的追求，乐于消费、享受或参与其中。例如，古玩收藏家、摄影爱好者、汉服文化热爱者、手办收集者等。

（九）攀比心理

攀比心理也可称为妒忌心理，一般是超越自己消费水平、盲目攀高的心理活动。文化创意传播参与者的攀比心理，则是参照高于自己所处阶层、身份及地位的人群而表现出来的一种心理动机，是"你有我也有"的想法从中作祟。在文化创意传播中，攀比心理常见于选购限量版文化创意产品、体验VIP文化创意服务或参与定制类的文化创意传播活动等情况。文化创意传播参与者在这一过程中，相互刺激、激活攀比心理，也容易出现追求文化创意消费热点、抢购文化创意产品等现象，有时甚至出现一些超出自身承受范围的消费行为，导致负债和个人损失。

（十）稀缺心理

在消费心理学中，因"物以稀为贵"引发的消费行为提高的变化现象即"稀缺效应"，简言之，就是越稀缺越珍贵。就文化创意传播而言，获得文化创意内容、购得文化创意产品、享受文化创意服务的机会越少，其价值就越大，也越来越激发参与者获取的欲望。例如，IP联名的文化创意限定款产品经常会采用饥饿营销、限量发售、限制购买人数或数量等方式进行发售，这都是利用了文化创意传播参与者的稀缺心理。

（十一）其他常见心理

除以上提及的文化创意传播参与者常见心理外，在文化创意传播过程中还有很多其他的心理动机与活动。

锚定心理是需要对照参考物、"货比三家"后才能完成心理决策的一种心理。当文化创意传播参与者有锚定心理时，他们会对目标产品或服务进行价值度量，可能是比较其创意价值、使用价值、审美价值等心理预期，也可能是对比价格、尺寸等具体参数。

目标趋近心理是指人们越趋近某个目标，越想要完成它。在文化创意传播中，每日签到打卡，签到满天数即可申领积分或礼品等互动形式即利用这一心理，让文化创意传播参与者面对即将达成的目标，愿意不惜一切代价去实现。

沉锚效应是指人们容易受到第一印象或第一信息的影响对事物做出判断。这种先入为主的心理动机普遍存在于文化创意传播，如文化创意传播参与者很容易受到品牌形象或IP的影响，进行心理决策或直接采取行动，消费文化创意产品或参与文化创意传播。

波纹效应即水中波纹是由投入石子的中心向外扩散，也就是通过中心人物的专业、地位、名气等来影响周围人。文化创意传播中的圈层传播即利用了这一心理动机，尤其是通过意见领袖（key opinion leader，KOL）或文化意见领袖（cultural opinion leader，COL）自身的影响力吸引粉丝或关注者，扩大文化创意的传播范围。

自尊心理是指文化创意传播参与者在消费文化创意产品时，既注重其本身的使用价值，又追求过程中的精神追求，希冀通过享受满意的服务，特别是导购员或服务人员在言语、态度、表情等方面给予足够的尊重与重视，来满足自己的自尊心。

罗森塔尔效应原指教师对学生的殷切希望能够戏剧性地收到预期效果，其强调正向激励的重要作用。对于文化创意传播而言，文化创意内容生产者或传播者对参与者的夸赞与认同，可以提高参与者的自信心和积极性，更愿意努力参与文化创意传播。

第三节 文化创意传播的参与者行为

文化创意传播参与者的行为可以理解为一个从感知、认知到行为变化的动态互动过程。文化创意传播参与者既有普通消费者的购买行为，又有传播受众的选择行为，同时还有主动的参与行为等，他们的行为更加多元、复杂。因此，了解文化创意传播参与者的行为可以更好地为文化创意的生产与传播制定切实可行的有效策略。

一、文化创意传播参与者的需求与动机

了解文化创意传播参与者的需求与动机是洞察其行为的基础与第一步。参与者的需求是

其最根本的原动力,而动机则是引起行为变化的直接驱动力。他们只有对文化、文化创意或文化创意传播工作产生了某种欲望与动力,才会进行心理决策,进而采取行动。

(一) 文化创意传播参与者的需求

文化创意传播参与者的需求是对文化创意及文化创意传播工作的要求与欲望,而这种需求通常是基于某种生理或心理体验的匮乏状态而产生的。文化创意传播参与者的需求具有多样性、差异性,同时也会伴随社会进步不断变化、发展。

文化创意传播参与者的需求分类方式根据不同的分类标准也各不相同。按照起源分类,可以分为自然需求与社会需求;按照对象分类,可以分为物质需求与精神需求;按照形式分类,可以分为生存需求、销售需求与发展需求;按照实现程度,可以分为已实现需求、现实需求与潜在需求;按照马斯洛的层次分类,可以分为生理需求、安全需求、爱和归属需求、尊重需求与自我实现需求;按照性质分类,可以分为自然安全需求、物质保障需求、物质舒适需求、被他人接受需求、他人认可需求、影响他人需求与个人成长需求;按照内容分类,可以分为和谐需求、归因需求、归类需求、线索需求、独立需求、好奇需求、自我表达需求、自我防卫需求、自我标榜需求、自我强化需求、归属需求与模仿需求。此外,还可以根据需求的社会性、表现方式、强烈程度、变动规律等不同的分类标准对其进行分类。

由于文化创意产业的升级发展,数字技术与媒体技术不断革新,文化创意与文化创意传播的环境随之改变,文化创意传播参与者的需求也在不断变化和扩容。一般而言,他们的需求可以包括功能需求、安全需求、审美需求、创意需求、情感需求、身份需求、品质需求、趣味需求、服务需求、体验需求、分享需求等诸多内容。

(二) 文化创意传播参与者的动机

文化创意传播参与者的动机是指引起与维持他们活动并促使其朝某一目标发展的内在动力。动机的形成不仅以需求为基础,而且还需要相应的刺激条件,并且要两者同时具备才能真正形成。关于动机理论的研究从很早就已经开始,如早期的本能说、精神分析理论、动因理论,发展到后来的唤醒理论、诱因理论、双因素理论等。人们的需求随着社会的进步也在不断地变化,而且日益多元化、深层次化,其相关研究也愈加深入。

动机具有目的性、主动性、多样性、组合性等特性。一般而言,文化创意传播参与者的需求不同,动机也多种多样:按照动机强弱,可以分为优势动机和次要动机;按照作用时间,可以分为持久动机与短暂动机;按照作用结果,可以分为积极动机与消极动机;根据消费购买行为,又可以分为生理性购买动机与心理性购买动机。文化创意传播参与者的动机主要有追求品质品位、创意创新、高性价比、品牌名气、时尚潮流、社交沟通、沉浸体验、兴趣分享等多种,不同参与者的动机不仅各不相同,而且可以同时存在多种动机共同驱动行为变化。

二、文化创意传播参与者的行为决策过程

参照市场营销学、广告学与传播学,下面将从文化创意传播参与者行为分析、行为类型与决策一般程序对其决策过程进行简单阐述。

(一)文化创意传播参与者行为分析

关于消费者行为分析的研究由来已久,也出现了众多知名的消费者行为研究模型,并逐渐拓展到广告学、传播学等领域用来分析受众行为。因此,对于文化创意传播参与者而言,基于其消费者与传播受众的双重身份,这些行为研究模型同样适用。

1. AIDMA 模型

美国学者埃尔默·刘易斯(Elmo Lewis)提出的 AIDMA 模型,是指参与者从接触外部信息到完成购买行为可以分为引起注意(attention)、产生兴趣(interest)、唤起欲望(desire)、留下记忆(memory)和采取行动(action)五个连续的阶段。这一模型主要适用于实体经济中的购买行为,但并不能准确地分析移动互联网时代的参与者的消费行为。

2. AISAS 模型

日本电通公司于 2005 年提出了基于移动互联网的新参与者的消费行为分析模型。该模型在 AIDMA 模型基础上发展而来,分别指引起注意(attention)、产生兴趣(interest)、搜索信息(search)、采取行动(action)和分享心得(share),添加了与互联网紧密相关的"搜索"与"分享"两个环节,强调参与者的体验感,充分体现了移动互联网时代参与者的生活方式和消费行为。通过 AISAS 模型可以看出,人们的行为随着传播环境与生活方式的变化而改变,参与者在完成消费购买行为后还会进行信息分享,参与口碑传播过程,其角色愈加多元,行为也更加丰富。

3. AIDEES 模型

随着自媒体的发展,日本学者片平秀贵基于 AIDMA 模型提出了新的参与者消费行为研究模型——AIDEES 模型,即引起注意(attention)、产生兴趣(interest)、唤起欲望(desire)、参与体验(experience)、产生热情(enthusiasm)、分享心得(share)。这一模型认为参与者掌握获取产品、服务信息的主导权,更加强调人与人沟通与互动,突出口碑对参与者行为影响的重要作用。在自媒体与社交媒体日益发达的当下,AIDEES 模型更适用于分析社区传播、社群传播中的参与者行为。

4. SICAS 模型

数字时代的互联网技术与大数据技术在不断升级,商业环境与网络生态也随之发生变革。在这样的情况下,SICAS 模型诞生了。它是与全数字时代用户行为相匹配的消费行为研究模型,具体指感知需求(sense)、引起兴趣和参与互动(interest & interactive)、建立联系和深入交流(connect & communicate)、采取行动(action)、分享心得(share)五个阶段。这一模型通过数据洞察参与者行为,进而完成关系匹配、兴趣认同、需求响应,适用于数字网络时代的参与者消费行为研究。

(二)文化创意传播参与者行为决策程序

基于消费者购买行为的决策程序,文化创意传播参与者的消费决策程序也同样可以分为五个基本环节,即确认需求、收集信息、评价选择、消费决策和消费后行为。

首先,确认需求是参与者发现了有要满足的需求或解决问题的需要,这种需求可能是内部或外部刺激所引起的,进而产生了需要消费的动机。其次,参与者会收集信息,这种收集可以是主动的,也可以是被动的,收集信息的主动性与需求强度紧密相关。收集信息的来源可以是多方面的,如个人、公共、商业、经验等。然后,参与者通过对收集来的信息进行比较分析,逐步缩小目标范围,对产品、参数、品牌等信息形成评价,为决策提供选择依据。再次,根据评价选择阶段的品牌偏好排序完成心理决策,形成消费意向,但是可能还会受到他人态度或未知环境等因素的影响,才能最终完成消费行为。最后,参与者对产品或服务的满意与否会影响其后续的行为活动,可能会出现长期消费、分享心得、推荐他人消费或拒绝再次消费等多种行为,这主要取决于其预设的期望值与现实的使用情况之间的关系。在整个文化创意传播参与者的行为决策过程中,参与者在不同环节都有可能改变主意与行为,因而参与者完成最终的行为决策是在多个环节共同作用下实现的。

三、文化创意传播参与者的决策偏见与非理性行为

文化创意传播参与者往往由于个人原因和外部环境刺激而产生决策偏见或非理性行为。无论是决策偏见还是非理性消费行为的出现,都会对文化创意传播参与者的心理以及未来的行为产生影响。

(一)文化创意传播参与者决策偏见

决策偏见属于行为经济学的观点,一般是由于自身认知和思维的局限性,产生的选择和决策的偏误。产生决策偏见的主要原因是决策主体的有限理性,如行为者自己的偏好、偏见、决策方式、推断等诸多因素。根据文化创意传播参与者个人偏好的不同,可能会出现因偏好时间不同产生的偏见、为规避损失产生的偏见等;根据文化创意传播参与者个人推断的不同,可能会出现因过度自信产生的偏见、因错误地推断随机性样本产生的偏见、以自己喜好推断他人偏好的偏见等;根据文化创意传播参与者决策方式的不同,可能会出现因注意力有限产生的偏见、因特别强调某方面目标产生的偏见、因有限的认知资源产生的偏见等。因此,作为文化创意传播参与者,要在进行决策时尽量规避可能出现的各种偏见,可以主动认知自身的偏好特征,通过认真思考、反复斟酌对预见的偏见进行修正,还可以利用技术设备辅助决策,以规避主观偏见带来的偏误。

(二)文化创意传播参与者非理性行为

在实际的社会经济生活中,并不是所有消费者每时每刻都处于绝对理性状态,而是受多种个人精神因素的影响,常常出现非理性消费行为。非理性消费行为一般具有偶然性、诱发性、盲目性、冲动性等特点。对于文化创意传播参与者而言亦如此。产生非理性行为的原因有很多,如文化创意传播参与者的个人经验、消费能力、职业地位、年龄性别、性格习惯等自身因素,也有历史文化、风俗习惯、品牌信念、社会群体等社会因素。因此,在开展文化创意传播工作时,要对参与者的非理性消费行为进行正确引导,如提倡积极向上的文化创意消费观念、提供多元化文化创意产品和服务、开展具有正能量的文化创意传播等,减少参与者的利益损失,维护文化创意传播健康良好的发展氛围。

案例解析

盲盒的营销"魔法"

盲盒无疑是近几年最受年轻人喜爱的营销方式之一。正如电影《阿甘正传》里所言:"人生就像一盒巧克力,你永远不知道下一颗会是什么味道。"拆"盲盒"带来的期待感与神秘感总能让消费者欲罢不能。天猫国际2019年发布的《95后玩家剁手力榜单》显示,有近20万的消费者每年会在盲盒上花费2万元,更有甚者一年要耗资百万购买盲盒。[1] 艾媒数据的报告显示,2020年12月上半月,线上平台盲盒成交额比11月同期增长270%,定制盲盒的买家比上月增长300%。[2] 盲盒行业的火热可见一斑。

一、什么是盲盒

盲盒是指没有明显产品信息及标签的盒子,消费者只有在打开盒子后才知道自己买到的是什么。尽管不少媒体视2019年为中国的"盲盒元年",但早在20世纪90年代,盲盒的营销雏形就已经出现,如"集卡"。但到了2016年,我国潮玩品牌泡泡玛特将盲盒引入大众视野,逐渐掀起了盲盒热潮。

随着盲盒热度不断上升,它已经发展成为一种新兴的营销模式,越来越多的品牌及资本纷纷步入盲盒市场:鸡尾酒品牌RIO与模型玩具ACTOYS网站跨界联名,共同推出了"喵欲醺醺"系列盲盒;旺旺与讯飞输入法共同推出"敲旺的键盘"联名款盲盒皮肤(见图4-3);英国HEAT在疫情期间售卖价格为300—500英镑的奢侈品盲盒等。

图4-3 旺旺虚拟键盘

(图片来源:旺旺定制讯飞盲盒输入法[EB/OL]. https://socialbeta.com/c/1373.[访问时间:2022-07-14])

---

[1] 盲盒营销不能一路走到黑[EB/OL]. https://baijiahao.baidu.com/s?id=16902023096549333 98&wfr=spider&for=pc.[访问时间:2022-03-07]
[2] "盲盒+"模式快速裂变 "惊喜经济"引爆年轻潮玩市场[EB/OL]. https://baijiahao.baidu.com/s?id=1686717811174736310&wfr=spider&for=pc.[访问时间:2022-03-07]

二、盲盒消费者的心理逻辑

（一）期待感带来"拆盒"的快感

因为对盲盒内的物品一无所知，这种神秘感与未知感可以通过拆盲盒的行为，给猎奇、寻求刺激的消费者们带来了极强的心理刺激。当自己的期待被满足时，巨大的满足感与幸福感会席卷而来，就如同等快递、拆快递的期待感被"拆"这个动作所满足一般。为了不断地获得这种"拆盒"快感，消费者们会重复购买行为，盲盒营销的目的也就此达到。

（二）低出高收刺激购买心理

盲盒的性价比也是其受到年轻人喜爱的重要原因之一。不少品牌以盲盒营销方式来清理库存，以较低的价格打包出售多种商品。因此，不少消费者会抱着"捡便宜"的想法购买盲盒。比如：著名美妆专卖店丝芙兰就曾推出了售价99元、199元的不同盲盒；新锐美妆集合店话梅也推出过155元的周末限定盲盒；国产美妆集合店调色师也在双十一上线了59.9元惊喜盲盒。

（三）"下次更好"促成上瘾机制

获得怎样款式的盲盒是概率事件。研究表明，在一件事情上只要排除了一种错误方案，人们就会认为自己离正确答案更近一步。[1] 正是这样，让"下次一定能抽到我更喜欢的盲盒""下次我就能抽到隐藏款"等心理暗示伴随着拆盲盒愈加深刻，也促成了盲盒上瘾的重要机制，不断引发抽不到还想再来一次的消费冲动。

（四）社交属性激发自我展示

社交属性也是当代年轻人消费盲盒的特点之一，他们会通过加入拆盲盒大军以获得群体归属感。盲盒所带来的不确定性也给年轻人提供了展示优越感的契机：其一，稀有盲盒或集齐整套盲盒会引发其他同好者的羡慕；其二，大量收集盲盒也从侧面展现了自身经济实力不俗。因此，消费者们会不断地购买盲盒来展示自我，最终也会形成"一入盲盒深似海"的局面。

三、盲盒现象背后隐藏的算法

以往的盲盒只是抓住客户的"集邮"心理，如今可以结合算法创造更多的可能。抓娃娃机比的是技术，而拆盲盒靠的是运气。盲盒最吸引人的地方就在于你永远不知道下一次会拆出什么东西。但，或许算法知道？

在盲盒营销中，品牌往往通过"成套收藏"来达到事半功倍的效果，即通过推出系列玩偶来吸引消费者重复购买，直到集齐全部。但玩偶的出现概率往往经过严密的算法设计，收集难度很高。所以，看似随性的盲盒营销，其实在背后潜藏着算法的痕迹。随着人工智能（AI）算法的精进，越来越多的品牌开始利用算法来达到盲盒营销业绩的最大化。

以美国Stitch Fix为例，[2] 这是一个通过算法来实施盲盒营销的个性化服装电商平

---

[1] 解密国内最火的盲盒品牌泡泡玛特的"魔法"[EB/OL]. http://www.360doc.com/content/20/0214/19/31491128_892027272.shtml. [访问时间：2022-03-07]

[2] 当"万物皆可盲盒"[EB/OL]. http://cms.iweek.ly/index.php?/article/index/200081849. [访问时间：2022-03-07]

台,特点是将机器学习算法和设计造型师相结合。用户只需要在其官网注册账户,并根据问卷提示来提交尺寸和风格等相关偏好数据,就能简化决策,提升购物体验。Stitch Fix 通过 AI 算法进行数据学习。他们开发了一项名为"时尚快闪"的技术,让用户每天对一组服装搭配图片进行评分,从而累积了超过 10 亿份评价数据。结合专业设计造型师的搭配建议,专门提供盲盒形式的服装订阅服务,为用户挑选 5 个服饰盒子,从偏好和专业搭配角度,向用户提供意料之外的服饰推荐。用户可以从 5 个盒子中挑选中意的服饰,为其付费,不合适的则可以退回。

四、警惕盲盒营销的重重陷阱

（一）商家投机忽略产品质量

与普通商品不同,盲盒具有很强的信息不对称性。消费者在购买盲盒之前难以一览商品的真面目,只能凭借商家提供的图片及文字"脑补",这导致实物与宣传会出现严重不符的情况。除此以外,也有不少商家看到盲盒营销的漏洞,将残次商品甚至假冒伪劣的商品包装成所谓的盲盒进行销售,严重侵害了消费者的合法权益。在 2020 年年初,就有网友指出泡泡玛特疑似"二次销售",该网友发现新购入的三个泡泡玛特盲盒有明显的使用痕迹,之后泡泡玛特运营部也承认品牌方的"二次销售"行为,从而引发了众多讨论。

（二）无底线营销违背道德伦理

伴随盲盒营销的快速发展,各商家都纷纷想搭上盲盒的"快车",以增加销量。然而,盲盒的特殊性导致其一经售出概不退换,此举大大减轻了卖家应承担的责任,同时加剧了消费者的购买风险,因而也出现了违背了社会伦理道德的盲盒营销事件。比如,之前悄然兴起的宠物活体盲盒就挑战了人们的道德底线。盲盒的销售形式让消费者很难规避宠物健康风险,往往会造成宠物在密不透风的盲盒运输途中受伤乃至死亡。

2022 年,盲盒营销依旧风头不减,潮流玩具不再是盲盒的唯一主赛场,各大品牌纷纷入局"盲盒"行业,出现万物皆可盲盒的境况。但是,购买盲盒不应一"盲"到底,消费者需要自己辨清盲盒营销的组合"套路",理性地规避商家投机、过度宣传乃至伦理风险,积极维护自身的合法权益。

── 思考题 ──

1. 请谈谈文化创意传播参与者有什么特征。
2. 影响文化创意传播参与者心理决策的因素是什么？
3. 文化创意传播参与者有哪些常见心理？
4. 试举例说明文化创意传播参与者如何进行行为决策。

本章参考文献

[1] [美]菲利普·科特勒,加里·阿姆斯特朗.市场营销原理[M].全球版.6版.郭国庆,译.北京:清华大学出版社,2019.

[2] 江林,丁瑛.消费者心理与行为[M].6版.北京:中国人民大学出版社,2018.

[3] 吴健安,聂元昆.市场营销学[M].6版.北京:清华大学出版社,2018.

[4] 陈宝仁.新媒体时代受众地位的转变——以Vlog视频日志为例[J].传媒论坛,2020(9):2.

[5] 史安斌,刘弼城.数字媒体时代BBC的青年受众战略[J].青年记者,2017(10):3.

[6] 胡月.网络传播受众心理分析[J].现代商贸工业,2017(6):2.

[7] 把艺术创造力和中华文化价值融合起来[EB/OL].https://baijiahao.baidu.com/s?id=1721257738310242518&wfr=spider&for=pc.[访问时间:2022-03-02]

[8] 以"国"为纲 以"潮"为美 探讨Z世代下的国潮密码[EB/OL].https://www.sohu.com/a/517959351_121299848.[访问时间:2022-03-02]

[9] 文化创意商品如何打动消费者?[EB/OL].https://www.sohu.com/a/234181386_186772.[访问时间:2022-03-02]

[10] 盲盒:年轻人的新"瘾"性消费 女性占到75%[EB/OL].https://baijiahao.baidu.com/s?id=1648064275884668882&wfr=spider&for=pc.[访问时间:2022-03-05]

[11] 12种常见的消费者心理[EB/OL].https://zhuanlan.zhihu.com/p/46214853.[访问时间:2022-03-05]

[12] 总结:15种常见的消费者心理及对应的营销策略[EB/OL].https://baijiahao.baidu.com/s?id=1621520894645673424&wfr=spider&for=pc.[访问时间:2022-03-05]

[13] 为什么国潮品牌这么火?从消费者三大心理角度分析探究[EB/OL].https://baijiahao.baidu.com/s?id=1671228794175196513&wfr=spider&for=pc.[访问时间:2022-03-05]

[14] 中国消费者理性行为与非理性行为研究[EB/OL].https://max.book118.com/html/2019/0731/5322021032002112.shtm.[访问时间:2022-03-05]

[15] 泡泡玛特的盲盒心理学[EB/OL].http://www.woshipm.com/it/4323998.html.[访问时间:2022-03-05]

[16] 看透消费者的八大消费心理[EB/OL].https://baijiahao.baidu.com/s?id=1628163163187916653&wfr=spider&for=pc.[访问时间:2022-03-05]

[17] 消费者十大心理效应[EB/OL].http://www.360doc.com/content/21/0103/10/30206671_954943426.shtml.[访问时间:2022-03-05]

[18] 刷屏级营销的6个心理学效应,屡试不爽[EB/OL].http://k.sina.com.cn/article_6452153924_180940e4401900ossa.html.[访问时间:2022-03-05]

[19] 高 ROI 营销案例 都有哪些创意特征?[EB/OL]. https://baijiahao.baidu.com/s?id=17173184661488140331&wfr=spider&for=pc.[访问时间:2022-03-05]

[20] 盲盒营销不能一路走到黑[EB/OL]. https://baijiahao.baidu.com/s?id=1690202309654933398&wfr=spider&for=pc.[访问时间:2022-03-07]

[21] "盲盒+"模式快速裂变 "惊喜经济"引爆年轻潮玩市场[EB/OL]. https://baijiahao.baidu.com/s?id=1686717811174736310&wfr=spider&for=pc.[访问时间:2022-03-07]

[22] 解密国内最火的盲盒品牌泡泡玛特的"魔法"[EB/OL]. http://www.360doc.com/content/20/0214/19/31491128_892027272.shtml.[访问时间:2022-03-07]

[23] 当"万物皆可盲盒"[EB/OL]. http://cms.iweek.ly/index.php?/article/index/200081849.[访问时间:2022-03-07]

第五章
文化创意传播的内容生产

学习目标

学习完本章,你应该能够:
(1) 了解文化创意传播内容生产的内涵;
(2) 了解文化创意传播内容的纵向生产、横向生产和二次生产方式;
(3) 了解文化创意传播内容生产的具体形式。

基本概念

内容生产　文化挖掘　创新创造　纵向生产　横向生产　二次生产　内容生产形式

第一节 文化创意传播内容生产的内涵

文化创意传播内容依靠创意人的智慧、技能和天赋,借助高科技,通过调动个人能动性,创造性地将文化、艺术等软要素转化为推动经济发展的产业形态,经过有效传播产生巨大的潜能,成为国内外经济发达地区争相发展的热点产业。

文化是创意内容赖以存在和发展的土壤,个人思想与社会文化环境之间的碰撞与融合产生创意,文化创意传播内容与特定的文化环境密切相关。具有特定文化内涵的创意内容才更容易被目标人群认可和接纳,从而创造价值。创意无处不在,但创意产业中所讲的创意以财富的创造为最终目的。创意者通过一系列运作将创意变为生意,在给自身带来财富的同时,也为社会创造了财富和就业机会。因此,创意产业的内涵超越了一般文化产业或内容产业的含义,不仅注重文化的经济性,更注重产业的文化性,更多地强调文化创意内容与第一产业、第二产业、第三产业的融合和渗透。

就文创传播内容而言,文化创意内容可以归纳为三大类:核心创意内容,如音乐、戏剧、美术、工艺品等文化创作与发表;应用创意内容,如工业设计、影像制作、动漫、网游等应用产业;外围与支持内容,如展示展览、影音经纪、出版发行、广告企业等与文化产业相关的环节。国内也将创意内容划分为三个部分:一是通常所指的传统文化内容;二是与通信、网络相关的软件、游戏、动漫等数字内容;三是与传统产业内容相关的各类设计、咨询、策划等内容,包括工业设计、建筑设计和会展策划等。

一、文化创意传播内容生产之文化挖掘

本书中的文化创意可以理解为以文化为元素、融合多元文化、整理相关学科、利用不同载体而构建的再造与创新的文化现象、创新的文化成果。但是,文化创意并不包括人类所有的创新成果。文化创意是由有意识的主体响应某种需求,在遵循事物演变发展规律的前提下,经过创造性的加工所得出的成果,而发现自然界或世界上本来就存在的事物或规律的情况,一般不属于文化创意的范畴。所有的文化创意都是历史性的、某个阶段的、暂时性的,再好的创意终归会积淀。[1] 因此,需要对有意蕴的文化创意内容进行文化挖掘。文化创意内容本身具有强烈的传播属性,文化元素的集合赋予信息媒介更多的新闻价值和传播理由,促进了包括广播、影视、动漫、音像、出版、视觉艺术、表演艺术、工艺与设计、雕塑、环境艺术、广告装潢、服装设计、软件和计算机等文化创意群体的再生,促使文化创意产业在既有优势下激活新的市场。

(一)文化产业和创意文化双向推动

文化产业是具有精神性、娱乐性的文化产品生产、流通、消费的活动。创意产业的特点是从以个人为核心的创造力、技能和天分中获取发展动力的企业,以及那些通过对知识产权的开发创造潜在财富和就业机会的活动。

创意作为与理性生产相对的感性生产,越来越从分工异化的精英创意转向全面发展的草根创意;从以生产为中心的创意转向生活方式主导的创意;从理性的机械工程行为转向演进的生物进化行为,从整体上超越了现代性的创新境界。经比较可以发现,创意产业的内容生产与

---

[1] 丁祺,奉公. 对文化创意意蕴的新思考[J]. 江西社会科学,2011(2):8.

文化产业的内容生产有很大的相似性。

1. 内容生产交叉覆盖

从覆盖的具体内容生产的领域看，创意产业和文化产业存在着交叉和重复，但是两者又不是同一概念。创意产业的内容生产是文化产业发展到一定阶段的产物。在世界大部分国家和地区，创意产业与文化产业包含了相当多元素的交集，二者都能将具有原创性和变化性的知识融入具有丰富内涵的文化，使知识与智能创造价值，从而发挥产业的功能。文化产业把文化变成商品，但创意产业不仅包括把文化变成商品这一单向过程，还包括另一个逆向过程，即在各种商品的传播内容中融入创意的元素，并使之成为该商品的主导和标志性元素，大幅提高该商品的附加值。从产业的产出角度看，只要是为社会公众提供文化、娱乐产品和服务，满足人们精神文化需求的产业，都是文化产业。在内涵上，文化产业更强调其中的工业化复制和商业化推广，体现的是经济的文化化与文化的经济化。创意产业不是对文化产品的简单复制，更强调创造性，强调一种在全球化的消费社会的背景中发展起来的、推崇创新、个人创造力，强调文化艺术对经济的支持与推动的新兴的理念、思潮和经济实践。因此，文化创意传播的内容生产是依托于文化产业与创意产业而完成的。

中国最大的创意是几千年文化的沉淀，这些文化的沉淀是创意的核心。所以，中国设计要用我们东方人的DNA，要用我们东方人的文化去打造。所以，我们要关注文化，将中国文化与现代设计融合，用文化与创意结合去产生创新的价值。运用传统文化要素进行创意设计作品开发时，设计师首先要深入了解何为传统文化，以及我们要继承和发展的究竟是传统文化中所蕴含的何种精神。

2. 创意推动文化创新发展

文化创意传播内容的生产能够改变传统经济的附加价值，增加传统产业的魅力价值。文化社会应该重视社会设计和公共创意。文化社会强调以人为本，注重"参与"和"沟通"，注重社会资源的整合和公共空间的扩展。创意设计作为文化资源的显现手段，不仅仅让商品、空间和建筑显得更华丽、美观和养眼，而更能确保人民群众拥有追求美好生活及面向未来所需的力量。作为文化产业的重要组成部分，创意设计是推动优秀传统文化创造性转化和创新性发展的重要媒介和手段，同时也是社会大众了解历史、了解文化的一个新窗口。从广义上讲，"创意设计＋传统文化"衍生出的产品、产业乃至社会现象，可以视为对优秀传统文化的创造性转化和创新性发展。这是因为创意设计这个行业本身就是以创造和创新为出发点和落脚点的，而我国优秀传统文化正好以其深厚底蕴和精神内核，为这些创意提供了生长的土壤。所以，不论是对优秀传统文化进行转化创新，赋予其新的时代内涵和现代表达形式，还是对其进行补充、拓展、完善，开发文创产品都是必然的选择。文创产品开发对设计师的综合素质要求更高，需要他们对这个产品的文化根基有完全的了解，这需要一个漫长的学习积累过程。

（二）文化创意传播内容生产的意义

在全球化背景下，许多国家政府对文化创意传播内容生产有了新认识。一方面，经济全球化弱化了政府对市场垄断的担忧。由于全球产业竞争的加剧,政府开始重新认定市场垄断中"相关市场"的范围,市场范围的扩大促使政府放松了对合作创新的垄断管制,文化创意产业的发展限制条件大幅减少。另一方面,经济全球化促使政府更加关注本国产业的国际竞争力。政府从提高本国产业竞争力的角度出发,重视支持文化创意传播内容生产,以解决产业发展的共性问题,特别是产业创新中的共性问题。

1. 激活创意能力

我国有悠久的历史和丰富的文化资源,但是在文化创意传播内容生产方面的工作起步较晚。反观我国目前整个文化行业,包括媒介行业、娱乐行业,都有一个特别突出的现象,就是做的节目和产品越来越雷同。因为缺少文化产品的核心创意版权,同质化现象十分严重。原创性在中国整个文化行业中越来越匮乏。例如,一些电视台的真人秀节目形式大同小异,完全购买或模仿国外节目样态版权,导致同一时段播出的节目几乎一样,严重浪费了公共资源。所以,我国文化创意传播生产内容相对于美国、英国、日本等国家还有不小的差距。文化创意传播重要的是"创造力"。也就是说,文化创意传播内容的核心其实就在于人的创造力以及最大限度地发挥人的创造力。"创意"是产生新事物的能力,这些创意必须是独特的、原创的以及有意义的。可喜的是,我国文化创意传播内容的生产正在迅速崛起。以北京、上海、深圳、成都等为核心的城市群的创造力在积极推动创意产业的发展,建立了一批具有开创意义的创意产业基地。

2. 实现文化创新

创意作为实现文化价值和产品价值的主导力量,其最大的意义在于对文化的转化。它将物质文化与非物质文化中的文化,或者是其他分类方式中不为人了解的文化,以有趣的、消费者能够欣然接受的方式进行传达,使传统文化得到传承。不可否认的是,好的创意可以让文化传递,让传承的效率最大化,而差强人意的创意对于传统文化的准确传达则值得商榷。故宫所藏北宋画家王希孟绘制的《千里江山图》,画面峰峦起伏、烟波浩渺、气象万千、壮丽恢宏,山河之美一览无余。这幅画是众多文创产品应用的文化元素,但是设计师的创意方式却各不相同,文创产品的水平也有高下之分。例如:有应用刀模切割和四色热转印工艺,以天然橡胶和聚酯纤维防水面料为原材料将其制成桌垫的;也有将木胎漆器制成迷你屏风摆件的。在这两款文创产品中,《千里江山图》都是纯粹地以复制原画画面的形式应用在产品之中。

3. 产城共同发展

文化创意是产城融合发展的催化剂。具体而言:可以视文化创意为手段,赋能城市传统产业;可以将文化创意视为具体内容,变成新的生产资料,转化成一种新的生产资本;也可以从城市自身发展角度切入,让其成为城市文化的重要组成部分。上海作为国内文化创意传播生产领先城市,坚持中国特色社会主义文化发展道路,全力打响"上海文化"品牌,城市的文化传播力、引导力、影响力、公信力显著提升。

研读材料

重新焕发活力的十六铺

老上海人都知道,老城厢地区东侧的十六铺滨江地带,过去环境脏乱差,是很多影视剧拍摄旧上海的取景地。临江弄堂、老式石库门群落流传着上海滩大亨们的故事,承载了一代上海人的记忆。

2007年,这里成为黄浦区倾力打造的上海滩创意产业园的一个重要组成部分,以老上海的历史文化为背景,保持了上海韵味的"石库门"建筑特点,同时,项目还巧妙融入了现代时尚元素玻璃、钢结构,部分建筑经过巧妙设计,原本看似平淡的空间变得精巧、典雅、别具匠心,深受时尚、创意人士和企业的青睐。2009年,通过文化创意,再次对这一区域进行类型上的拓展与更替,以建筑师的独特视角,使城市文脉、商业空间、社区生活互动式融合,使得建筑在保留原有风貌的前提下,散发出新的建筑魅力与空间活力。

"工业遗存"老码头的翻修和功能调整,也为旧时十六铺码头塑造了鲜活的当代映射,成功树立城市更新标杆型改造项目,并获得国家3A级旅游景区、上海十佳创意产业园区、上海工业旅游景区等多项殊荣。由原上海油脂厂改建而成的海派建筑经典之作的十六铺建筑,变成一处结合创意办公、商业休闲的创意园。原本看似平淡的空间变得精巧、典雅、别具匠心,深受时尚、创意人士和企业的青睐。

改建后的老城厢地区之所以成为上海的文化地标,就是源自现代化的文化创意传播生产内容,通过创意设计赋能产业,通过文化创意推动城镇化建设。文化创意传播内容生产在于文化的挖掘,经过几千年的历史变迁,我国人民不断创新和积淀,形成了多样、灿烂、独特的文明与文化,如何将这些优秀的传统文化以多种形式融入现代创意产业,让传统文化代代传承和创新,使其历久弥新,是文化创意传播内容生产的方向。

二、文化创意传播内容生产之创新创造

文化创意传播的灵魂在于内容的创新与创造。传统文化的创新性发展需要新的文化动能。文化创意产业传播在赋能社会经济、政治、文化发展的同时,文化生产的内涵、深度愈来愈凸显个性化需求。这就需要将传统文化艺术的历史积淀、美学意味与创新的传播意识相结合,用一个"新"字在传统与现代、内部与外部之间形成有效的连接。

(一)传统文化再创新

文创产品赢得受众,还是要在"文"和"创"上下功夫。"文"在前,就要深挖文化内涵,从特有的文化元素出发,根据市场不同需求,原创具有特色的文化内容,让人记住它的专属文化味道。"创"字保鲜,就是既要独特、具有创意,又要实用、与生活相融。文化创意内容生产的目标是服务于人。对文化怀有敬意,对创意给予尊重,找寻到与生活的结合点,这样的文化创意内容才更有魅力。

对传统文化的再创新可以从表现形式、展示技术与传播方式三个方面着手。第一，创新传统文化内容的表现形式。以当代人喜闻乐见的表现形式展示传统文化，不仅可以打破人们对传统文化的"古板"偏见，也可以更广泛地引起人们对传统文化的兴趣，弘扬传统文化。例如，《中华诗词大会》《中国成语大会》等弘扬中国传统文化的综艺节目热播，在获得高收视率的同时，有效地激发了大众对古诗词等传统文化的兴趣，获得了市场口碑与传统文化传播方面的双赢。由此可见，传统文化并不缺乏群众基础，关键还是在于其表现载体能否"与时俱进"，可否赢得当代人的喜爱。[1] 第二，更新传统文化内容的展示技术。传统文化之所以不如当代文化流行的重要原因就在于其相对过时的展示技术。随着互联网与数字技术的普及，戏台演戏、文字说明、图片展示等传统形式已经逐渐与人们的数字化生活脱节，拘泥于传统展示形式的传统文化必然不会获得更多的关注。因此，更新传统文化内容的展示技术可以让传统文化重获新生。例如，河南卫视推出的《唐宫夜宴》《洛神水赋》《龙门金刚》等节目，运用了5G、AR、VR、混合现实（mixed reality，MR）等新技术和水墨画、国宝等视觉特效，穿越时空隧道，连接传统与现代，打造出奇幻的视觉场景，为中华优秀传统文化带来了极具冲击力的全新审美体验，赢得观众热议和网友点赞，也为中华优秀传统文化的创造性转化和创新性发展探索提供了新的思路。第三，丰富传统文化内容的传播方式。在当代，传统文化的传播应突破其原有的传播方式，采用多元化的传播手段，不断扩大传播范围与传播影响。例如，河南卫视"端午奇妙游"晚会在结束后，将最核心、最精彩的内容片段剪辑成短视频在互联网平台投放，扩大节目的受众群体，并及时抓住口碑爆点、舆论热点，让节目话题在网络持续发酵，赢得良好的口碑。又如，以王希孟创作的《千里江山图》为原型的舞蹈诗剧《只此青绿》，借着2022年春晚大放异彩的热度，顺势推出数字藏品纪念票及系列创新形式的数字藏品，拓展了传统文化的传播渠道。

（二）产业创新再创造

在信息技术广泛应用和个人文化素质不断提高的现实条件下，文化产品的生产与传播必须具有很强的创意性。这种创意性的最终来源，往往是个人或普通民众的广泛参与及其聪明才智的充分发挥，这是文化创意产业产生发展的基本动力。

在发达国家，随工业化的发展和后工业化社会的进步，教育和研发、文化、金融等众多领域的创意人群在人口中所占的比重正在增加。创意产业是高附加价值产业，具有很强的渗透性，更强调有形产品的生产创意产业的核心生产要素是信息、知识，特别是文化和技术等无形资产，是具有自主知识产权的高附加价值产业。创意在这里是技术、经济和文化等相互交融的产物，创意产品是新思想、新技术、新内容的物化形式，特别是数字技术和文化、艺术交融和升华，技术产业化和文化产业化交互发展的结果，可以渗透到许多产业部门。

文化创意产业的范畴冲破了传统理念，赋予文化业应有的生产性和创造财富性，使之具有了生产有形产品的实际内容或行业，让无形的文化意识能够通过有形的文化创意产品充分体现出来。创意产品也是文化与技术相互交融、集成创新的产物，呈现出智能化、特色化、个性

---

[1] 任然.传统文化作品蹿红:发展需要创新传播模式[EB/OL].https://baijiahao.baidu.com/s?id=1562432781799380&wfr=spider&for=pc.[访问时间:2021-08-30]

化、艺术化的特点。创意产品有其相同的特性,即以文化、创意为核心,运用知识和技术,产生出新的价值,是创意灵感在特定行业的物化表现。电影、电视广播、网络、录音带、音乐产业、出版业、视觉艺术产业等文化产品,是与新科技和传媒相结合的产品,实现大量生产并掀起全球性商品流动与竞争,而传统工艺或创意设计产品,可能为手工的、少量生产的产品,但它们都呈现出智能化、特色化、个性化、艺术化的特点,它们的价值并非局限于产品本身的价值,还在于它们所衍生的附加价值。例如,那些具有版权的产品(包括书、电影和音乐)的出口能够比服装和汽车等制造业产品出口获得更多的利润。

第二节 | 文化创意传播内容生产的方式

文化创意传播内容是人类精神创造性活动方式,是文化生产过程中,生产者、消费者、文化产品、传播者、传播载体、文化生产的活动过程和手段等多种因素的相互关系及其矛盾运动的统一体,包含文化生产力和文化生产关系,是两者的统一。社会分工的不断细化和科技的进步,对推动文化生产方式变革与递进有重要影响。对于文化创意传播内容生产方式而言,可以按照不同维度将文化创意传播内容的生产方式分为纵向生产、横向生产与二次生产。

一、文化创意传播内容的纵向生产

所谓文化创意传播内容的纵向生产,从时间角度来看,就是对古今文化进行创意交融的生产方式。中华民族具有五千多年连续不断的文明历史,创造了博大精深的中华文化,为人类文明进步做出了不可磨灭的贡献。中华文化积淀着中华民族最深沉的精神追求,包含着中华民族最根本的精神基因,代表着中华民族的独特精神标识,是中华民族生生不息、发展壮大的丰厚滋养。这些光辉灿烂的文化遗产不仅需要保护和传承,更需要后人发扬光大。作为古今文化交融的载体,文化创意传播的内容有必要沿着时间轴线纵深挖掘文化基因,将古今文化内容更好地融合。

从历史维度看,中国传统文化就是一个不断演变的过程。《礼记·大学》就指出,苟日新,日日新,又日新,接着举证周虽旧邦,其命维新。从夏商周到春秋战国诸子百家,到秦汉魏晋南北朝,再到唐宋元明清,从分封制到郡县制,政治制度与治理体系的创新与改革从未停止,不但在政治上形成中华民族的大一统结构,也为这种大一统文化的形成打下基础。

堪称世界文化瑰宝的唐诗、宋词、元曲、明清小说等中国传统文化,既是文化繁荣的表现,更是传播方式创新的硕果。诗词曲皆应新音乐而起,戏剧、小说、曲艺则迎合了市民不断提升的审美需求新变化。新时代文化的发展也必然遵循这一规律。在新技术、新媒体、新的生活方式共同推动下,中华优秀传统文化的传播创新将成为历史必然。

研读材料

从工笔画到数字绘画的发展

早期的中国工笔画到魏晋南北朝时期得到进一步发展,神话题材受到了人们的追捧,人们开始更注重于人物表现的"传神"效果,如东晋顾恺之作品《洛神赋图》与《女史箴图》堪称经典。但是随着时代的变迁,传统绘画的工具与材料的特性使得我国许多古人流传下来的经典作品都在渐渐损坏或遗失,大部分作品都失去了原有的视觉效果。

进入现代社会,数字绘画在交互与传播上有着先天的优势。在作画方式上,对材料的要求低,绘制灵活,方便修改与反复推敲;同时,数字绘画因其数字属性,便于存储与再创造,与当下各类多媒体联系紧密,是承载传统工笔人物绘画意蕴内涵的理想工具。数字绘画乃是传统绘画在表现技法上的延续,一如千百年来,绘画的工具和题材随时代而不断改变,画家对于美和生活的理解与追求却是始终相通的。

事实证明,不断创新才能提高传播效能,只有创新性转化与创造性发展,才能有效地提高传统文化的传承与传播效能。在网络时代,方便快捷、影响广泛的各种信息平台给文化传播创新提供了更多机会。传播创新是历史责任,哲学社会科学工作者和文化艺术创作者在中华优秀传统文化推进过程中应肩负起更多的历史使命,而相应的制度建设也应适应新形势,为文化传播者利用网络提供更多的机会和条件。

研读材料

文创雪糕大战

现代生活中从来不缺少有创意的人和作品,以古论今、古今交融的案例随处可见。火爆市场的三星堆青铜面具雪糕以三星堆祭祀坑出土的两款青铜面具为模板,打造了三星堆版"娃娃头"(见图5-1)。1 200多支雪糕,一上午就被抢空。这款雪糕分两种口味,"出土味"(巧克力味)和"青铜味"(抹茶味)。

图5-1 三星堆青铜面具雪糕

> 这两款雪糕可谓引发了"沉睡三千年,一醒惊天下"的爆点。此后,以火出圈的"三星堆青铜面具雪糕"为起点,全国各地景区都加入了晒雪糕行列,掀起了一场全国范围内的文创雪糕大战。从各大博物馆的镇馆文物造型到各地的标志性建筑,再从自然景观延伸至人文传说,整个文旅界已经陷入"万物皆可雪糕"的创意之中,如国家博物馆文物雪糕、沈阳故宫雪糕、苏州拙政园雪糕、湖北黄鹤楼雪糕、上海豫园雪糕、湖南岳阳楼雪糕、江西滕王阁雪糕、敦煌莫高窟雪糕等。
>
> 资料来源:景区雪糕大战:这就是文创界的内卷吗?[EB/OL]. https://mp. weixin. qq. com/s/weu5rMbYdgxZvWuSz2h21A. [访问时间:2021-08-29]

在中华五千年的历史长河中,无数中华儿女努力劳作、奋进拼搏,创造了源远流长、博大精深的中华优秀传统文化,为中华民族的生生不息、发展壮大提供了强大的精神支撑。古今文化的继承、创新不仅承载着中国人的智慧精髓,更是滋养当代中国人精神世界、提振当代中国人精神力量的源头活水和不竭动力。当然,任何一种文化都会随着社会生产力水平的发展而不断发展,这是马克思主义的基本原理。此外,世界在经历地理大发现时代,尤其是两次工业革命之后,随着西方世界的殖民主义扩张,文化与文化之间的冲突与融合就成了一个世界性的现象。文化的延续不可能也不应该是一成不变的。传统文化的延续是为了发展成为更先进的文化的精神内核。文化创意传播内容重于形式,形式服务于内容,从历史与现实两个维度证实文化延续重在创新。

二、文化创意传播内容的横向生产

所谓文化创意传播内容的横向生产,从地域跨度来看,就是对中外文化进行创意合璧的生产方式。随着时代发展,中西文化就像两条河流,渐渐交汇相融。如今,通信技术迅猛发展,使得世界各国文化紧密联系、相互影响。这种交融已经成为一种难以阻挡的历史潮流。中国作为东方世界有几千年光辉灿烂文明的传统文化大国,是世界文化不可缺少的一部分,中国需要世界文化来促进创新,同样世界文化也需要吸纳中国文化以丰富其多样性。文化的中外合璧绝非一方对另一方的霸权,而是以尊重、宽容为前提,在平等互利的基础上,以借鉴、扬弃为手段,取人之长、补己之短。

文化创意传播内容的横向生产可以理解为同一时期、不同地域的传播,是以文化为元素、融合多元文化、整理相关学科、利用不同载体而构建的再造与创新的文化现象。随着全球文化一体化的进程,各种文化符号开始"混搭"。文化混搭是指两种及以上文化通过符号、制度等载体,同时呈现在消费者眼前,是来自不同民族、不同国家的文化元素一起或交织呈现在共同时空的现象。研究表明,文化混搭现象对消费者的文化差异感知和敏感性、刻板印象与文化偏见以及本土文化身份认同等会产生潜移默化的影响。一方面,文化混搭对于跨国传播内容在本土化过程中获得东道国受众的认可具有一定的重要性,有利于跨国传播内容的本土化实践,体现了对当地文化和受众的重视;另一方面,文化混搭也会给跨国传播内容带来一定风险,如果传播主体在内容生产前未充分地了解当地文化内涵,反而容易放大东道国受众对不同文化的差异和距离感知,增强文化偏见与刻板印象,从而更偏好本土文化而排斥外来品牌。

例如，美国时尚杂志 VOGUE 于 1993 年拍摄了一组"中国之夏"系列照片，将欧美时尚之风与中国普通民众的生活进行了很好的融合，得到了人们的一致好评。在全球化的维度下，经济日趋一体化，互联网迅速发展，形成了麦克卢汉所说的"地球村"；其他产业尤其高科技行业已经日益因全球化而趋同，但文化是别人替代不了的。每个民族、每个国家都有自己独特的文化历史。各个民族的差异化很明显。然而如果不关注自身的文化资源，没有对本土文化进行产业化发展，本土文化就会受到其他国家文化产业浪潮的冲击。文化产业发达的西方国家的生活模式和价值观到处传播，尤其是冷战后，美国文化向发展中国家大量渗入，全球文化的同质化现象日趋明显。20 世纪 80 年代末，以美国为首的西方国家对发展中国家的文化传播力度加大，文化帝国主义现象加重，发达国家（尤其美国）确实在有意或无意地影响发展中国家的媒介系统和文化生活。即使意识形态相对淡薄的纯粹娱乐性节目，也因有意无意地展示、倡导西方社会的生活方式，对发展中国家的人们尤其是年轻人产生了重大影响。20 多年来，我们既引进了西方先进的生产技术设备，同时也引进了大批的文化产品。品牌在国际化进程中往往需要进行本土化适应和重视本土文化元素的有效运用。因此，越来越多知名的西方跨国品牌在营销宣传和产品设计中力求融入东道国的文化元素，以获得当地消费者尽可能多的支持与认可，如可口可乐在中国贺岁广告中植入对联、剪纸等元素，麦当劳采用中国宫廷主题动画来推广新品汉堡，星巴克售卖咖啡和中国茶，江诗丹顿推出长城图案限量腕表等。于是，两种或多种不同的文化元素在同一时空并存，成为跨国品牌本土化适应中的一个普遍现象。

《早餐中国》有一句文案：喜欢一个城市的理由，从早餐的味道开始。很多人向往武汉，大概就是想吃上一碗正宗的热干面，在唇齿留香间，感受一下独属于武汉的烟火气。必胜客就玩了一次跨界合作，联合湖北老字号品牌蔡林记，并特邀人文综合类媒体《三联生活周刊》，共同推出了"干煸风味焗小龙虾热干面"，通过中西合璧的形式，打造了一款创新的舌尖上的美食。这款中西合璧的创新产品，混搭了蔡林记独家芝麻调味酱和必胜客特调干煸风味酱料，确保传统热干面风味的同时，又融合了西式制作技艺，充分表达了必胜客希望以"国味为潮"、扶持国潮小吃的初衷。为了迎合时下年轻人的语境，必胜客还制作了一组表情包，配以"就酱""我沸了""盘它""辣么刺激"等网络流行语，让原本严肃的国潮情怀一下就鲜活生动了起来，成功收割了一波好感流量。

提到必胜客，很多人对它的比萨绝对念念不忘。作为比萨界的"扛把子"，必胜客总能用逆天的跨界，给消费者带来出其不意的比萨新口味。榴梿比萨、小龙虾比萨、人造肉比萨……只有你不敢想，没有必胜客不敢做。这一次，当必胜客要跨界卖热干面，还是出人意料的。因为热干面作为武汉人每天必吃的传统美食，已经有非常成熟的制作工艺。必胜客要想做出创新，其实并不容易。但事实证明，玩美食跨界，必胜客从来就不会输。这款"干煸风味焗小龙虾热干面"，让人单单听名字就忍不住流口水。甚至必胜客还非常自信地推出了限量 2 020 份，只在武汉门店售卖，独宠武汉。不得不说，深耕中国市场 30 年，必胜客在如何"讨好"中国消费者这方面，还是颇有心得的。特别是通过中式本土化菜品的研发和营销，建立起了与消费者之间沟通的桥梁，助力品牌"汉化"。

三、文化创意传播内容的二次生产

所谓文化创意传播内容的二次生产,就是对已有文化或创意进行再次创新、翻陈出新的生产方式。文化创意传播内容的核心是能够持续不断地产生新动能,而且能够产生具有浓厚的文化色彩的创意,这种创意还能够通过商业来变现。

 研读材料

"喜悦"的诞生

2020年7月21日下午,喜茶和茶颜悦色双双在各自的微信公众号上发布了联名消息,双方都采用了条形漫画的形式讲述"阿喜长沙会茶颜"的故事。在漫画师的笔下,茶颜悦色被描绘成一个汉服少女,这一形象也是茶颜悦色logo的延续,而喜茶则被描绘成一个千里奔现的古风君子。

这次联名事件的起因是喜茶在3月份的一次抽奖活动中抽到了茶颜悦色的粉丝,当时茶颜悦色回应谢谢茶茶。一个巧合却意外地引起了网络话题讨论,博得了一大波的关注和路人好感。在此基础上,两个品牌更加大胆地玩了起来:先是茶颜悦色声称有朋友来长沙玩,喜茶则在一分钟后表示准备去长沙考察,随即茶颜悦色又表示你逃不过我的。两家官微的互动可谓甜味十足。

在微博上公开"撒狗粮"后,喜茶和茶颜悦色终于破壁组成"喜悦CP",宣布带来喜茶×茶颜悦色联名礼盒(见图5-2、图5-3)。该联名礼盒将长沙作为主线背景,让曾经的"广东特产"与现在的"长沙特产"进行世纪同框、梦幻联动,分别推出喜茶版和茶颜悦色版。

图5-2　喜茶版联名礼盒　　图5-3　茶颜悦色版联名礼盒

(图片来源:史诗级联动! 喜茶和茶颜悦色联名出周边,网友:喜笑颜开CP嗑到了![EB/OL]. http://www.sohu.com/a/409394654_488474?_f=index-pagefocus1&-trans=000014-bdss-dkgyxqsp3p:cp=.[访问时间:2022-08-21])

不得不承认,互为竞争对手的两个品牌通过这种有趣的方式去呈现产品和品牌,提升品牌丰富度和纵深感,增加了品牌好感度,带来了双赢的效果,也为品牌合作拓展了一个新的思路。让大家有耳目一新的感觉。

文化创意传播内容推陈出新的过程中,我们需要明白的是:一方面,文创产品的适销对路才是至关重要的环节,即文创产品能够契合消费者的心灵世界,也能够满足市场的基本诉求,这样的文创产品才是真正有价值和意义的产品;另一方面,文创产品必须能够承载历史和文化的意义和价值,即在文创产品的物质形式上能够承载精神价值,这才是我们需要关注的问题。需要通过文创产品中的"工匠精神"产生更多的创意内容,即通过工匠们的创新实现这个过程。所以,当我们谈及文创产品的时候,首先需要看的就是这样的产品到底有没有创意内容,还是采用传统的那种复制模式。可以说,在现代社会中,如果缺乏创意的话,文创产品也就没有了灵魂。

第三节 文化创意传播内容生产的形式

根据文化创意传播内容生产的结果形态,可以将其分为文化创意产品、文化创意服务、文化创意演出三种主要形式。本节将对此进行阐述。

一、文化创意传播内容生产形式之产品

广义的文化是指人类创造的一切物质产品和精神产品的总和,狭义的文化专指语言、文学、艺术及包括一切意识形态在内的精神产品。广义上,文化产品可理解为人类创造的一切提供给社会的可见产品,既包括物质产品,也包括精神产品;狭义上,文化产品则专指精神产品,纯粹实用的生产工具、生活器具、能源资材等不属于狭义的文化产品。例如,南京博物院和敦煌研究院根据其馆藏文物衍生开发首饰类文创产品,南京博物院的首饰主要以云锦上的如意云纹为主题,而敦煌研究院的首饰则以壁画中的宝相花为主题,材质和工艺给了文化元素新的表现形式。又如,博物馆文创产品界的"网红"故宫文创相继开发出1万多件文创产品,制造了各种高端卖萌的刷屏事件和用心有趣的产品。

"文创产品=文化+创意+产品"。在文创产品1.0时代,把图片简单印在钱包、T恤、笔记本、抱枕上,就可称之为文创产品。2013年,台北"故宫博物院"推出"朕知道了"胶带,销量达18万卷。随后,类似文创商品如井喷式爆发。但第一个吃螃蟹的人是创新,第二个、第三个已是模仿,到第一百个就很难再吸引人们的目光。将抽象的文化巧妙地融入具体可感的产品,其实并不简单。

无论是作为旅游纪念品,还是作为逢年过节看望亲友时的礼物,兼具颜值、实用性和文化内涵的文创产品都很受欢迎。从几元或几十元的贺卡、钥匙扣、笔记本、帆布包,到数百元的彩妆、茶具、首饰,文创产品品类日益丰富的同时,开发主体也更加多元。博物馆、公园、大学、出版社等机构纷纷试水这一领域,推出风格各异的文创产品。

研读材料

天坛文创产品——祈年历

2020年是天坛建坛600周年,一款《祈年历》将世界文化遗产天坛与人类非物质文化遗产"二十四节气"完美融合在一起,体现了文创产品的"文化味"。

祈年殿在明清两代是皇帝祭天的场所,反映出中国人独特的时空观。在仰观天象、俯察地理和农业生产中,先民们总结出了二十四节气和七十二物候。《祈年历》因此以时间为轴、以节气为纲、以物候为章节,可让人们直观了解到古人的农事活动以及物候情况、黄经度数、祭祀知识等信息。

在设计上,二十四节气插图则把天坛祭天建筑、树木花草、气候特点、物候特征有机结合。颐和园推出"颐和一盒"月饼,把节日文化、宫廷文化、饮食文化与世界文化遗产巧妙融合;国家博物馆推出"斗转星移小夜灯",由发光细线和光点勾勒出的"星空"图案,设计元素来源于宋代"天文图"碑拓片。

如今,越来越多文创产品瞄准文化发力,更加重视提高产品的文化内涵。探究这些产品成功的原因,不难发现,文创产品开发是难以由此及彼、横向移植的。无论是一件文物、一座建筑还是一位历史人物,都需要设计者充分了解其背后的故事,深刻理解其价值所在,准确找到其开发潜能,再通过创造性转化寻找到合适的物质载体,让文化通过产品真实可感。也就是说,如果缺少提炼转化的关键一环,再精美的文物、再有历史的建筑、再有故事的人物也难做成好的文创产品。

二、文化创意传播内容生产形式之服务

文化创意传播服务一般包括设计服务、知识产权服务、广告服务和会议服务,如在设计服务中的造型设计、服装设计、动漫设计、网页设计等,在知识产权服务中的专利、商标、著作权等设计,在广告服务中的报纸、广播、电视、路灯等设计服务。在这些众多服务领域中,文化创意的意义在于给审美主体留有更多令人愉悦的美感和实用价值。

在文化创意传播服务中,创意注入了灵魂。传统的服务形式在文化创意的加持下,也可以焕发新的生命力。创意服务基于对生活需求的深度理解,需要设计技巧和审美素养支撑,不是简单的模仿或复制粘贴。有创意的服务营销更加凸显出以顾客体验需求为中心的市场营销策略,通过关注顾客各方面的需求,进行针对性的满足和服务,以迎合和取悦消费者,从而更好地实现交易的一种推广手段。在市场中,产品销售往往面临着可替代的同质化竞争风险,要获得消费者的青睐,就必须在产品和品牌上加入更多创意和个性化元素。对于企业来说,提升服务质量、扩展服务范围一直以来都是提高品牌美誉度和客户保留率的良方。服务营销的核心是维护商家和消费者之间短期或者长期的良好商业关系,通过优越的服务来提升客户的体验和好感,并通过人性化的服务和沟通,在商家与消费者之间建立起信赖与情感联系,从而巩固客

户的忠诚度。

　　服务营销的研究形成了两大领域,即服务产品的营销和客户服务的营销。服务产品营销的本质是研究如何促进作为产品的服务的交换;客户服务营销的本质则是研究如何利用服务作为一种营销工具促进有形产品的交换。无论产品服务营销还是客户服务营销,服务营销的理念都是顾客满意和顾客忠诚,通过顾客满意和忠诚来促进有利的交换,最终实现营销绩效的改进和企业的长期成长。

　　创意服务是文化创意传播内容生产的一种表现形式,能为顾客提供周到或是意想不到的服务功能,有利于建构稳定的商业合作关系。做好文化创意服务营销,品牌需要培养强烈的服务意识,塑造专业的服务品质,深入调查消费群体的需求和特点进行细分。

 研读材料

海底捞的"超级服务"

　　海底捞最负盛名的其实就是它的服务,在全国范围内成功塑造了专业贴心的品牌形象。

　　进入海底捞的消费者常因为热情周到的服务和照顾而受宠若惊,进门点餐时服务员会送上热毛巾和围裙,用餐时端茶倒水,帮忙涮锅也是随叫随到。对于长发女士总是会细心地提供橡皮筋,对于戴眼镜的顾客也会准备眼镜布,以免在用餐时有所干扰。同时,还会额外赠送一些小礼物、水果等赠品,在等候时提供美甲、杂志、擦皮鞋等一些"奇葩"的服务。很多消费者在受到如此热情的服务之后,都大呼"过瘾"和"变态",因为这些无微不至的服务的确是独此一家,而且通过这些服务,大多数消费者的用餐体验提升很多,对于海底捞也产生了深刻的印象和好感。

　　这样优质、深入人心的服务,主要是考虑了消费者在用餐时产生的多种需求,海底捞做到了面面俱到和人性化的照顾,真正让消费者有了宾至如归的体验。实际上,这不仅体现出海底捞强烈的服务意识,更凸显出海底捞服务至上、顾客至上,致力于打造贴心企业文化,周到、优质的个性化服务已成为海底捞的一个品牌象征。这一切的源头在于海底捞选拔培育有感恩之心的员工,营造大家庭的氛围,传承传帮带的固有习惯,以及强化内部沟通和创新的企业文化。

　　总体来说,服务的内容体现在很多方面,但其核心都是维系企业与消费者在一定时期内的友好关系,从而令品牌在消费者心中留下更深烙印。不管什么类型的服务,其目标必然是通过创意服务在顾客心中塑造友好专业的品牌形象,提升顾客对品牌服务的满意度,就能够提高新顾客向老顾客的转化率。所以在服务过程中,面对不同的服务需求,都需要体现出人性化和情怀,从服务态度上传达出真诚和尊重,从而使消费者获得心理上的优越感和舒适感,对品牌的服务产生依赖和好感。

三、文化创意传播内容生产形式之表演

文艺表演是文化创意传播形式的表现之一。文艺节目从内容到表演随处体现出文化创意的价值。文艺表演由表演艺术家完成直接诉诸人的视觉、听觉的艺术,如音乐演奏、演唱、舞蹈、曲艺等。表演艺术的美学特征主要是通过演员的表演,把各类艺术的文学脚本所提供的间接形象转化为直观的形象,使人在欣赏演员绘形绘声绘色的表演时,如亲临其境、亲闻其声、亲见其形,产生情感交流,从而了解作品形象所反映的社会生活和思想内容,获得审美享受。

与其他艺术形式相比,表演艺术的直观性决定了它和文化创意内容的关系最直接、最密切,宣传效果最快,最易被接受。表演艺术的审美特征还表现为表演者的表演创造过程与观众的欣赏过程同时进行。表演艺术的传播价值取决于表演者的技艺和作品的文化内涵。文化创意是指人类突破原有或传统的思想与行为模式,以全新的姿态所展现出的新文化形态、创作现象或劳动过程。中央电视台春节联欢晚会从1983年第一次播出至今,每一年的春晚都是全国人民翘首企盼的精神大餐。从最初的传统相声到后来的小品,再到现在脱口秀节目的火爆,反映出时代背景下艺术市场的需求变化。随着观众审美水平的不断提升,只有话题没有内涵的综艺节目已经不能适应当下观众的审美。现在,综艺节目要立足社会现实,最大的难点在于节目的文化创意要在兼顾综艺节目的娱乐与文化内涵中稳步前行。

研读材料

笑果文化的线下演出空间探索

2020年,笑果文化全新推出的城市喜剧新空间"笑果工厂"上海新天地店正式开幕(见图5-4)。7—9月运营期间,客流量总计超过十万人,演出上座率99%,大众点评评分4.96,长期占据上海文化艺术热门榜第一。2019年,笑果文化在全国举办了近1 500场脱口秀表演,平均每月覆盖观众数8 000人,超过10万的观众进入剧场。其中近80%的演出产品都在上海落地,这也快速催生了上海脱口秀市场的成长。

图5-4 笑果工厂

(图片来源:"北志胜南广智"CP出圈,脱口秀头部演员却面临"难产"[EB/OL]. http://k.sina.com.cn/article_6235467698_173a9afb200100y7b4.html. [访问时间:2022-07-14])

笑果文化之所以能够获取上海文化市场中的更多喜剧机会，完全在于他们打破脱口秀演员"从线下到节目"的单一发展通道，让脱口秀演员在线下也能收获大众的关注和喜爱，不再依赖节目，而是从这里出发，携带成熟的作品走向全国甚至全世界的舞台。用"喜剧＋"概念探索线下空间的无限可能，区别于以往的脱口秀小剧场，剧场只是其中承载演出的一部分。这一形式将为笑果工厂引入更多除脱口秀以外的文化、商业和娱乐场景，联动更多品牌、公司和社群，一起玩转"喜剧＋"的跨界联动，拓宽喜剧空间的使用边界，使这里成为都市年轻人的聚集地、喜剧爱好者之家、全能剧场和城市客厅。

表演艺术来源于生活和时代。电视和互联网的出现，让文艺作品和表演艺术逐渐从线下走到线上，绽放出新的生命力。从贫穷走向富裕的中国观众更希望通过表演艺术笑口常开：从早期春晚的哑剧，到《我爱我家》《武林外传》《快乐大本营》，再到《脱口秀大会》，最受欢迎的媒介变了；从2007年的"下蛋公鸡，公鸡中的战斗机，偶耶！"到2021年的"求极限原理"，受众也变了；在相声这个领域，"笑"的原因变了；在脱口秀里，"笑"的生产模式变了。随着综艺节目的快速发展，国内《吐槽大会》《奇葩说》《知识就是力量》等节目也异常火爆，都深受人们的喜爱。此外，2020年的电视节目中，《乘风破浪的姐姐》，还有竞技类综艺《这！就是街舞》《乐队的夏天》《中国新说唱》，以及观察类综艺《忘不了餐厅》《做家务的男人》，这些节目都以其娱乐性、趣味性受到观众的喜爱。综艺节目在题材类型上不断拓展，在制作模式上不断创新，满足了观众多样的娱乐需求。

案例解析

花西子的"苗族印象"

花西子是一个诞生于杭州西子湖畔的东方彩妆品牌。"以花为姓，以西子为名"，品牌定位于"东方彩妆，以花养妆"。花西子致力于弘扬"东方美"，并于2020年正式树立其"扬东方之美，铸百年国妆"的品牌愿景，目标是成长为一个能够跨越百年的国民彩妆品牌。自建立之初，花西子就立足中国传统文化和东方美学，打造具有中国文化特色、内外兼修的彩妆产品。花西子与"苗族印象"的结合，则源于花西子对弘扬东方美的社会责任与坚守（见图5-5）。中华民族拥有56个民族，每个民族都有源远流长的历史文化和璀璨夺目的传统技艺。但随着时代发展，越来越多的年轻人开始热衷于国际大牌，却鲜少关注民族文化与民族技艺。但恰恰民族的产品才更有温度、更具灵魂，越是民族的，越不可代替，越具有世界意义。

图 5-5　花西子"苗族印象"

（图片来源：花西子×苗族印象包装设计[EB/OL]. https://www.sohu.com/a/445204941_696211.[访问时间：2021-08-30]）

一、聚焦苗族文化，展现民族魅力

自 2017 年创立以来，花西子已推出数十款复刻东方传统工艺、弘扬中国传统文化的彩妆产品。"苗族印象高级定制系列"产品是花西子首次将目光聚焦于中国的少数民族苗族以及苗族银饰锻造工艺。这种聚焦少数民族、深度挖掘少数民族工艺与文化，将其作为大众消费品的创意来源，花西子算是先锋中的佼佼者。

苗族成为花西子民族印象产品系列的第一站。作为中华 56 个民族之一的苗族，人口在少数民族中居第四位，主要分布于中国的黔、湘、鄂、川、滇、桂、琼等省区，以及东南亚的老挝、越南、泰国等国家。苗族文化不仅影响范围广，而且丰富多彩，其中已被列为国家级非物质文化遗产之一的银饰锻造技艺是苗族重要的传统工艺之一，多用于苗族地区的重要首饰品和婚嫁用品。苗族的银饰既是财富的象征，也记录了苗族人生命中的重要节点，因而苗族的饰品具有极强的视觉识别和文化象征。

花西子的企业文化与民族文化一脉相承，为了让更多人感受到苗银之美，感受到花西子的工匠精神，花西子联合《人民日报》新媒体，走进贵州省雷山县西江千户苗寨，探索苗族银饰的工艺与文化，并推出纪录片《非一般非遗》。同时，作为非遗传承伙伴，花西子携手苗族银饰锻造技艺传承人，以苗族元素作为设计灵感，将传统工艺融入时尚彩妆，"苗族印象高级定制系列"产品也因此惊艳面世，希望守护苗银艺术，并将民族美带向全世界。

二、彰显工匠精神,赋传统以时尚

苗族的匠人文化享誉世界。一代代银匠们耗费毕生心血传承苗族银饰传统工艺,每一件银饰的面世都需要耗费银匠人巨大的心血。但随着时代更迭,现代化工业发展,许多手工产品都被机器取代,众多银匠们也慢慢被边缘化,苗族银饰传承依然面临着前所未有的困境。

"苗族印象高级定制系列"产品以苗族非遗技艺苗银、苗绣、蜡染为创意来源,其诞生过程也经历了无数波折。在产品融入民族技艺的过程中,花西子面临的最大困难就是怎样既尊重民族文化、保留技艺原汁原味,又可以产业化批量生产。为解决这一问题,花西子经过无数次打磨与研发,在私模、材质和工艺上实现全新突破与创新,最终让产品的文化、包装与使用达到了完美的统一:花西子创新地通过结合錾刻工艺与东方微雕技术,成功在产品上还原复刻了苗族制银工艺;又将神秘而又古老的"蝴蝶妈妈"图腾与花草元素融入产品,向年轻消费者讲述苗族起源神话、展现传统图腾文化;在礼盒包装方面,采用优质皮革,取形东方妆奁,以苗族姑娘裙摆为礼盒纹样灵感,辅以苗银挂坠、蜡染、苗绣元素点缀,融入苗族风情。[1]

三、开辟直播渠道,拓展海外市场

通过直播带货成为国内彩妆市场的佼佼者后,花西子开始进军海外电商市场。2021年3月,花西子选择日本亚马逊作为首次入驻的海外电商平台。花西子的多款产品在亚马逊上架后便被一抢而空,其中"同心锁口红"在上线首日就冲进了亚马逊口红销售榜前三名。之后,花西子也通过推特、抖音等社交平台开展营销,保持与国外消费者互动,持续扩大品牌影响。在这些海外社交媒体上也曾出现过许多种草和求购花西子产品的帖子。"苗族印象高级定制系列"产品在日本、新加坡、迪拜、美国等国家和地区引起了追捧热潮,某新加坡名媛就曾在社交媒体上发布使用"苗族印象系列"产品的视频。[2]

"苗族印象高级定制系列"产品极具东方少数民族特色,却在海外市场深受喜爱,足以见得东方美学已经开始在国际上受到广泛认可。作为独特的"东方美学"品牌,花西子推出的"苗族印象高级定制系列",将传统非遗苗银技艺与现代彩妆相结合,不仅吸引年轻人的注意力,强势打入年轻消费者市场,而且也通过创新发展印证了"民族的就是世界的",将中华传统文化成功地推广到海外,让更多人了解到东方文化的魅力。

---

[1] 以百年品牌为师,花西子风因何起势?[EB/OL]. https://finance.ifeng.com/c/86BSUSHWOva. [访问时间: 2022-03-29]

[2] 民族美就是世界美,深度解析花西子年度惊艳之作"苗族印象"[EB/OL]. https://finance.ifeng.com/c/80kbNz6AXLd. [访问时间: 2022-03-29]

思考题

1. 文化创意传播内容生产的内涵是什么?
2. 文化创意传播的内容可以通过何种方式进行生产?
3. 文化创意传播内容生产有哪些形式?
4. 以花西子"苗族印象"为例,请谈谈如何更好地发掘和打造非遗文创产品。

本章参考文献

[1] 刘建明,王泰玄等. 宣传舆论学大辞典[M]. 北京:经济日报出版社,1993.
[2] 丁祺,奉公. 对文化创意意蕴的新思考[J]. 江西社会科学,2011(2):8.
[3] 傅秋爽. 让优秀传统文化在创新中传承[N]. 光明日报,2016-04-30.
[4] 城市更新设计之上海老码头,两轮改造让码头仓库升级为上海地标[EB/OL]. https://baijiahao.baidu.com/s?id=16412869608929038 93&wfr=spider&for=pc.[访问时间:2021-08-30]
[5] 老码头创意园[EB/OL]. https://baike.baidu.com/item/老码头创意园/6563507?fr=aladdin.[访问时间:2021-08-30]
[6] 老码头创意园,原本看似平淡的空间,深受时尚、创意人士和企业的青睐[EB/OL]. https://www.sohu.com/a/311032752_120100672.[访问时间:2021-08-30]
[7] 传统文化作品蹿红:发展需要创新传播模式[EB/OL]. https://baijiahao.baidu.com/s?id=1562432781799380&wfr=spider&for=pc.[访问时间:2021-08-30]
[8] 用时代眼光,发现传统文化更多打开方式[EB/OL]. https://3w.huanqiu.com/a/33fc10/47N9ldcgc3M.[访问时间:2021-08-30]
[9] 端午奇妙游"惊艳" 期待挖掘更多文化富矿[EB/OL]. https://baijiahao.baidu.com/s?id=1702615193018208522&wfr=spider&for=pc.[访问时间:2021-08-30]
[10] 景区雪糕大战:这就是文创界的内卷吗?[EB/OL]. https://mp.weixin.qq.com/s/weu5rMbYdgxZvWuSz2h21A.[访问时间:2021-08-29]
[11] 喜茶和茶颜悦色,联名了[EB/OL]. https://www.sohu.com/a/409355100_173473.[访问时间:2021-08-29]
[12] 花西子×苗族印象包装设计[EB/OL]. https://www.sohu.com/a/445204941_696211.[访问时间:2021-08-30]
[13] 以百年品牌为师,花西子风因何起势?[EB/OL]. https://finance.ifeng.com/c/86BSUSHWOva.[访问时间:2022-03-29]
[14] 民族美就是世界美,深度解析花西子年度惊艳之作"苗族印象"[EB/OL]. https://finance.ifeng.com/c/80kbNz6AXLd.[访问时间:2022-03-29]

第六章

文化创意传播渠道之线下媒体

学习目标

学习完本章，你应该能够：
(1) 了解文化创意的平面媒体传播方式；
(2) 了解文化创意的传统视听媒体传播方式；
(3) 了解文化创意的线下场景媒体传播方式。

基本概念

文化创意线下媒体传播　平面媒体　传统视听媒体　线下场景媒体

第一节 | 文化创意的平面媒体传播

平面媒体这一概念与广播电视等影音媒体形成区别，一般指报纸、杂志和图书，其传播形式是静态的、扁平单维的,主要以文字和图画提供给受众视觉上的体验。随着数字技术和新媒体的兴盛,平面媒体受到极大冲击。面对数字化传播如火如荼的发展形势,平面媒体仍有网络新媒体所不具备的优势。因此,文化创意依然可以依托平面媒体开展当代传播。

一、文化创意的报纸传播

报纸是以刊登新闻、评论为主,同时也有部分版面刊登政治文章、文艺作品、知识科普、报告文学和广告,未装订散页阅览的一种印刷媒介形式。在网络媒体不发达的时期,报纸就是人们获取日常生活所需要信息的主要信源。按照发行周期和时间,报纸分为日报、周报、双周报、晨报、早报、晚报等。从内容上看,多数报纸为综合性报纸,但也有部分报纸侧重某一专业或是专注服务于社会中某一群体,如各种学生报、军事报、教育报、旅游报、农业报、财经报等。与网络新媒体相比,报纸对读者的文化水平有一定要求,而且生动性、时效性较弱,但优势是专业性强,有一批专业能力扎实的新闻工作者保证内容质量,一些报纸媒体通过多年的运营,积累了良好的口碑和忠实的读者群体。根据报纸的媒体特性,文化创意可以通过标题设置、版面设计和外观形态三种方式实现创意传播。

第一,报纸的标题是报纸新闻内容的门面,一个好的标题可以传递重要的信息,更是吸引读者深入阅读的关键,可以通过联想创意、逆向创意、情境创意、借用创意等方式设置具有创意性的新闻标题。例如,《人民日报》以"韩春雨,'一头特立独行的驴'"为标题,报道了河北科技大学副教授韩春雨发现新基因编辑技术的新闻,这是借用王小波《一只特立独行的猪》文章题目的结构,起了一个既体现韩春雨副教授特点又可以吸引读者的标题。此外,更有报纸媒体对自己的报纸名进行创意的先例。例如,英国《太阳报》(*The Sun*)在凯特王妃生产小王子成功当日,将报纸名"The Sun"改成了"The Son",这样的设计十分"应景",令人拍案叫绝,也成为当日最"吸睛"的报纸头版。

第二,在版面设计上进行文化创意是平面媒体的最大特色。报纸作为以文字为主的大开尺寸平面媒体,为文化创意提供了更广阔的设计空间。一方面,可以单纯通过视觉设计,起到美化版面、引人注意的效果。例如,《中国日报》在第二届"一带一路"国际高峰论坛召开之际,一改传统报纸的黑白设计,通过别出心裁的百鸟衔花图插画展现国际范的中国特色,也因此赢得了有报纸界"奥斯卡"之称的"最佳国际报纸奖",引发了各界的广泛关注(见图6-1)。又如,P2P公司宜信曾先后买下了《人民日报》和《南方都市报》的整版广告,随即将整版大面积留白,仅留下一小部分印上少量的广告语,这样几近"开天窗"的独特设计让广告取得了良好效果。另一方面,版面的设计与新闻内容紧密结合,让文字更有力量、图片更加生动。例如,《广州日报》在战"疫"相关的新闻版面,将"两千多援鄂医护金手印昨日收入广州市国家档案馆"一事提炼成"掌·声"的主题,既契合了"援鄂医护金手印"一事,又隐含向支援湖北的医护人员致敬的意思,其版面设计为以"手掌"图形为中心的对称风格,不仅凸显了新闻主题,又令人印象深刻(见图6-2)。

第六章 | 文化创意传播渠道之线下媒体

图 6-1 《中国日报》百鸟衔花图的头版设计
(图片来源:美翻！中国日报全球首发文创产品:报纸元素被美成独具一格[EB/OL]. https://www.163.com/dy/article/EDSDTCSG0518HE03.html. [访问时间:2021-12-11])

图 6-2 《广州日报》"掌·声"版面设计
(图片来源:武威. 掌·声[EB/OL]. https://gzdaily.dayoo.com/pc/html/2020-07/23/content_132496_711696.htm. [访问时间:2022-04-10])

第三,报纸作为一种印刷品,本身纸质韧性强、可折叠、布满图文的物理特性决定其可以成为文化创意的物理载体。因此,文化创意也可以利用外观形态的特征进行创新性传播。例如,旅日熊猫"香香"原计划将于2019年6月回中国,《东京新闻》就借此连续三日利用报纸版面刊登"香香"的部分图片,只要连续购买就可以拼成一副"香香"大小的"等身海报",以表日本民众对"香香"的不舍之情。另外,也可以通过改变报纸新闻内容的外观形态来进行创意。例如,日本《每日新闻》将新闻内容印制在矿泉水瓶上,在一个月时间内推出了31款不同包装,以此吸引年轻人购买,也成为极具辨识度的文化创意。

 研读材料

《你的名字》的报纸创意

新海诚执导的电影《你的名字》于2016年在日本上映。上映之初,电影选择通过报纸进行推广宣传,并因此大获成功,赢得了社会广泛好评(见图6-3、图6-4)。

图6-3 《你的名字》的报纸传播创意(一)　　图6-4 《你的名字》的报纸传播创意(二)

《你的名字》在《朝日新闻》上投放了报纸正反两个版面的广告，还原电影中经典场景——两个人因时空交错，在同一地点却无法相见。报纸对两个版面的文字做了镜像处理，这些文字正是电影男主人公的台词："我本来想说的……无论你在哪里，我都会去见你。"但是在阳光照射下，看似平平无奇的平面广告却可以呈现出两人隔着时空面对面的场景，利用环境光线让两个版面内容合二为一，让男女主相遇，完美地契合了电影剧情，重现电影画面，也给粉丝和读者带来了不少惊喜（见图6-5）。同时，这则报纸广告也在社交媒体上得到广泛传播，赢得了良好的社会评价，不失为一次成功的电影推广。

图6-5 《你的名字》的报纸传播创意(三)

资料来源：日本报纸广告赏获奖作品集合，30个脑洞大开的创意[EB/OL]. https://www.digitaling.com/articles/376397.html.[访问时间：2022-04-10]

二、文化创意的杂志传播

杂志又称为期刊,是一种内容广泛但又围绕固定主题、服务于特定读者群体的一种印刷媒介形式。它具有印刷精美、排版灵活、针对性强、利于保存但时效性差等特点。按照内容可以划分为综合性杂志和专业性杂志,综合性杂志中既有专注严肃知识科普、时政分析的刊物,也有贴近生活,关注明星电影、小说故事、游戏动漫的刊物,因而综合性杂志可分为新闻性杂志、知识性杂志以及娱乐性杂志。专业性杂志关注行业领域的关键问题,其中以学术性杂志为主,是科研工作者进行学术交流的重要平台。按照发行周期来看,杂志可分为无定期刊、年刊、季刊、月刊、半月刊、旬刊、周刊,在时效性上虽不如报纸,但优于图书,同时也兼具两者的优点,是能为读者稳定提供所需信息的媒介。利用杂志开展文化创意传播大致分为两个方向,其一是从杂志本身的内容、版面、形态等方面出发进行文化创意,其二是依托杂志开展文化创意的互动活动。

就杂志内容、版面、形态开展的文化创意传播主要就是对其专题、视觉和形式进行创意。第一,专题是杂志的核心,也是内容支柱,如何进行文化创意选题则是其内容创意的关键。例如,《新周刊》在专题策划上具有潮流性、创意性和新锐性,擅长寻找社会新生概念、关注社会文化发展,曾在2014年社会热议"西化"现象的时候,推出了"禁过圣诞"的专题,倡导理性看待中西文化,引起广泛关注。第二,杂志作为最具视觉效果的平面媒体,其杂志封面、书脊以及内部版面都可以成为发挥文化创意的空间。首先,杂志的封面是进行文化创意的第一步,无论是在页面的布局上还是颜色搭配上的创意,其目的都是给人以第一印象的视觉冲击。例如,杂志《哥伦布月刊》(Columbus Monthly)在一期以"哥伦布制造"(made in Columbus)为主题的封面中,采用粉色背景配合激光切割的灰色街道地图,增加封面的对比和层次(见图6-6)。其次,杂志窄窄的书脊也可以进行文化创意。例如,集齐全年《城市画报》杂志,就可以拼出杂志书脊处的年终彩蛋,有麦兜、胖胖虎、兔兔人、"10th"等图案,这种创意书脊的形式已在《城市画报》延续了数十年,也成为杂志迷的爱好之一。最后,杂志的内部版面是进行文化创意的主要阵地,尤其是利用对开页面和翻页的形式大做文章。例如,全球著名的邮递和物流集团DHL就利用杂志翻页的阅读特点,将快递打包和签收分别放在两个版面上,让读者在翻页的同时可以看到包裹传递的过程,同时也凸显运送速度就像翻页一样快。第三,传统意义上的杂志都是平面纸质的形式,而一些具有创意的杂志则突破局限,进行创新设计,如采用塑料页面、加入立体折纸等。其中,《视觉》(Visionaire)杂志在这方面的创意极为突出,该杂志不局限于纸本的本来面貌和版式规格,在形式材质上不断创新,一期杂志可以是公仔、唱片、服饰、纸巾等,再加上杂志邀请各大知名艺术家参与设计,使得该杂志成为抢手的收藏佳品(见图6-7)。

图 6-6 《哥伦布月刊》"哥伦布制造"封面　　　图 6-7 《视觉》第五十期杂志：艺术家玩偶

（图片来源：50个经典杂志封面，设计思路全解析！[EB/OL]．https://www.digitaling.com/articles/36512.html．[访问时间：2022-04-10]）　　（图片来源：「INTO MEDIA」一本杂志的无边界体验[EB/OL]．https://baijiahao.baidu.com/s? id ＝ 1664780294965834609&wfr ＝ spider&for＝pc．[访问时间：2022-04-10]）

依托杂志媒体开展文化创意互动活动的方式有很多，可以将其归纳为两种。一是依托杂志媒介形式的文化创意互动活动，如早期的随杂志附送台历、化妆品小样、海报等赠品，又如通过杂志夹赠香水的扩香纸条加强读者的嗅觉体验，还有通过扫描杂志的二维码实现 AR 效果或深入互动的创意，如福特汽车在杂志做了二维码系列平面广告，只要读者扫描二维码即可看到汽车的停车系统、后座展示等相关性能演示，吸引读者关注广告的同时可以增强互动。二是依托杂志品牌 IP 开展的文化创意互动活动。以《城市画报》为例，它是一本专注城市青年生活的杂志，为了拓展多元化的创意发展路线，除了常规的杂志出版外，还开创了"创意市集""快乐实习生""荒岛音乐会""荒岛图书馆"等系列文化创意传播活动，不仅成为《城市画报》的副品牌，也借此将粉丝、杂志与相关文化群体联系在一起，不断创新文化活动。

三、文化创意的图书传播

图书是人类精神劳动成果的结晶，经由作者编写、编辑校对后由出版社印刷发行，既有传播知识的作用，也具有一定的营利性。与报纸和杂志相比，图书单本的页量更大、内容更为丰富，因而出版周期也就更长，所以图书更多的是提供关于某个主题或领域较为深刻和系统的论述，适合读者进行深度阅读，其内容不以时间流逝而丧失价值。依托图书媒体的文化创意传播主要在于创新的装帧设计与内容表达方式。

图书的创意装帧具体可以分为两种手段。一是基于原有纸张、书本形态的平面设计，如对封面、插图、书脊、腰封等方面进行创意设计。与报纸、杂志的设计创意相比，每本图书都有自己的特性，受传媒机构调性的影响较小，因而文化创意通过图书媒体进行传播时，会进行与之相匹配的个性化设计与创意。例如,可以采用不同的装帧方式让图书更具创意,如19世纪的"纸板装订"、信封式装帧设计、活页装订、手工装订等。早在16—17世纪,就出现一种被称为"暹罗双胞胎"的特殊装订方式的书籍,其绝妙的"双子"创意设计就是两本书共用一个封底,正看是一本书,反过来却又是另一本书。此外,通过图书的腰封进行文化创意传播也逐渐成为一种风尚。所谓腰封,也称"书腰纸",就是在书的封面外包裹一条纸带用于装饰,如今已成为推介图书的"广告牌",因而也出现了各式各样的腰封:撕开变身书签的腰封、设计成为票据的腰封、展开后成为图纸和棋盘的腰封等(见图6-8)。各种独具创意的腰封也让其作用不再"鸡肋",不仅可以吸引读者,也可以具有更多的使用价值。二是对图书传统的物理形态进行改变,从而达到文化创意的效果。改变传统图书的物理形态可以通过变化尺寸、采用特殊材质等途径实现。例如,微型书 *Codex Rotundus* 整本呈圆形,直径虽仅有9厘米,却多达266页,由三个精美的哥特字母样式金属扣将书固定,整书小巧便携、样式精美。又如,《修辞学就是设计艺术》的封面使用热敏墨水油墨进行印制,并覆盖在四个不同的、由不同艺术家设计的颜色层上,平常放置时封面呈现黑色,但读者只要拿起书来阅读,手上的温度便可以传递到书上,热敏墨水黑色的表层就会慢慢褪去,浮现出隐藏其下的魅力花纹,让整个读书过程充满诗意。再如,由 Korefe 设计公司和格斯滕贝格(Gerstenberg)出版社共同推出的世界上第一本可以食用的书《真食谱》(*The Real Cookbook*),不仅完全用100%的面粉制作而成,而且确实也可以翻页、阅读,书中的内页还刻有详细的烹饪步骤,是一本满足了读者视觉、味觉体验的创意图书(见图6-9)。

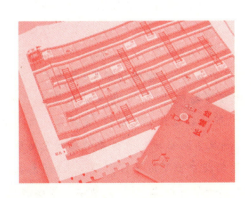

图6-8 《长城绘》游戏棋盘式的腰封
(图片来源:当当网[EB/OL]. http://product.dangdang.com/27921724.html.[访问时间:2022-07-16])

图6-9 *The Real Cookbook*
(图片来源:阅读时光机.图书竟然还能这么做?不可错过的书籍设计硬核干货![EB/OL]. https://new.qq.com/omn/20200828/20200828A04BIS00.html.[访问时间:2021-12-11])

对图书的内容表达方式进行创意、创新是文化创意图书传播的第二种主要方式。随着数字媒体的不断发展，以文字、图片为主的传统图书受到不小的冲击，面对如此形势，作为平面媒体的图书在内容呈现上就要别出心裁，才能吸引和留住更多的读者。对于儿童读者来讲，图书的颜色、图片与趣味性是最重要的，因而市面上也不断推出适合儿童阅读的立体书、绘本、贴画书、手工书等。对于成年读者而言，阅读的乐趣除了来自文字本身外，与图书之间的互动也可以增加阅读过程的乐趣。例如，伦敦皇家艺术学院的马诺利斯·凯莱迪斯（Manolis Kelaidis）创作的创意书籍 Blink，意为"book"（书）+"link"（链接），结合了读本与电子链接，人们在阅读过程中通过蓝牙将书与电脑连接，当触摸链接文本时，书页中的电路便会闭合，书本向计算机发出命令，计算机随即进行检索，实现了人、图书与计算机的多向互动。

 研读材料

中国博物馆与解谜书的不解之缘

解谜书最早起源于推理小说，是一种基于图书的实体形式，让读者根据书中情节与附赠的线索配件，通过解谜推理寻找故事结局的创意出版物。解谜书在国内开始流行始于美国编剧、导演 J. J. 艾布拉姆斯（J. J. Abrams）于2016年推出的首部小说《忒修斯之船》。这本书从装帧、设计到配套的道具，都是完全根据故事内容一一设计，引领读者寻找线索、使用道具，不断深入阅读完成解谜过程。正是因为这样的创意设计，在国内引起了强烈反响，并受到众多读者追捧。

随着解谜书在国内日渐火热，国内的博物馆也逐渐探索解谜书与自身馆藏的文博资源之间的创意结合之路。故宫博物院在2018年首先推出了"创意互动解谜"书《谜宫·如意琳琅图籍》，不仅内容尊重史实，而且在人物画像、建筑、服饰等方面也都体现了皇家美学；2019年，陕西历史博物馆推出了解谜日记《古董局中局：无尽藏》，以日记的形式带领读者进入民国西安古董界。故宫博物院于2020年又推出了第二部《谜宫·金榜题名》，融合了院藏文物、历史档案、解谜游戏和文艺创作，是对第一部作品的创新。同年，中国国家博物馆推出了结合明朝故事和当地社会现象的文物主题解谜书《博乐·元宵行乐》。2021年，秦始皇帝陵博物院推出了地下宫殿解谜书《问秦》，而故宫又推出了全新的漫画解谜手册《文物有灵》，并配有线上APP辅助读者阅读解谜（见图6-10）。

图 6-10 《文物有灵》

(图片来源:故宫又上新啦!《文物有灵》漫画解谜中讲述紫禁城 600 年[EB/OL]. https://baijiahao.baidu.com/s?id=1694894991692821968&wfr=spider&for=pc. [访问时间:2022-04-11])

越来越多的文博机构加入解谜书的文创开发队伍,一方面希望通过这种充满趣味、互动的图书设计让更多的读者了解馆藏的历史与文物价值,另一方面也希望以此作为传播中国历史文化的重要载体,不断弘扬优秀的中华传统文化。

资料来源:这款古墓解谜书烧脑又刺激!解谜书日渐成为博物馆文创的新标配[EB/OL]. https://baijiahao.baidu.com/s?id=1700625331022465572&wfr=spider&for=pc. [访问时间:2022-04-11]

第二节 | 文化创意的传统视听媒体传播

传统视听媒体具有较强的专业性,其内容制作者受过专业训练,传播内容受到严格把关,社会认可度高。同时,传统视听媒体早已成为人们日常接收信息的重要渠道,有的甚至成为人们生活的一部分,如人们驾车通勤途中收听广播节目,茶余饭后收看电视节目、电视剧,周末去看一场电影等。尽管传统视听媒体在一定程度上受到了网络视听媒体的冲击,但其重要的社会定位和社会功能并没改变,对于文化创意传播来说依然是重要的传播途径和工具。

一、文化创意的广播传播

广播是一种通过无线电信号向广阔地域和广大受众播送画面或声音内容的媒介形式。广义上来看,播出画面和声音的统称为广播电视,只播报声音的则是狭义的广播,被称作声音广播,本部分将基于狭义的声音广播概念进行讲解。和电视节目相比,声音广播节目一般只提供音频,以访谈节目、音乐节目、新闻播报节目为主,这样的信息形式对于受众来说转瞬即逝、难以保存,但占用受众的感知资源较少,受众可以一边从事别的活动一边收听广播节目。过去,人们需要收音机、车载电台才能收听广播,如今只要有一部手机,用户随时随地便可接收广播信息,接收广播信息的限制相对较少。其中,电话连线节目是广播媒体常用的一种节目形式,听众可以现场打入电话与节目主持人、嘉宾沟通交流,还可以发送短信点播歌曲,与其他的传统媒介形式相比,广播媒体与受众间具有较强的交互性和反馈性。

　　文化创意的广播传播核心在于如何有效地发挥声音优势进行创意传播。其文化创意传播在实施环节就是将创意元素引入广播节目,创新节目形式和内容,发挥广播电台作为文化创意生产机构的作用,实现经济效益和社会效益的"双丰收"。其一,文化创意融入广播节目内容创作过程,让声音内容更具新意,吸引更多听众参与或收听。例如,苏州广播电视台的"自在苏州"文化创意工作室开设的广播节目《紫菜 life》(见图6-11),采用了"挖掘有才的听众(挖菜)—培养成为设计师并展开合作(种菜)—通过各类传播活动推广与设计师合作产出的文创产品(卖菜)"这一创作模式,不仅连接了听众与文创设计师们,而且让听众了解了苏州文化,同时也形成了"广播+活动"形式的文创产品销售模式。在这一过程中,听众通过广播这一媒介,深入参与了文创产品的设计、策划,或将成为文创产品的消费者,充分成为文化创意的参与者,而广播电台也借助文化创意让广播节目焕发生机、声名远扬,成功实现了广播媒介、文创设计师与听众三方的"多赢"。其二,文化创意促使广播媒介不断拓展广度,让声音成为连接多方的桥梁,形成文化创意传播。例如,广播节目《星空朗读》突破广播直播室的封闭空间,首创户外广播模式,将朗读融入山水实景,这种"传媒+文旅"的文化创意传播方式深受听众喜爱。又如,兼具科技与艺术的上海广播艺术中心依托其音视频网络直播间、沉浸式剧场、广播创意空间等多功能设施,每周举办广播脱口秀、乐队音乐节、听众开放日等广播活动,成为人们身边的文创空间。

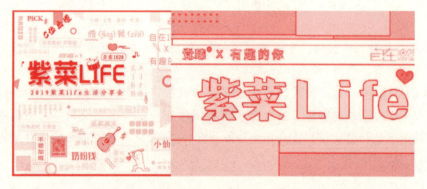

图6-11 《紫菜 life》

(图片来源:自在苏州文创工作室:从广播出发,重塑传媒文创新生态[EB/OL].
https://www.sohu.com/a/432227483_738143.[访问时间:2022-04-12])

二、电视的文化创意传播

电视是一种现代化的传播媒介,通过光电变换技术将声音、画面转化为信号,经由天线发送,接收端在收到信号之后在电视设备上重新转化为音画。早期的电视为黑白电视,屏幕小、颜色单一、画质差、体积大,随着科技的发展,电视越来越轻薄,清晰度越来越高,屏幕尺寸越来越大,已出现4K电视甚至8K电视,一些电视设备还配备先进的音响技术,给人们提供绝佳的视听沉浸体验。相较于网络视听平台,电视台仍具有权威性,也是人们了解国家大事、社会资讯的重要途径,因此,电视台也已成为制作电视节目的权威机构。

通过电视媒体进行文化创意传播的形式是多样的,不同类型的电视节目也可以实现不同的创意传播效果:新闻节目为提升文创产品和活动的知名度提供路径;访谈节目通过采访专业人士深入揭示文化创意,使人们了解其背后的故事;综艺节目可以让各类文化形式和创意内容"出圈";电视广告则是表现文化创意的重要阵地;等等。基于电视媒体相对严肃的特点,文化创意的电视媒体传播活动主要以文化类节目形式呈现。过去的电视文化类节目存在内容陈旧、说教意味浓厚、展示形式单一等问题,虽然能够满足一些中老年观众的文化需求,但不易吸引全年龄段的观众。随着文化创意的发展,越来越多的电视文化类节目也进行创意性调整,尤以各种传统文化类节目最为突出,凭借其精美的制作、丰富的内容获得了观众的大量好评。作为文化创意的表现载体与传播渠道,电视节目可以通过以下三种途径实现文化创意传播。

一是采用"大阵容"创意。邀请社会知名人士作为节目嘉宾,将"粉丝"流量转化为节目流量,这是扩展文化创意的电视媒体传播效能的有效途径。以往受邀的教授学者、文化界人士虽然保证了节目的文化调性,但造成了节目受众圈层的固化,无法实现"破圈"。如今,为了让相对小众的文化遗产和传统的历史文化内容能够被广泛的受众所接受,常常会邀请各个领域、符合各年龄段兴趣的名人作为节目嘉宾,以"大阵容"形成引流创意。例如,央视的文化节目《国家宝藏》在邀请博物馆馆长、文化学者、行业精英之外,还邀请了资深的中老年演员、当红的青年演员参演情景短剧,实现目标受众的"全覆盖",成功为传统文化"吸粉"。广泛的嘉宾阵容能够保证节目的收视圈层扩展,尤其是在传播没有受到社会广泛关注的文化内容时,"以人引人"是极佳的选择。

二是实行"大制作"创意。越来越多的传统文化类电视节目在投入与制作上下功夫,以追求最佳的文化创意表达效果。一方面,实行"科技+艺术"的节目制作模式,将各类数字技术投入节目展示环节,强化节目舞美给观众带来的视觉冲击。电视节目《国家宝藏》使用震撼的光影变换和高沉浸感的巨大屏幕展现演出特效和文物细节;《技惊四座》通过虚拟现实展示技术和360度全景摄像手法,使杂技表演更具感染力和舞台张力;《典籍里的中国》(见图6-12)同时运用了环幕投屏、AR技术、实时跟踪技术等新式手段,并对舞台加以分区,打造了穿越历史时空的感觉。数字技术的使用提升了文化展示的视觉吸引力和清晰度,使受众对传统文化信息的接受并不乏味。另一方面,传统文化类电视节目也在环节设置上独具匠心,在以往文化节目"现场采访+拍摄记录+专家讲座"的形式基础上,加入了情景短剧、文艺表演、技艺竞赛、守护宣言等创意环节,不仅增强了节目的文化科普功能,而且让传统文化节目更具戏剧性和仪式感,变得"更耐看"了。

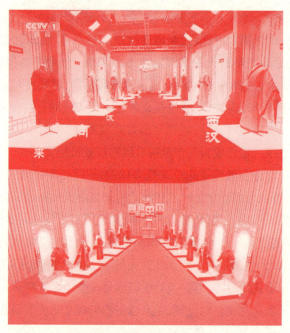

图 6-12 《典籍里的中国》

(图片来源:生活周刊.豆瓣9.0!撒贝宁看哭了……[EB/OL]. https://c.m.163.com/news/a/G613SQ8R0525ICAS.html.[访问时间:2022-04-12])

三是凸显"大影响"创意。凭借电视媒介的权威性、资源整合能力、广泛的收视覆盖等优势,传统文化电视节目在播出之后可以让文化创意迅速扩散、"出圈"、"再获新生",甚至形成以传统文化为创意的IP,孵化相关文创产品。例如,河南台的春晚舞蹈节目《唐宫夜宴》以及端午晚会舞蹈节目《祈》一经播出,便在各大社交媒体平台迅速"出圈"。借此"东风",以"唐宫夜宴"为IP的一系列文创产品随之"现身":印有"唐宫小姐姐"Q版人物形象的口罩成为此IP下第一个爆款,一经面世就受到人们疯狂抢购;此外还有保温杯、鼠标垫、茶具、抱枕、T恤衫、创意摆件以及非遗三彩瓷等"唐宫夜宴"文创产品。传统文化类电视节目已成为当下热门的文化创意电视媒体传播路径,让许多"过时"的传统文化更具创意性地走入人们的当代生活、走向世界。

三、文化创意的影视剧传播

影视剧主要包括电影、电视剧和动画等。影视剧是一种经过策划统筹,基于一定的故事情节或蓝本,通过专业团队制作,经相关部门批准发行的一种特殊节目形式。影视剧兼具艺术性和科技性,其镜头的安排、舞美的设计、情节的构成等要素无不依赖制作者良好的艺术素养,而其拍摄工作、存储压制工作、传播工作又无不依赖摄影技术、存储技术、电子信号传输技术等一系列科技。影视剧是文化创意表达与传播的重要载体,情节精彩、画面质量高的影视作品常常给人们带来非凡的视听体验,娱乐效能极高。

影视剧的形式与内容的自由度相对较高,因而在文化创意方面,有很强的可塑性与发挥空间。在影视剧的内容题材、技术手段、策划制作等方面都可以进行不同程度的文化创意。第一,从内容题材的文化创意来看,影视内容一部分是由小说、漫画、历史事件等改编而来,加以艺术创作形成影视剧,如以小说、漫画和都市传说改编而来的日本电视剧巨作《世界奇妙物语》,以"奇"为特色讲述精彩而奇妙的故事,自1990年开播以来,已经播出了500多集,另一部分是原创内容,为影视剧的传播形式量身定制。其中:原创内容有"创意源于生活"的,如被认为最会拍城市电影的美国导演伍迪·艾伦(Woody Allen)就以纽约、巴塞罗那、巴黎、罗马等城市为电影创意背景,拍摄了《曼哈顿》《纽约的一个雨天》《午夜巴塞罗那》《午夜巴黎》《爱在罗马》等展现都市文化魅力的电影,这也成为他极具风格化、高辨识度的电影标签;也有创意是对未来展望、发挥想象的,如表现平行时空的《当彗星来的那一夜》、重构现代科技的英国迷你剧《黑镜》以及各种穿越剧、架空剧等,也是在影视剧内容题材方面的创新。第二,从技术手段的文化创意来看,随着拍摄设备与后期技术的不断革新,影视剧制作的技术手段也越来越多样。例如,首先采用360度全景镜头切换效果的《黑客帝国》,开启3D电影时代的《阿凡达》,使用长镜头、一镜到底完成拍摄的《俄罗斯方舟》,将一般电影方形全屏画面改为圆形遮罩画面的《我不是潘金莲》等,都在拍摄手法与技术运用上充满创意。第三,从策划制作的文化创意来看,影视剧的创意有续集、衍生剧、特别篇、影视联动以及其他方式。例如,美国"漫威系列"电影、电视剧,不仅以漫威IP开发了一系列电影、电视剧,在人物、剧情等方面也不断联动,构建了庞大的漫威影视版图。

此外,影视剧的创作过程即文化创意的产生过程,因此,可将以影视剧形式开展的文化创意传播视为一个上升发展的循环过程,即"影视剧—IP—衍生品—影视剧"。具体而言,就是高质量的影视剧催生热门IP,同时为其衍生品赋能,而具有创意的IP衍生品又可以迅速引发社会关注,继而提升相关影视剧的关注热度和影视剧的IP价值。如日本著名的动漫剧《机动战士高达》孵化出动漫IP"高达",随后以剧中"机动战士"为原型的手办广受欢迎,其他融合了剧中人物形象、剧情场景的联动衍生产品也层出不穷,都具有相当的热度。如今,《机动战士高达》的衍生品产业已经具备相当规模、带来大量收益,而这部动漫剧也因此常年热度不减,并在几十年间不断推出新的系列作品,成为日本动漫行业的"常青树"。基于文创衍生品的文化创意影视剧传播,应需要具备创新性和跨界延展性,即以剧中的元素为素材进行新事物的创造。例如,因服化道精致美观而屡屡引起人们关注的电视剧《延禧攻略》,就曾经结合相关设计元素推出帆布袋、手机壳、抱枕等创意周边,《斗罗大陆》《清平乐》等剧也推出过盲盒周边。这类文创产品将剧中要素进行搜集、发散,既提高了产品本身的附加价值,也使得文化创意参与者在欣赏产品的同时增强对剧目的兴趣。

研读材料

韦斯·安德森的电影美学创意

美国新生代导演韦斯·安德森(Wes Anderson)的电影的色彩搭配、构图设计、人物描绘、叙事手法以及服化道都极具创意性、趣味性和文艺性,被称为"韦氏美学"。

(1)"韦氏美学"的色彩创意。韦斯·安德森以色彩的饱和度与明亮度表达不同的情绪、凸显戏剧效果。例如,《水中世界》的蓝色、《了不起的狐狸爸爸》的暖橙色、《月升之国》的黄绿色、《布达佩斯大饭店》的粉色和红紫色等,无不通过颜色推动剧情、渲染气氛(见图6-13)。

图6-13 《布达佩斯大饭店》

(图片来源:韦斯·安德森:用偏执的构图创造出独特的电影美学[EB/OL]. https://baijiahao.baidu.com/s?id=16985696980409255 52&wfr=spider&for=pc.[访问时间:2022-04-12])

(2)"韦氏美学"的构图创意。韦斯·安德森在电影中采用大量的对称构图,因而也被影迷朋友们戏称为可以治愈"强迫症"的电影构图。此外,俯视镜头、横移镜头、定格镜头也成为其电影构图的创意特色,对每一帧画面的构图做到极致的严谨。韦斯·安德森会根据不同的故事情节,在同一部电影中使用不同的画幅,例如:在《布达佩斯大饭店》中,采用"16∶9""2.35∶1""5∶4"的画幅;在《法兰西特派》中,采用"4∶3""2.31∶1"的画幅。

(3)"韦氏美学"的叙事创意。韦斯·安德森的电影有独特的叙事手法,如分段式故事讲述,留白、停顿、简洁的对话,多层嵌套式故事逻辑,以及配有旁白等。以《法兰西特派》为例,四个故事分别采用vlog、TED演讲、现场报道以及电视采访形式进行叙事,中间也穿插了报纸、广播、小剧场等不同媒体形式,以此丰富了电影的表达方式与层次,而整部电影则是韦斯·安德森向《纽约客》杂志致敬的作品,因而这部电影也被称为"献给媒体的情书"。

(4)"韦氏美学"的细节创意。韦斯·安德森的电影海报中的人物表情、服装、动作、站位等细节都经过精心设计,无不透露出与剧情相关的信息。此外,他还喜欢在电影中设计隐喻,通过剧情推进,将各种细节巧妙串联起来,形成出其不意的创意。

第三节 | 文化创意的线下场景媒体传播

"场景"一词最初是来自影视门类的一个概念,指"某个特定时空发生的行为或者人物活动的一种场合与环境"。[1] 如今,场景媒体这一概念逐渐在学界和业界流行,人们对于场景媒体的理解可大致分为两个层面:其一是针对人们某一特定生活场景所设计的媒介形式,如交通媒体、社区楼宇媒体、LED 大屏等户外媒体;其二是创造一种场景,利用场景给人们带来的沉浸感受使人们深度体验传播内容,进而实现传播效果的提升,本质上具有"媒体"属性,如博物馆、展览馆等展示平台和展览空间,迪士尼乐园、欢乐谷游乐场等各大主题园区,以及密室逃脱、剧本杀等一系列沉浸式游戏。文化创意场景媒体传播的关键在于如何在场景媒体的内容和形式上进行创意,实现有效的文化创意传播。

一、文化创意的户外媒体传播

户外媒体是指设置在户外场地并传播信息的媒介,包括牌匾、交通媒体、霓虹灯、社区楼宇媒体、LED 大屏等形式,一般以广告为主。户外媒体常常处于人员密集的公共空间的醒目位置,如大楼面、街道、公交地铁上,而且画面、内容设计一般比较有冲击力。不管有意还是无意,人们在举手投足间便会接收到户外媒体传达的信息,因而户外媒体是一种信息到达率较高的媒介。与电视、广播等媒体相比,户外媒体传播的内容总量少,但重复度高,一般为一篇内容或几篇内容全天滚动播放,信息并非转瞬即逝,持续性高。

作为场景媒体的一种,户外媒体无处不在,如电梯广告、公交站牌、楼宇大屏、楼体广告等。面对户外信息的扑面而来,人们难免会陷入"信息疲劳"的状态,导致信息"入眼"却难"入脑",因此,文化创意的户外媒体传播需要凸显文化和创意元素,创新信息在户外的表达方式,提高人们与户外媒体的交互和参与度,完成有效的文化创意传播。

以"痛车"为例,这是源自日本的一种动漫文化,指动漫爱好者在自己的私家车上涂上符合某一动漫主题或动漫角色形象的涂装,以彰显个性和爱好。如今,一种源于"痛车"的户外媒体传播新形式出现了——"痛公交""痛地铁"。过去对于动漫、动漫游戏类的宣传活动一般通过网络广告的形式传播,以迎合目标受众年轻群体的媒介使用习惯,但二次元偶像企划"Love Live!"系列的宣传却增加了交通媒体的途径,如广州出现了印有动漫美少女、全车刷成粉红色的"公交痛车",上海地铁也推出了"Love Live!"主题列车和文化长廊。存在于网络世界的动漫人物突破"次元壁"进入人们的现实生活,不仅给日常通勤的年轻人们带来一丝惊喜,也吸引了不少粉丝合影留念、拍照炫耀,"Love Live!"的推广传播大获成功。将新颖的内容和创新的视

---

[1] 张晨.移动时代党报由传统纸媒转型场景媒体的探讨[J].城市党报研究,2019(8):78-80.

觉设计引入公交广告，可以让文化创意更具吸引力，成为城市一道亮丽的风景线。

随着户外媒体展示技术的不断升级，出现了电梯广告投影、地铁车窗外的动态广告等新颖的展示形式，也让越来越多的创意者大展身手，并不断引入交互性创意，吸引人们驻足停留。例如，麦当劳曾使用交互式广告牌，将广告海报以九宫格形式打乱，需要点击触摸屏将其复原，对此感兴趣的人们便在游戏性的互动过程中充分接收了广告信息，也让麦当劳此次的文化创意取得了良好的传播效果。

研读材料

3D 仿真猫咪

东京都的当地企业为缓解民众在疫情期间的负面情绪，便在东京都新宿站附近的大楼上推出了一只形态逼真的巨型"3D仿真猫咪"，吸引过路行人纷纷停下脚步、拍照留念。

这一充满创意的户外媒体设计是通过一面高清晰度的一百五十多平方米的曲屏实现的。屏幕上投射出一只巨大的3D仿真猫咪，白天对着路过的行人打招呼、"说话"，晚上则呼呼大睡。人们纷纷来到屏幕下与猫咪互动，还有不少游客不远万里前来一睹"猫咪"的可爱姿态（见图6-14）。

图6-14 日本东京街头的"3D仿真猫咪"

资料来源：环球网.巨型3D猫咪亮相日本东京街头引路人围观［EB/OL］. https://baijiahao.baidu.com/s?id=1704749815835254004&wfr=spider&for=pc.［访问时间：2021-12-11］

二、文化创意的展览展示媒体传播

展览展示媒体指通过线下渠道展出方式进行信息传播的媒介，既包括构建场景所使用的说明书、标签、展板、海报等平面媒体，也包括各类展览、博物馆、科技馆等用于场景展览展示的空间媒体。依托这类媒体的文化创意传播主要是在展览的表现方式上进行创意构思，即通过制作符合展示主题的各类布景、周边产品，或运用数字展示等技术，构建具有创意性的展示场景，营造沉浸式文化创意氛围，可以让人们更深入地了解相关信息，如线下的野兽派实体店，通过场景布置、门店设计与各装饰海报等营造一种森林气息,让顾客仿佛置身于世外的丛林中体验购物乐趣。

早期的文化创意展览展示媒体传播主要是通过实景的展览设计烘托沉浸感,如中国煤炭博物馆在游览线路中直接设计了一处仿真的地下矿井场景,游客乘坐小矿车穿梭于地下,沿途了解采矿的作业流程以及矿井的配备设施,这种让人直接亲身体验的场景塑造无疑比单调的图文介绍效果更好。再如位于东方明珠内的上海城市历史发展陈列馆将老上海的生活场景仿真复刻,还在馆内陈列了不少具有时代感的交通工具模型,漫步于展馆中,近距离观看体验老上海的生活场景,游客仿佛穿越时空来到了几十年前,令人流连忘返。

大量的数字技术运用于展览业,催生了"沉浸式展览"这一概念。"沉浸式展览"一般是通过光影技术、增强/虚拟现实技术给参观者塑造一种超越生活的梦幻场景,用数字展示丰富了传统的文字、图片平面展示,在游览过程中以各种视觉要素抓取注意力,以至于参观者产生暂时的与现实世界隔绝之感。数字技术对展出场景的塑造颠覆了传统的展览展示形式,如过去人们欣赏画作是一静态的过程,人们站在展柜前细看图画,然而在"沉浸式展览"中,画作本身变成了一种场景,在光影的投射下,画作可以变成动态的视觉元素"铺满"整个展出空间,而AR/VR技术更可以将平面作品变为立体场景,使人们"走入"图画描述的世界。总之在当下,各类具有创意性的展览展出的不仅仅是展品本身,还有场景,给人带来深度沉浸感的场景往往能显著提升文化信息传播的效果。

光之博物馆

巴黎的"光之博物馆"被称作世界上最大的人工智能展览馆,也是巴黎第一个数字美术中心。在高达50K像素的163台投影仪以及3 300平方米总投影面积的辅助下,"光之博物馆"以光为笔,将名家名画投射于馆中,成为动态的场景(见图6-15)。

图6-15 光之博物馆

在古典音乐的伴随下,古典名画"活了"起来。游客行走于凡·高、克林姆等大师的经典作品中,顺着光影走入创作者的内心世界。行走于展馆的投影平面间,游客既可以领略克里姆作品中的古埃及风格和线面之美,还可以欣赏席勒、毕加索、夏加尔等多位名画家作品中的设计元素、色彩元素,感受线条的螺旋变化和色彩的爆炸浸染。墙面不断变换的色彩和几何图形让人以为来到一处虚幻的"乌托邦"。

不论是传统画作还是现代时尚画作,在光之博物馆中都变成了一种动态的光影场景,在音符的跃动下,人们看到了美术作品的另一层艺术维度,让人不断产生惊喜。

资料来源:这些才是真正的沉浸式艺术展[EB/OL]. https://www.sohu.com/a/434507958_99914252.[访问时间:2021-12-11]

三、文化创意的主题园区传播

主题园区是指以一个或多个文化IP作为主题设计的公共园区,面积一般较大,游乐设施较多,主要供人们休闲娱乐。不是所有的文旅园区都可以被称为主题园区,仅有休闲娱乐设施是不够的,还应该按照相应文化主题设计园区场景和游乐环节,让人们不仅能体验到游乐的乐趣,还能够沉浸于一定的主题场景。因此,可以将主题园区视为一个传播文化创意的大型场所或平台。

文化创意的主题园区传播主要在于打造园区的文化创意传播场景,让人们真真切切感受到自己处于文化主题情境,其关键就是要增强园区"真实感"。一般主题园区可以从以下三个方面提升园区"真实感"。

第一,切实还原文化IP,打造以IP为文化创意的主题园区。还原文化IP是要保留园区主题的纯粹性,在一定的园区范围内,严格按照某一文化IP"1:1"地打造展示场景,而且不同的主题场景区域严格分开,使游客在游览某一场景时能够不受干扰地沉浸其中。如日本环球影城的"哈利·波特的魔法世界"主题园区(见图6-16),当游客穿越一条漫长的丛林之路,迈入一处大门后,眼前豁然开朗,《哈利·波特》剧情中的街道、魔法集市呈现在眼前,四周是设计别致的中世纪城堡,游客完全进入了一个"魔法世界",不受别的主题的干扰。

图6-16 日本环球影城"哈利·波特的魔法世界"

(图片来源:大阪环球影城哈利波特区的17个隐藏彩蛋,看完觉得以前白去了[EB/OL]. https://www.sohu.com/a/363215222_120093003.[访问时间:2022-04-11])

第二，增强 IP 代入感，在主题园区呈现当代文化创意。让 IP 人物进入现实世界，其中最具有代表性的是迪士尼乐园中行走的各类动画角色。迪士尼要求扮演这些角色的演员严格"入戏"，把自己就当作这一动画角色，按照角色的性格、动作、说话方式与游客交流，而不把自己当作扮演的演员。因此，迪士尼乐园的游客经常能看见性格温顺的白雪公主热情欢迎小朋友的到来、邪恶的"毒皇后"眼神冷峻地看着拍照的游客、神秘尚武的"黑武士"拿着"光剑"与游客"过招"，这样的角色扮演设计给人们带来了强烈的真实感，一时间，拍摄这些迪士尼角色的短视频在社交网络热传，再次提升了这些经典 IP 的热度。

第三，提升场景体验感，增强游乐设施的场景逼真度。由于技术限制，许多早期主题园区仅实现了"IP＋设施"的这一结合，如在普通过山车上绘制 IP 角色就成了"主题过山车"，这给人们带来的趣味性相对有限。如今多媒体展示技术已经较为成熟，各类影像屏幕技术、投影技术、自动人偶技术等技术足以达到"以假乱真"的效果，把人们带入 IP 的剧情场景。如迪士尼乐园的"星球大战"线性游乐体验就塑造了一个完整的从太空到地球的体验场景，游客乘坐游览车穿梭于高度仿真、设备齐全的太空基地中，与真人或自动人偶扮演的角色对话、对战，在仿真屏幕和震动座椅的作用下，游客仿佛真的乘坐太空飞船翱翔于银河中，最终降落地球，走入真实的丛林场景。整个游览过程中互动不断，游客高度代入战斗员这一身份，体验了"星球大战"故事描述中的"真实"战斗场景，这一段经历无疑会让游客更加喜欢"星球大战"IP。

四、文化创意的沉浸式游戏传播

沉浸式游戏指参与者实际进入某一场景，按照事先给定的故事情节进行角色扮演，并在和剧情场景的互动中完成完整的故事体验，"沉浸"体现在玩家的高度参与，自身便是剧情中的一部分，而非旁观者。文化创意主要通过沉浸式游戏对剧本进行真实场景还原，让参与者进入模拟现实的场景中，参与游戏互动，推动情节发展。这种沉浸式游戏的具体表现形式相对多样、各有侧重："剧本杀"要求玩家进入剧本角色，相互斗智斗勇，进行逻辑推演；密室逃脱考验参与者们的解密能力和心理素质；沉浸式戏剧游戏则强调参与者的参与热情、与非玩家角色(NPC)[1]之间的互动等。

文化创意的沉浸式游戏传播主要通过两种方式。一是在剧本创作中进行文化创意。目前市场上流行的剧本主题以科技、魔幻、灵异、历史等为主，剧本虽然多但精品却少，情节存在一定的雷同现象。热门的剧本常常是与热门 IP 结合创作而出的，如早期密室逃脱就与许多热门IP 联动产生密室逃脱剧本，如《鬼吹灯》《花千骨》系列等。有些剧本甚至是联动 IP 原作者撰写而成，作为对本篇作品剧情的一个补充，这吸引了许多 IP 的忠实粉丝参与，使密室逃脱成为一种新潮热门的游戏方式。随着密室逃脱的日益流行，恐怖灵异剧本充斥沉浸式游戏市场，一方面给人们带来了刺激，但另一方面也产生了一些不良影响，如有参与者被吓到生病住院、产生心理问题等。因此，社会也在提倡创作正能量、红色主题或历史主题等具有文化内涵、发人深省的高质量剧本，这也是未来文化创意在沉浸式游戏传播的重要发展方向。二是在游戏设施

---

[1] NPC 是 non-player character 的缩写，指游戏中一种角色类型，主要为玩家提供一些游戏信息，或触发剧情。

和场景的设计中开展文化创意。具有创意性的密室逃脱、剧本杀项目常常可以让参与者有更为沉浸的体验感,通常有逼真的场景设施、逻辑缜密的解密机关、精细的游戏道具等,并在其中融入文化创意或历史文化,如密室逃脱中会采用天干地支、古诗词等作为解密密码,这种文化创意细节往往给参与者带来亲近感和成就感。例如,一些古城旅游景点直接把游戏舞台设置在中国传统的历史古城之中,让参与者身着古装,在与扮演历史角色的NPC互动解密过程中了解古城文化,真正做到沉浸式游戏,趣味十足、体验感极佳。

 研读材料

秘密影院之《007大战皇家赌场》

与传统的观影方式不同,秘密影院(secret cinema)这种沉浸式观影形式要求观众进入真实的电影场景中,扮演电影中的一名角色,以自己个人的真实经历去体验电影剧情的全过程。"007"系列经典电影《007大战皇家赌场》已被改编为这种有趣的形式。

观众如果想参与秘密影院版《007大战皇家赌场》(见图6-17),需要去官网购票,但除了获得片名和播放日期,其他信息皆是秘密,甚至连参与地点都是在活动开始之前才能得知。从订票到观影正式开始要经历2~3个月的时间,在此期间,观众需要完成一系列测试以分配合适自己的角色,并完成主办方分配的一系列"特工任务",层层揭秘,寻找接头人,最终得知影片放映的地点。在活动开始的当天,参与者需要寄存手机以便深入沉浸其中。所有参与者进入一个巨大的摄影棚,摄影棚被分割为几个区域,每个区域都是《皇家赌场》里出现的场景,人们扮演着各种角色、完成各自分配的任务,共同完成这出大戏的演出,可以获得与原电影完全不同的观影视角和体验。

图6-17 秘密影院之《007大战皇家赌场》

(图片来源:《秘密影院:007大战皇家赌场》首推"纯玩版":踏入幻想世界,每个人都是"邦德"[EB/OL]. https://www.163.com/dy/article/F1SVMGRS0512DU6N.html. [访问时间:2022-07-17])

资料来源:今天抢Secret Cinema的,都是最懂行的年轻人[EB/OL]. https://www.sohu.com/a/338759144_538024. [访问时间:2021-12-11]

 **案例解析**

大唐不夜城：文化创意传播的三重赋能

大唐不夜城是西安精心打造的精品文化步行街，以大唐文化为创意依托，以文旅休闲为主要功能，以文化夜游为特色路线。凭借着出色的文化创意设计以及运营模式，如今大唐不夜城已成为热门夜游景区、"网红"景区，是人们深度亲身体验大唐文化的最佳去处之一。"大唐不夜城"模式的成功，从文化创意传播的角度可以归纳出三重赋能。

一、一重赋能：千年古都文化资源赋能。

任何文化创意的设计都不能脱离一定的文化现实，对于曾是唐朝国都的西安来说，饱经历史风霜而留存的丰富的大唐文化遗产、资源是其进行文化创意传播最佳的素材和路径。从地理位置上来看，大唐不夜城景区靠近地标古建筑大雁塔，贴近大唐芙蓉园、曲江池遗址公园等古迹，还是晋昌坊和通济坊的所在地，周围留存有唐代的古城墙，唐文化氛围浓厚。从城市形象上来看，西安一直是古都文化、古代文化的代表性城市，人们来到西安，就是为了"寻古""怀古"，大唐不夜城对标的便是人们的这一需求。唐朝浓厚的历史、传奇的人物故事以及文化遗产资源亦可以成为大唐不夜城进行创意的文化元素。可以说，大唐不夜城的创意赶上了"天时地利人和"，西安地域性的历史文化元素对该创意进行了第一重赋能。

二、二重赋能：盛唐市景的沉浸体验赋能。

大唐不夜城将唐代文化元素用于场景塑造，让人们在景区两个多小时的游玩过程中仿佛真的"梦回大唐"。首先，景区整体建筑风格为仿唐建筑风格，进入景区就仿佛进入了古代集市。景区结合西安的夜游文化，在建筑、树木上放置了各式各样的彩灯设施，在黑夜的衬托下散发出"五光十色"的光芒，大大增强了夜晚游玩的观赏体验，这种视觉冲击强的展现方式不仅给人们带来了沉浸感，也符合"盛唐气象"下的城市印象。大唐不夜城给游客带来的"穿越感"是无时不在的，每隔一段距离，就会有一个小范围的互动表演，游客可以欣赏唐朝歌舞、与古代棋士对弈、与工作人员扮演的李白对诗，可谓惊喜不断，各种与唐文化相关的场景表演让人们深入领略了传统文化的魅力。

此外，景区还在各种设施、项目中融合唐文化要素，不仅让人们"看"到唐朝，还要人们"吃"到唐朝、"玩"到唐朝等。在"大唐昭国坊"中，人们可以领略百余种非遗产品，从中感受唐朝的强大国力以及在科技、佛教文化、文学、书法、绘画等方面的成就；"唐食坊"则还原了团扇酥、贵妃稠酒等具有唐代特色的饮食，人们可以在穿唐服、游唐街的同时细细品味"美酒佳肴"；《再回长安》《大雁塔水舞光影秀》等常驻演出给游客带来了情景交融的沉浸式体验，使游客不仅在感官上得到了满足，还深入了解了唐朝的文化历史。总之，大唐不夜城不仅是一个成功的旅游景区，也可以理解为一种特殊的场景媒体，通过仿真再现唐代的生活场景、艺术场景等给人们带来忘我的沉浸感，使唐代文明、传统文化深入人心。

三、三重赋能：文化交融的共创赋能。

大唐不夜城整体以唐文化作为主题，但不限于唐文化的传播。景区文化风格开放包容，游客也可以发现其他文化的亮点：在小吃街上，游客不仅可以品味唐代美食，还能品尝到各类创新小吃，甚至还可以吃到春发生、同盛祥、德发长、西安饭庄四家西安美食老字号的菜品；街头表演不仅有唐代传统歌舞，还有外国友人参与演奏的西洋乐器表演；园区还针对年轻群体对夜经济、潮流文化的需求，进行了商业配套升级，包括言几又·ARTMIX文化艺术综合体、西安曲江艺术博物馆的"奇妙博物馆"夜游项目、陕西历史博物馆×天猫的新文创服务店等。中外文化、新旧文化的交融并没有破坏大唐不夜城的唐朝主题场景沉浸感，反而增强了游览过程的趣味性，强化了景区的休闲功能，既具有传统性，也具有现代性。

大唐不夜城还积极乘上网红文化的"东风"，通过打造一系列网红IP进一步扩大了大唐不夜城的知名度。"不倒翁小姐姐"就是一个典型的例子。"唐宝"和"唐妞"是西安市的城市吉祥物，也是"不倒翁小姐姐"表演的设计思路来源。"不倒翁小姐姐"的扮演者在表演装置的帮助下自如摇曳，随机地与游客牵手互动，姣好的面容、甜美的微笑给游客留下了深刻的印象。这一场景被游客拍摄成短视频，迅速在网上走红，成为一度在短视频平台具有6 000余条相关视频、总播放量超过15亿次的爆款话题。这种"接地气"、充满梦幻感的表演深受人们喜爱，许多游客专程从外地来到大唐不夜城，就是为了一睹"不倒翁小姐姐"的风采，她已经成为景区具有代表性的网红IP。

大唐不夜城还推出了"西安年，最中国"这一品牌IP，依托"春节于西汉汉武帝时期明确，春节由长安发起"这条线索，在全球范围内广泛宣传，呼吁人们来到大唐不夜城过新年。景区举办了主题花灯、灯光秀、巡游彩车等活动，同时以唐文化为基础，突出在演艺、光影、互动小品等方面盛唐氛围的优势，融合外国潮流文化、国际时尚文化，举办了一系列国际化文化旅游活动，如中国华服日、丝绸之路国际电影节等，使盛唐文化、中国文化走出国门，广受好评。

思考题

1. 请谈谈你认为文化创意在平面媒体应该如何开展传播活动。
2. 试举例说明文化创意的广播传播或电视媒体传播。
3. 试举例说明场景媒体都有哪些，可以开展怎样的文化创意传播。
4. 文化创意如何进行主题园区的传播？

本章参考文献

[1] 孙树松，林人.中国现代编辑学辞典[M].哈尔滨：黑龙江人民出版社，1991.
[2] 张国良.传播学原理[M].上海：复旦大学出版社，2009.

[3] 赵玉明,王福顺.广播电视辞典[M].北京:北京广播学院出版社,1999.

[4] 章伟.文创+因子,助力报纸提档升级[J].城市党报研究,2020(11):47-49.

[5] 张晨.移动时代党报由传统纸媒转型场景媒体的探讨[J].城市党报研究,2019(8):78-80.

[6] 徐磊.论文旅品牌传播策略的优化路径——以西安大唐不夜城为例[J].人文天下,2020(22):49-55.

[7] 罗炜熠.新媒体时代杂志广告创意路径探究[J].中国报业,2019(16):46-47.

[8] 王宇.户外媒体研析[J].才智,2012(20):144.

[9] 蔡元祥.平面媒体的转型期嬗变[D].北京:中国传媒大学,2008.

[10] 姚妍婷.韦斯·安德森电影的叙事风格研究[D].杭州:浙江大学,2017.

[11]《人民日报》"开天窗"广告又来了![EB/OL]. https://www.sohu.com/a/23463909_118881.[访问时间:2021-12-11]

[12] 报纸的种类有哪些 报纸类型有哪几种[EB/OL]. https://www.maigoo.com/goomai/190392.html.[访问时间:2021-12-11]

[13] 凯特王妃顺产全英国庆祝 太阳报头版为小王子更名[EB/OL]. http://media.people.com.cn/n/2013/0724/c40606-22302791.html.[访问时间:2021-12-11]

[14] 创意性新闻标题制作六招——中国新闻奖获奖作品标题分析[EB/OL]. http://media.people.com.cn/n/2012/0905/c192374-18925914.html.[访问时间:2022-04-10]

[15] 颤抖吧,报纸标题!盘点今日有趣的报纸标题[EB/OL]. https://www.takefoto.cn/viewnews-778106.html.[访问时间:2022-04-10]

[16] 美翻!中国日报全球首发文创产品:报纸元素被美成独具一格[EB/OL]. https://www.163.com/dy/article/EDSDTCSG0518HE03.html.[访问时间:2021-12-11]

[17] 掌·声[EB/OL]. https://gzdaily.dayoo.com/pc/html/2020-07-23/content_132496_711696.htm.[访问时间:2022-04-10]

[18] 日本报纸广告赏获奖作品集合,30个脑洞大开的创意[EB/OL]. https://www.digitaling.com/articles/376397.html.[访问时间:2022-04-10]

[19] 日本矿泉水创意包装设计:新闻矿泉水[EB/OL]. https://3g.163.com/dy/article/H3A5O60005148Q26.html.[访问时间:2022-04-10]

[20] 50个经典杂志封面,设计思路全解析![EB/OL]. https://www.digitaling.com/articles/36512.html.[访问时间:2022-04-10]

[21]「INTO MEDIA」一本杂志的无边界体验[EB/OL]. https://baijiahao.baidu.com/s?id=1664780294965834609&wfr=spider&for=pc.[访问时间:2022-04-10]

[22] 福特二维码互动创意：平面不平[EB/OL]. https://zhuanlan.zhihu.com/p/362584495.[访问时间：2022-04-10]

[23] 杂志上的创意互动，太有趣了[EB/OL]. https://baijiahao.baidu.com/s?id=1703985476734805706&wfr=spider&for=pc.[访问时间：2021-12-11]

[24] 从古至今9个神奇的书籍设计，妙啊[EB/OL]. https://www.topys.cn/article/29852.[访问时间：2021-12-11]

[25] 那些让人舍不得扔掉的腰封[EB/OL]. http://www.artdesign.org.cn/article/view/id/39911.[访问时间：2022-04-10]

[26] 图书竟然还能这么做？不可错过的书籍设计硬核干货！[EB/OL]. https://new.qq.com/omn/20200828/20200828A04BIS00.html.[访问时间：2021-12-11]

[27] 这款古墓解谜书烧脑又刺激！解谜书日渐成为博物馆文创的新标配[EB/OL]. https://baijiahao.baidu.com/s?id=1700625331022465572&wfr=spider&for=pc.[访问时间：2022-04-11]

[28] 故宫又上新啦！《文物有灵》漫画解谜中讲述紫禁城600年[EB/OL]. https://baijiahao.baidu.com/s?id=16948949916928821968&wfr=spider&for=pc.[访问时间：2022-04-11]

[29] 自在苏州文创工作室：从广播出发，重塑传媒文创新生态[EB/OL]. https://www.sohu.com/a/432227483_738143[访问时间：2022-04-12]

[30] 集时尚、活力、创意于一身 上海广播艺术中心宣布启用[EB/OL]. https://m.sohu.com/a/468300985_120823584.[访问时间：2021-12-11]

[31] "广播＋文创产品"运营分享[EB/OL]. https://www.sohu.com/a/440104436_738143.[访问时间：2021-12-11]

[32] 文化节目为什么越来越好看？内容创新、科技加持都少不了[EB/OL]. https://baijiahao.baidu.com/s?id=1693270395373548902&wfr=spider&for=pc.[访问时间：2021-12-11]

[33] 豆瓣9.0！撒贝宁看哭了……[EB/OL]. https://c.m.163.com/news/a/G613SQ8R0525ICAS.html.[访问时间：2022-04-12]

[34] 韦斯·安德森式美学[EB/OL]. https://zhuanlan.zhihu.com/p/59113572?utm_source=wechat_timeline.[访问时间：2022-04-12]

[35] 一款叫做韦斯·安德森的设计模板[EB/OL]. https://www.canva.cn/learn/wesanderson-movie-shot-style/.[访问时间：2022-04-12]

[36] 韦斯·安德森：用偏执的构图创造出独特的电影美学[EB/OL]. https://baijiahao.baidu.com/s?id=1698569698040925552&wfr=spider&for=pc.[访问时间：2022-04-12]

[37] 2个观看角度+32部相关影片|《法兰西特派》超前测评|韦斯·安德森奥斯卡提名预定[EB/OL]. https://movie. douban. com/review/13961711/? dt_dapp=1&dt_platform=com. douban. activity. wechat_friends.[访问时间:2022-04-12]

[38]《学园偶像季:群星闪耀》CICF刮起偶像旋风 "痛公交"风靡羊城[EB/OL]. https://baijiahao. baidu. com/s?id=16803146583779613337&wfr=spider&for=pc.[访问时间:2021-12-11]

[39]《Love Live! 学园偶像祭》痛地铁上海引追捧 TV动画[EB/OL]. http://chanye. 18183. com/201607/657850. html.[访问时间:2021-12-11]

[40] 麦当劳的交互式户外广告[EB/OL]. https://www. haohead. com/2017/Creative_0329/17201. html.[访问时间:2021-12-11]

[41] 巨型3D猫咪亮相日本东京街头引路人围观[EB/OL]. https://baijiahao. baidu. com/s?id=1704749815835254004&wfr=spider&for=pc.[访问时间:2021-12-11]

[42] 天呐! 东方明珠塔内竟藏着老上海! 网友:刚去过还想去[EB/OL]. https://sghexport. shobserver. com/html/baijiahao/2021/03/01/371156. html.[访问时间:2021-12-11]

[43] 这些才是真正的沉浸式艺术展[EB/OL]. https://www. sohu. com/a/434507958_99914252.[访问时间:2021-12-11]

[44] 大阪环球影城哈利波特区的17个隐藏彩蛋,看完觉得以前白去了[EB/OL]. https://www. sohu. com/a/363215222_120093003.[访问时间:2022-04-11]

[45] 今天抢Secret Cinema的,都是最懂行的年轻人[EB/OL]. https://www. sohu. com/a/338759144_538024.[访问时间:2021-12-11]

[46] 抖音爆款文旅商业景点"大唐不夜城",为什么这么"火"?![EB/OL]. http://www. archina. com/index. php? g=portal&m=index&a=show&id=5742.[访问时间:2021-12-11]

第七章 文化创意传播渠道之线上媒体

> **学习目标**
>
> 学习完本章,你应该能够:
> (1) 了解文化创意的基础网络媒体传播;
> (2) 了解文化创意的网络社交媒体传播;
> (3) 了解文化创意的网络视听媒体传播;
> (4) 了解文化创意的电子商务媒体传播。

> **基本概念**
>
> 文化创意线上媒体传播 基础网络媒体 网络社交媒体 网络视听媒体 电子商务媒体

第一节 文化创意的基础网络媒体传播

随着互联网技术的不断升级,网络媒体的发展异常迅速。在文化创意传播工作中,互联网最基础的网络媒体依旧发挥着其原有的作用,为信息和文化的传播提供了基本保障。本节将对如何依托基础网络媒体开展文化创意传播进行详细阐述。

一、文化创意的一般网站传播

网站是一种主要的网络媒体,也是网络形态中最基本的媒体形式。它既是一种传播工具,又是一种沟通工具,人们可以通过网站发布信息、获取资讯,也可以提供或享受网站的信息服务。根据网站的用途,可以分为门户网站、行业网站、娱乐网站等;根据网站性质,可以分为个人网站、政府网站、商业网站等;根据营利与否,可以分为营利型网站和非营利型网站。[1] 此外,根据网站编程语言、功能等方式,网站也可以分为不同的类型。与传统媒体相比,网站在信息表现形式与传播方式上更加灵活,在网站布局设计上具有个性化的特点,在操作实施上具有互动性,在信息内容上具有实用性,在运行服务上具有技术性,在升级优化方面又具有扩展性。[2] 这些特征让网站具有极强的可塑性,也是网络媒体中不可或缺的重要形态。

数字技术的不断发展也让网站的信息表现形式不断更新,由最初的文字、图片,发展到现在的声音、动画、影像、AR 等多媒体形式,网站可以包含的表现形态也越来越多。因此,通过网站开展文化创意传播也具有多种可能性。

首先,一个令人印象深刻的名称是文化创意通过网站传播的重要元素。在成千上万的网站中,越容易记忆且具有特色的名称,越可以吸引人们关注、赢得更高的点击率。对于网站名称的文化创意传播可以分为域名和网站名两部分。一是个性化的域名,即由一串用点分隔的名字组成网络名称,如以".com"".net"结尾的域名等。例如,"Q.com""X.com""Z.com"单字符域名就曾公开交易,并几度高价易主。这样有特色的域名不仅可以作为企业的重要识别,也更具个性、创意,因而受人追捧。二是有特色的网站名称,如新浪网、腾讯网之类,已成为品牌与企业的重要标志。例如,全球最早上线的视频网站之一土豆网,其名字来源于"沙发土豆"(couch potato)一词,也揭示了土豆网早期的视频网站属性,后期又将名称改为"土豆",更方便人们记忆。

其次,网站的企业形象(corporate identity, CI)设计是最具代表性的文化创意传播方式。人们打开网页,首先映入眼帘的就是网站的形象设计,既代表了网站企业的风格,又是文化创意传播最直接的表达。为了配合网站的主题与内容,网站的整体风格也多种多样,别具特色。在网站的 CI 设计方面进行文化创意传播,主要可以从布局、logo、色彩、字体、标语等方面入手。例如,饰品电商类网站维斯孔蒂夫人(Madma Visconti),整体布局以左右形式划分为两部分,方便顾客通过滚动主页右侧区域查看饰品细节图,同时将 logo 置于页面左上角,以饰品图片为背景,采用深浅对比色突出饰品图片,这样的设计既符合饰品网站的特性,又凸显电商网站的友好化服务(见图 7-1)。

再次,设计交互特效,增强文化创意在网站的传播效果。这些交互特效一方面凸显网站本身的创意特性,加强网站传播的效果,另一方面可以调动浏览者情绪,增加趣味性。在网站上

---

[1] 贺定安.关于编制《中图法·网络信息分类表》的构想[J].国家图书馆学刊,2002(3):69-72.
[2] 李洪心,刘继山.网站建设与管理[M].重庆:重庆大学出版社,2016:5.

图 7-1　Madma Visconti 网站

（图片来源：2022 年国外最具创意网页设计 20 例！［EB/OL］. https://www.mockplus.cn/blog/post/1197.［访问时间：2022-03-31］）

可以实现的交互特效主要有图片或页面切换效果、滚动效果、弹出效果、鼠标 hover 变化效果、图片轮播效果、文字飞入效果等。除此之外，还可以通过 AR、VR、360°全景体验等设计交互特效。不同的交互效果最终的目的都是服务于网站，更好地提升浏览体验。

最后，通过设置内容模块，丰富文化创意在网站的传播内容。网站最重要的作用就是信息发布，因此，对于纷繁复杂的网络信息进行规划性、创新性的分类整理，有利于开展文化创意传播工作。对于综合性门户网站而言，内容模块越多、越精细、越清晰，则越有利于浏览者快速查找或定位自己所需信息。对于专业类网站来讲，模块设置越具科学性和功能性，越能得到浏览者的认可。以中国非物质文化遗产网为例，它既是公益性非物质文化遗产保护专业网站，又是中国非物质文化遗产数字博物馆，承担着对外传播和展示中国非遗、提供非遗信息和理论、调动社会公众参与非遗、促进中国非遗工作开展等多项任务。因此，网站开设了数列专栏，能够及时地反映政府有关非遗保护工作的政策、理念，学术机构和保护机构的研究成果、工作经验，以及我国非遗的具体内容细节和资讯，而且简洁明了、方便查询，为引导全国非遗工作者、志愿者正确开展非物质文化遗产的保护与研究，提供一个有效的交流平台（见图 7-2）。

图 7-2　中国非物质文化遗产网截图

（图片来源：中国非物质文化遗产网·中国非物质文化遗产数字博物馆［EB/OL］. https://www.ihchina.cn/.［访问时间：2022-07-17］）

二、文化创意的搜索引擎传播

搜索引擎是一种信息检索系统,根据用户需求,依托网络爬虫技术、检索排序技术、网页处理技术、大数据处理技术、自然语言处理技术等,为信息检索用户提供快速、高相关性的信息服务。搜索引擎就相当于网络信息的图书馆检索目录,因而使用搜索引擎是绝大多数互联网用户获得信息的必要选择。世界知名的搜索引擎有谷歌(Google)、必应(Bing)、雅虎(Yahoo)和百度等,随着搜索的作用日益明显,社交媒体和移动应用也开始入场搜索,如脸谱网(Facebook)的社交媒体搜索、微信的会话聊天搜索框和"搜一搜"、微博搜索、输入法搜索等,[1]都可以帮助用户快速检索所需信息,减少搜索者的认知努力和时间成本。

随着用户对互联网搜索的要求越来越高,传统的搜索很难满足用户多元化搜索需求。因此,文化创意也逐渐融入搜索引擎,从文化内涵、合作拓展两个方面进行创意传播的优化与尝试。第一,在搜索引擎图标设计上别具匠心,在搜索标题和标签展示上赋予文化内涵与新意,如百度通常会根据日期、节日等特殊时间,在搜索界面或标志上进行相应创意设计,有时会增加动画、小游戏等交互设计,或推荐与之相关歌曲、电影等内容,带给用户新鲜感和美学体验。第二,搜索引擎可以依托小程序或 APP,强化网络链接、跳转功能,既可以强化文化创意传播相关的内容、服务、品牌与搜索引擎的接入,为移动端搜索提供重要流量去向,又可以通过外部合作,在技术、内容、流量等方面不断完善文化创意传播的搜索生态体系,为文化创意产业的发展提供增长动力。[2]

 研读材料

> **必应的圣诞主题创意交互**
>
> 必应是微软公司推出的搜索引擎服务,也是全球领先的搜索引擎之一。与众多搜索引擎一样,必应会在节日期间配合推出相关的创意界面。
>
> 必应曾在圣诞节推出个性化、创意交互搜索界面(见图7-3)。除了配有圣诞节节日气氛的背景图外,在搜索界面下方还设有五个红色的交互效果按钮,用户只需要点击按钮,就可以为界面添加圣诞效果,如呈现雪花结晶、霓虹灯、下雪、篝火或响起《铃儿响叮当》背景音乐等效果,让用户在使用搜索引擎的过程中,感到趣味性、创意性,也借此提升了互动性,烘托了圣诞节的节日氛围。

---

[1] 方师师.搜索引擎中的新闻呈现:从新闻等级到千人千搜[J].新闻记者,2018(12):45-57.
[2] 第48次中国互联网络发展状况统计报告[EB/OL]. http://www.cnnic.net.cn/hlwfzyj/hlwxzbg/hlwtjbg/202109/P020210915523670981527.pdf.[访问时间:2021-12-08]

图 7-3　必应圣诞节个性化搜索界面

（图片来源：还不去 Bing 首页看看？必应的圣诞节创意[EB/OL]. https://www.sohu.com/a/50408606_223764.［访问时间：2022-04-13］）

第二节　文化创意的网络社交媒体传播

网络社交媒体指互联网上基于用户关系的内容生产与交换平台，是人们彼此之间用来分享意见、见解、经验和观点的工具和平台。网络社交媒体已经成为人们重要的生活工具，制造了社交生活中的热点话题，其传播的信息已成为人们日常关注的内容，常能引发网友的热烈讨论，人和人、人和信息的互动都具备了前所未有的可能性。同时，网络社交媒体用户可以在消费内容的同时生产内容，在接收信息的同时传播信息。因此，通过网络社交媒体进行文化创意传播，可以大大提高和扩大文化创意内容的传播效率和范围。如今，大量的文化创意信息和内容是通过社交媒体进行传播的，本节将阐述文化创意在以下五类网络社交媒体的传播。

一、文化创意的信息交互媒体传播

信息交互社交媒体最突出特点就是具有极强的社交属性，也是最传统的社交媒体类型。在信息交互社交媒体上，人们通过定期或不定期地发布、更新信息，可以通过评论、点赞、标记、转发、私信等方式与他人保持联系、进行互动，进而建立起情感联系与社交关系。较为流行的信息交互社交媒体有推特（Twitter）、微博、脸谱网（Facebook）、领英（LinkedIn）等。

在信息交互社交媒体开展文化创意传播可以依托已建立的网络社交关系，容易形成对热点事件的讨论，扩大信息传播的范围，形成迅速增长的影响力。基于其开放、多元、高效的特点，信息交互社交媒体吸引了无数自媒体或专业媒体进行文化创意传播工作。例如，推特是目前全球互联网访问量最大的十个网站之一,也是全球用户使用频率最高的信息交互类社交媒体之一,为专业媒体和自媒体进行文化创意的国际传播提供了重要平台。

中国品牌在推特上的文化创意传播

推特是一个以英文为主的社交网络,"为企业提供了一个连接全球文化,实时把握海外市场脉搏和消费趋势的强有力的平台"。[1] 因此,它也成为中国品牌开展国际传播的重要社交媒体渠道。

第一,因地制宜,深入本土文化。了解所要开展文化创意传播的地区、国家的文化习俗、节日活动等,可以帮助中国品牌把握传播时机和消费痛点。例如,美图手机为扩大在日本市场的知名度,在日本盛夏的烟花大会之际发布推文,教学美图手机用户如何拍出漂亮的烟花和自己,将品牌的特性与本土文化完美地融合。

第二,借势而为,抓住热点事件。热点事件是在推特上进行推广、传播的重要时机,可以借着事件热度提升品牌知名度,扩大影响力。例如,2019年世界杯期间,华为就在印度尼西亚市场购买了推特上发布的世界杯赛事贴片广告,大量推特用户在观看和讨论赛事前后看到华为的相关广告,借此可以提升品牌在当地市场的知名度与好感度。

第三,策划引导,扩大明星效应。明星在社交网络上汇集了大量粉丝,其动态成为广大网友的关注内容,因而在推特上借助明星影响力,可以提升品牌的知名度。例如,TCL在开拓北美市场时,会通过推特与美式橄榄球明星球员明尼苏达维京队的安东尼·巴尔(Anthony Barr)、迈阿密海豚队外接员贾维斯·兰德里(Jarvis Landry)和脱口秀明星亚当·卡罗拉(Adam Carolla)等人进行话题互动,因而也赢得了较高的网络美誉度。

二、文化创意的图片分享媒体传播

图片分享社交媒体是以图片为主的社交媒体,一般有两种类型:一是以兴趣为出发点的图片分享社交媒体,如拼趣(Pinterest)、花瓣、堆糖、乐乎(Lofter)等;二是以交友为出发点的图片分享社交媒体,如照片墙(Instagram)、绿洲、私密社交服务(Path)等。两种类型的图片分享社交媒体的共同点就在于图片、兴趣和社交三个要素。图片分享社交媒体正是读图时代的必然产物。与其他社交媒体相比,图片分享具有以下特点:易于表达,通过视觉效能的发挥,深度发掘图片产生的场景、历史和创作者的情感,给人冲击和震撼;易于传播,图片内容信息丰富,可以弥补文字表达在感性方面的不足,也可以有效消除用户之间因不同语言、不同文化背景所造成的交流障碍;易于创造,图片叙事可以给予用户更多的想象空间,以短小精练的内容概括所要传播的信息,而用户也可以对其进行自我解读,寻找自己关心的兴趣点。[2]

文化创意在图片分享社交媒体上开展传播工作时可以通过两种途径。其一,图片本身就

---

[1] Twitter:让中国品牌的海外营销更具影响力[EB/OL]. https://baijiahao.baidu.com/s?id=1634738209970757010&wfr=spider&for=pc.[访问时间:2022-03-30].
[2] 图片类社交平台研究——以 Pinterest 和 Instagram 为例[J]. 理论月刊,2018(1):167-170.

是表达文化创意的重要载体,因而要抓住图片本身的可视化特点,在图片制作上进行创意开发。该类型媒体一般采用"瀑布流"的图片展示方式,自上而下依次排列图片,可无限向下延伸滚动欣赏。要在众多图片中脱颖而出,就要在图片的颜色、构图、尺寸、内容、布局等方面进行研究,这也是依托图片分享社交媒体进行文化创意传播的主要任务。其二,基于不同图片分享社交媒体平台的个性化功能,进行图片的文化创意传播。例如,Instagram 有一项"阅后即焚"的附加功能,就是用户发布的图片等内容会在 24 小时后自动消失,可以创意地使用这一功能发布具有冲击力的图片,勾起用户好奇心,从而赢得更多的关注。此外,Instagram 还有倒计时贴纸、投票贴纸、捐赠贴纸等小功能,都可以成为在此平台开展文化创意传播的重要工具。

 研读材料

标致汽车的拼趣拼图活动

拼趣可以被称为"图片社交"鼻祖,拥有庞大的用户群体。同时,拼趣有一项个性化的功能,就是帖子中的产品或企业链接可以直接跳转,正是这项功能吸引了不少品牌在其平台开展文化创意传播活动。汽车品牌标致(Peugeot)就曾在拼趣策划了一场声势浩大的拼图活动,取得了良好的传播效果(见图 7-4)。

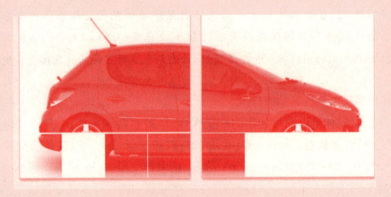

图 7-4　标致汽车在拼趣活动主页上的"画板"
(图片来源:标致汽车 Pinterest 案例[EB/OL]. https://iwebad.com/case/1629.html.
[访问时间:2022-03-30])

在标致汽车的拼趣活动页面可以看到拼图活动的细则,参加活动的用户需要去品牌官方主页与脸谱网企业页面寻找图片碎片,并利用拼趣上的大头针(Pin)功能完成拼图,前五名完成拼图的人则可以获得奖品。这一活动不仅发挥了拼趣可以裁剪与整理图片的优势,也成功引流到品牌的官方网站与脸谱网企业页面,形成粉丝与品牌的积极互动,完成了一次成功的文化创意传播活动。

三、文化创意的即时通信媒体传播

根据中国互联网络信息中心的定义,即时通信是指互联网上用以进行实时通信的系统服务,其允许许多人使用即时通信工具传递文字信息、文档、语音以及视频等信息流。早期的即时通信社交媒体有 MSN、Google Talk、QQ 等,其主要目的就是文字信息的交流。随着技术的不断提升以及相关网络配套设施的完善,即时通信工具的功能集成了以即时通信为核心的电子邮件、博客、音乐、电视、游戏和搜索等多种功能,成为集交流、娱乐、商务等于一体的综合化信息平台。目前较为流行的即时通信社交媒体有 WhatsApp、微信(WeChat)、LINE、Kakao Talk、Viber 等。

随着即时通信社交媒体的功能日益强大,文化创意通过其可以开展的传播活动也日益多样。首先,可以利用即时通信社交媒体自身庞大用户群体的优势,在单纯的即时通信功能基础上进行创意开发。例如,丰田在西班牙为了宣传新车 ToyotaAygo 的发布,利用 WhatsApp 策划了一次有趣的"挑逗比赛"。参赛用户只需要给 ToyotaSpain 的 WhatsApp 账号发送称赞 ToyotaAygo 汽车最肉麻的口头禅、图片、声音邮件和视频,就有机会赢得一辆全新的汽车。这次活动不仅吸引了众多用户关注新款汽车,同时也从其他社交媒体平台引流到 WhatsApp,做到了品牌与平台的双赢。其次,即时通信社交媒体平台上的表情包就是具有创意性的传播内容,可以充分利用这一优势,扩大传播影响。例如,韩国即时通信媒体 Kakao Talk 的表情包 Kakao Friends 已经成为其品牌的重要 IP,并推出了一系列衍生品。最后,这类社交媒体还可以依托其多元化的附加功能不断开展文化创意传播互动。例如,微信的小程序、朋友圈、公众号、小游戏等功能都可以成为进行文化创意传播的重要工具。

星巴克《自然醒》的微信互动传播

微信的用户量已突破十亿,是当仁不让的"国民"社交媒体。微信自带的创意功能具有较强的互动性,如视频号、H5、小程序、互动屏、小游戏等,因而成为众多品牌开展创意互动的首选之一。星巴克就巧妙地利用了微信的私密性、精准性和互动性,策划了一次成功的微信推广活动。

"星巴克中国"在微信公众号上发布了《自然醒》音乐专辑,当微信用户添加"星巴克中国"成为好友后,向其发送表达自己心情的微信表情或信息,"星巴克中国"就会根据信息内容辨别情绪,并回复给用户相应情绪的《自然醒》专辑中的音乐。这样一对一的互动交流方式,不仅可以让"星巴克中国"与用户共享情绪与音乐,进行更为直接的互动,也可以通过精准化的推送,提升品牌形象与凸显个性化服务理念,增加用户的黏性。此次星巴克的互动式微信推送不仅吸引了大量用户参与,也在充满趣味的互动中赢得品牌口碑。

资料来源:微信营销案例分享——星巴克《自然醒》音乐[EB/OL]. https://mt.yuzhua.com/consulte/2-20-30417.html.[访问时间:2022-03-30]

四、文化创意的博客社区媒体传播

博客是一种通常由个人管理、不定期张贴新文章的网站,其主题会因博主兴趣爱好而异,上面的内容通常以网页形式出现,通常具备 RSS 订阅功能,将新消息推送给订阅的读者。一个典型的博客结合了文字、图像、其他博客或网站的链接及其他与主题相关的媒体。能够让读者以互动的方式留下意见,是许多博客的要素,早期的 QQ 个人空间也属于这一类。社区社交媒体则多是指因共同的兴趣爱好、偏好的话题等内容在网络汇集而成的讨论社区,早期的社区社交媒体有论坛、贴吧等。博客社区社交媒体倡导以多种形态、多个维度的表达方式,传播大众的不同"声音"。如今,博客社区社交媒体除了传统的博客平台外,还有汤博乐(Tumblr)、豆瓣、Reddit、虎扑等。

在博客社区社交媒体开展文化创意传播要把握三个关键词。其一,社群。网络社群是博客社区类社交媒体的重要支撑,也是在这类媒体开展文化创意传播的突破口。找准特定网络社群的特点,引发社群成员的共鸣与共情,可以快速扩大文化创意的传播范围与影响。通过 2016 年"帝吧出征寸草不生"的网络事件就可以看出网络社群的集体力量不容小觑。其二,兴趣。网络社区之所以能够建立,主要是基于相同的兴趣爱好与内容偏好,因而在博客社区社交媒体开展文化创意传播要投其所好,在不同的垂直兴趣社区进行因地制宜的文化创意传播活动,实现目标传播效果。其三,意见领袖(KOL)。在网络社区中,KOL 具有极大影响力,如博客里的大 V、贴吧中的大神等,他们不仅是优质社区内容的创作者,也是社群存在的重要原因,通过意见领袖可以营造出良好的社区交流氛围。

研读材料

新福克斯在豆瓣的推广

长安福特为推广新款福克斯汽车,在豆瓣上线了"过瘾"驾驭的互动体验活动,旨在传播新福克斯令人"过瘾"的驾驶乐趣(见图 7-5)。

图 7-5 福克斯带你畅游你的豆瓣记录

活动第一阶段主要以"过瘾集中营——测试你的过瘾指数"为核心活动。首先,引入线上麦克风互动环节,邀请参与活动的用户对着麦克风吼一声以表自己"过瘾"的心情,并以音量作为驱动新福克斯驰骋的"过瘾"速度。然后,新福克斯会带领活动用户浏览其豆瓣记录,包括书籍、电影、音乐等"过瘾"风景,并获取"过瘾"指数,让用户在"过瘾"驾驶中得到归属感与成就感。最后,根据不同的"过瘾"指数,新福克斯会为每位用户定制个性的"过瘾"勋章,并邀请用户填写试驾信息、参与抽奖活动,其中的奖品包含豆瓣付费产品的升级体验,给品牌粉丝与豆瓣用户提供双重"过瘾"体验。在活动的第二阶段,则采用面部动态捕捉技术来控制新福克斯赛车的方向盘,加强了用户在网站上的互动体验,让参与活动的用户体验升级版"过瘾"活动。

长安福特新福克斯之所以选择在豆瓣开展线上互动营销,主要原因在于豆瓣与豆瓣用户的气质完全契合新福克斯的品牌精神与调性。此次推广活动也牢牢抓住了豆瓣用户心理——喜欢新鲜、刺激、个性,结合新福克斯的"过瘾"气质与推广诉求,将"过瘾"的主题融入互动游戏的各个方面,不仅通过"过瘾驾驶"的线上活动激活了新福克斯在豆瓣的潜在客户,也让新福克斯"生活就要过瘾"的文化精神在豆瓣更加深入人心。

资料来源:长安福特新福克斯——在豆瓣"过瘾"驾驭[EB/OL]. https://socialbeta.com/t/douban-case-study-changan-ford-2013.html.[访问时间:2022-07-26]

五、文化创意的知识共享媒体传播

随着无处不在的即时连接以及用户生成内容(user generated content,UGC)的稳定信息流,人们通过网络寻求信息、获取知识、分享知识的行为发生了显著的变化。通过知识共享社交媒体,从同行或专家处获取信息、分享信息、探讨专业知识便成为逐渐兴起的一种方式。这类媒体允许人们在线发布问题,并从知识分享社区的其他成员处得到答案,其目的在于营造一个信息交流的环境,吸引对讨论主题感兴趣的成员于讨论区公开地发表意见、分享经验及交换信息。知识共享社交媒体中,用户可用自然语言提问,其他回答者阅读完问题后提供更加个性化、量身定做的回答。根据交流内容与类型的不同、回答者(其他用户、主题专家、参考官员)的不同以及内容传播方式(一对一、一对多、多对多)的不同,也存在不同形式。然而不管形式如何多样,知识共享的主要方式仍然聚焦于知识内容本身。目前盛行的知识共享社交媒体有知乎、果壳网、问答网站Quora、浓缩书软件Blinkist等。

在知识共享社交媒体开展文化创意传播最终要回归内容本身,也就是知识。无论开展何种形式的文化创意传播工作都离不开媒体平台所具有的知识背景。知识共享社交媒体最主要的作用就是"提出问题""解答问题",可以利用这些优势,引发用户对某些问题的关注,进而引发相关讨论,提升关注度,扩大影响力。在提问的时候,可以通过提出或解答具有娱乐性的问题吸引用户关注,如知乎平台常有"如果吃一勺太阳会如何""如果只剩三个小时就要出现丧尸,你会干什么"等脑洞大开的问题出现,选择合适的问题嫁接到需要传播的文化创意中,可以做到事半功倍。同样，在回答问题的时候也可以采用多样的创意方式，如带上特殊符号、图像等引人注目的格式化文字，或是跨界互动，不断扩宽知识的边界，将问题的解答和知识内容融入生活场景。例如，亚朵联合知乎开了一家"有问题"酒店，消费者通过扫码获取酒店相关问题的视频音频回答，将问题的答案融入现实场景，让知识与创意无处不在。

 研读材料

谷歌"智玩皮影"的知乎创意互动

谷歌艺术与文化(Google Arts & Culture)为推广其新的掌上博物馆软件"智玩皮影"(Shadow Art)，在知乎上开展了一次关于传承传统文化的文化创意传播活动（见图7-6）。这款软件是谷歌联合中央美术学院美术馆、王皮影博物馆以及中国非遗产业联盟三家机构一同研发设计的，将皮影及相关作品用 TensorFlow™ 影像采集技术模型进行数字化收录，并通过人工智能识别用户手势触发《白蛇传》皮影动画，在与用户深度互动中实现皮影艺术的传承与传播。

图7-6 "受欢迎的老传统"

(图片来源：社会创新引领营销趋势，知乎斩获广告节两项全场大奖[EB/OL]. https://www.sohu.com/a/433068396_100137374. [访问时间：2022-04-14])

谷歌联合知乎举办的"受欢迎的老传统"活动，旨在通过"智玩皮影"让"皮影戏"成为受欢迎的"老传统"。首先，@知乎游戏官方机构号在"世界动画日"（10月28日）提出了"童年的动画你还记得哪些？"的问题，引发知乎用户关于文化艺术与当代科技的思考。然后，@谷歌开发者则以回答者的身份受邀为大家科普传统文化与现代科技融合中的创新，解读谷歌如何利用技术实现传统文化传承,进而引入谷歌"智玩皮影",让更多用户对"皮影文化"产生好奇与兴趣,主动了解和下载"智玩皮影"。随即,谷歌又在知乎平台发布关于"智玩皮影"的测评,收集不同用户对软件在使用体验、文化内涵、教育意义等方面的反馈。在实现"智玩皮影"在知乎平台的专业详解与口碑建设后,谷歌将"受欢迎的老传统"活动延伸到线下,在第六届世界互联网大会中的乌镇东栅应家桥皮影戏馆打造"智玩皮影"线下互动场景,让用户通过线下多种体验了解传统皮影戏在创新科技加持下的乐趣,从而强化了"智玩皮影"的文化与科技影响力。

第三节 文化创意的网络视听媒体传播

视听媒体有着其他媒体不可取代的视觉和听觉体验。随着网络传播时代的到来,网络视听信息主宰了互联网信息传播,网络视听媒体成为人们获取信息、休闲娱乐、学习成长等方面必不可少的媒体渠道。同时,作为传播平台而言,网络视听媒体肩负文化创意传播的重任,但作为传播者而言,它又兼顾文化创意内容生产的工作,是名副其实的文化创意传播参与者。随着网络技术的发展与革新,流媒体、网络直播、视听共创、网游手游等网络视听形式日益多样,这不仅丰富了人们的网络文化生活,也拓展了文化创意的网络传播形式。

一、文化创意的一般流媒体传播

流媒体是指将压缩的媒体数据上传到网络,用户通过解压设备对数据解压后,在网上可以即时传输影音以供观赏的一种技术与过程。[1] 简言之,就是采用流式传输的方式在网络播放的媒体格式,包括我们日常欣赏的音频、视频或其他多媒体文件。流媒体相较其他媒体而言,既可以实时播放音视频和多媒体内容,也可以边下载边播放,并且在实时播放完成后不占用客户端的存储空间,真正做到流式传输。正因此,它备受广大用户的喜爱。目前比较流行的流媒体平台有海外的奈飞(Netflix)、迪士尼+(Disney+)、HBO Max、声田(Spotify)等,国内的爱奇艺、优酷、咪咕、网易云音乐、蜻蜓FM等。

流媒体既是文化创意产业的重要组成部分,也是文化创意传播的重要阵地。一方面,流媒体上的文化创意传播以专业生产内容(PGC,Professional Generated Content)为主,以保证内容质量与输出品质,因而不乏众多高品质的原创影视综艺节目,如奈飞的品质好剧、爱奇艺的"迷雾剧场"悬疑自制剧、优酷平台的"这!就是"系列综艺、芒果TV的《声入人心》《舞蹈风暴》等自制影视综艺节目。同时,文化创意IP也会通过流媒体平台被放大和延伸,影视公司、创意内

---

[1] 王雷.高等计算机网络与安全[M].北京:北京交通大学出版社,2010:10.

容公司会联合流媒体平台共同开发以 IP 为中心的系列影视综艺节目,如正午阳光联合腾讯视频开发《欢乐颂》三、四、五季,米未与爱奇艺达成长期合作,推出了《奇葩说》《乐队的夏天》《一年一度喜剧大会》等优质节目,这样的合作方式,既可以让文化创意公司的创意内容得到有效传播,又保证流媒体平台可以输出与传播源源不断的文化创意内容,实现"双赢"。另一方面,作为文化创意传播者,流媒体平台自身也会策划系列文化创意传播活动,增加与用户之间的互动,提升用户体验与黏性。例如,网易云音乐曾推出多项音乐策划:云音乐年度听歌报告、"权力的游戏世界里·你会是谁"人物测试、"来,用五笔画一个你的爱吧!"情人节策划、"毕业放映厅"歌单等,在用户口碑和传播影响上获得双丰收。

 研读材料

奈飞,创意无限

奈飞是全球领先的流媒体娱乐服务公司,服务范围遍及 190 多个国家和地区,拥有 1.83 亿名付费会员,播放内容有电视剧、纪录片和剧情片等,涵盖多种类型和语言。其本身不仅仅是一个流媒体平台,更是文化创意内容生产与传播的阵地。奈飞凭借高端自制美剧和突破性的排播不断冲击着传统电视平台,陆续推出了《纸牌屋》《毒枭》《怪奇物语》等多部爆款神剧,因此也被网友称赞"奈飞出品,必属精品"(见图 7-7)。奈飞占据流媒体头部市场也有其创新性的发展策略。

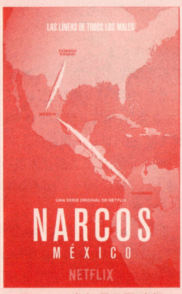

图 7-7 《毒枭:墨西哥》海报

(图片来源:Narcos:Mexico 海报 1[EB/OL]. https://www.goldposter.com/zh/295910/xlg/. [访问时间:2022-07-16])

第一,重视人才。大卫·芬奇(David Fincher)导演的《纸牌屋》大获好评,为奈飞笼络人才奠定重要基础,也因此吸引了科恩(Coen)兄弟、脱口秀界大佬大卫·麦克尔·莱特曼(David Michael Letterman)、金牌美剧制作人姗达·莱梅斯(Shonda Rhimes)等纷纷加入。此外,奈飞也为其原创内容、纪录片、单口喜剧等产品在世界各地不断寻找优秀的创意团队。

第二,采用本土团队精准制作。在总结《马可·波罗》的失败经验后,奈飞决定在海外市场采用本土团队进行影视剧的制作,以此满足当地观众的视听品位。奈飞已经在全球17个不同的市场开始生产原创内容,也开发了多部本土影视剧,如俄罗斯的《托洛茨基》、泰国的《禁忌女孩》、南美的《百年孤独》、西班牙的《无罪之最》、韩国的《王国》等。

第三,不惜重金打造精品。仅2018年,奈飞的原创项目数量就是HBO一类公司的十几倍,预算达到80亿美元。高额的投资为奈飞提供了可以尝试各种创意的资金保障。奈飞投资4 000万美元制作的影片《罗马》,虽然荣获第91届奥斯卡最佳外语片等国际奖项,却收获仅440万的票房,这依旧挡不住其对优质内容追求的脚步。

此外,奈飞在深耕原创内容的同时,也不断购买各国优秀剧集,如奈飞已购买中国古装大剧《甄嬛传》、口碑网剧《白夜追凶》、电竞题材的《全职高手》、国产动画《熊出没之熊心归来》等多部影视剧,让更多文化创意内容通过奈飞传播出去。奈飞在文化创意传播的道路上一直前行。

资料来源:奈飞:全世界创意者联合起来[EB/OL]. https://tech. sina. com. cn/csj/2019-04-02/doc-ihsxncvh7565305. shtml. [访问时间:2022-03-31]

二、文化创意的网络直播媒体传播

网络直播充分利用了直观、快速、内容丰富、交互性强、地域受限小等互联网的优势,为用户提供了更生动且清晰的展示,其重播、点播等功能也有效延长了直播的时间和空间,将直播内容的效益与效率发挥到最大。目前网络直播有游戏直播、体育直播、娱乐直播、购物直播、教育直播等各种类型,而较为流行的平台有YouTube Live、虎牙直播、斗鱼TV、Livestream、Periscope、YY直播、荔枝FM等。中国在线直播行业研究报告显示,2020年年底中国在线直播行业用户规模达到6.17亿人,市场规模超过9 000亿元。[1]视频直播应用场景从泛互联网行业的视频娱乐、电商购物等,向在线教育、视频安防、广电传媒、医疗服务等传统行业延伸,"直播+"也已成为网络视听新趋势。

网络直播逐渐成为文化创意重要的传播渠道之一,给予了文化创意更多元的展示空间和想象力。首先,从内容来看,文化创意的网络直播传播可以向着内容精细化、场景丰富化、营销创新化等方向发展,并通过实时互动、后续短视频传播等方式强化直播整体效果的创新性。例如,线上音乐直播综艺《声家班》,通过竞技表演、趣味互动、对话访谈等环节为网友持续输出多

---

[1] 直播之变,5G为豹[EB/OL]. https://mp. weixin. qq. com/s/cgE6nUZ8JAp3o2jRBlolQg. [访问时间:2021-12-08]

元内容,让节目兼具音乐性与综艺性。其次,从技术方面看,文化创意可以依托 5G、数字化、人工智能等技术多样化的应用,在网络直播间搭建多元化的场景、呈现更好的效果。例如,虎牙直播推出了虚实结合的开放平台 HERO,并启用直播人工智能数字人形象"晚玉"参与全息 AR 的直播,提升用户观看直播的体验。最后,文化创意可以通过"直播+教育",以具有文化教育、文化传承意义的直播课程形式进行传播,践行寓教于乐。例如,上海世博会博物馆联合 NOW 直播和 10 位优秀讲解员,开展了 10 场主题各异的博物馆直播活动,开启了"直播+文化"的"奇妙博物馆"之旅。

 研读材料

佰草集的创意直播间

2021年最具创意的直播间非佰草集抖音直播间莫属。"佰草集延禧宫正传"的抖音直播号因直播带货销售额、粉丝数量、直播观众人数峰值等数据表现优异,让佰草集直播间迅速"出圈",一跃成为现象级直播间。

从直播号名称就可以看出,佰草集直播间与传统直播间不同,以清宫为背景,在场景搭建、妆发造型、直播话术等方面都有浓浓的"宫廷味"。例如,主播都以古装装扮出镜示人,采用"回娘娘话""主子们太给力了""各位公主"等话术或称呼与观众互动,给人以很强的宫廷代入感,让大家体验"娘娘直播"的沉浸式宫廷剧带货。同时,主播团队表演入戏、配合默契、各司其职:山东娘娘(主播)直播带货,反串的东北龙嬷嬷(助播)把控氛围,而反串皇后则以反派角色偶尔刁难娘娘、调节直播间气氛,这样的配合让直播间在带货的同时增加了不少趣味性。

佰草集打造的清宫场景直播间用有趣而充满创意的内容,与年轻消费者迅速建立联系、拉近彼此之间距离,为新国货佰草集获得经济效益与社会效益的双丰收。

三、文化创意的视听共创媒体传播

所谓视听共创网络媒体,就是指以用户生成内容、用户原创内容为主的网络视听媒体,如 YouTube、哔哩哔哩(bilibili)、维密欧(Vimeo)、抖音、喜马拉雅、蜻蜓 FM 等媒体平台。随着互联网的应用发展,网络的交互作用日益显著,用户既是网络内容的浏览者,也是网络内容的创造者。伴随着以提倡个性化为主的 Web2.0 概念兴起,视听共创媒体成为备受用户喜爱的网络视听新方式,由原来的以观看、下载视听内容为主,变成如今的观看、下载、制作、上传视听内容并重。根据内容形式的不同,视听共创媒体可以分为如喜马拉雅、懒人听书等音频共创媒体和视频共创媒体,而视频共创媒体又可以分为如油管、维密欧、哔哩哔哩等中长视频平台和如抖音、快手等短视频平台。

随着 vlog、短视频、播客的日渐风靡,视听共创网络媒体已经成为文化创意传播的主战场,也涌现出众多创新性的文化创意。与流媒体相比,视听共创媒体更具开放性、多元化、包容性、真正做到了全民共创文化创意内容。文化创意在这类媒体上开展传播活动可以采取三种方式。第一，创作具有创意性的内容和题材。无论视频还是音频，"内容为王"依旧是品质的重要保障。视听共创媒体上的用户原创内容多是出于自己的兴趣爱好、日常生活而创作的内容，而好的创意内容不仅可以引发共鸣、获得高的点击率，也可以成为更多视听内容创作的典范。例如，不断刷新"YouTube 中文频道最多订阅量"吉尼斯世界纪录的某博主，在网络上成为中国非遗海外推广的重要代表，也因其古朴、简约的视频风格赢得众多海外用户的喜爱。第二，采用创新性的视听制作技术。利用拍摄与剪辑技巧对视频、音频进行各种创意加工，如通过后期制作让视频呈现出如移形换影、瞬间移动、快速变装、慢动作、"大变活人"等效果，给人以视觉冲击、加深视觉记忆，源于哔哩哔哩的鬼畜视频就是通过这种方式流行起来的。第三，巧用视听共创媒体平台的社交功能，开展文化创意传播。例如，抖音经常会举办如"♯手势舞挑战""♯踢瓶盖挑战""♯光影变身挑战"等话题挑战赛，吸引广大用户参与互动，争先发布挑战短视频，通过内容裂变形成巨大流量曝光。蜜雪冰城正是通过短视频挑战赛的创意传播，摇身变为全国的网红奶茶品牌。

 研读材料

《宇宙电台》展现声音的力量

2021年，喜马拉雅联合中国移动、中国天仪研究院共同打造了首个外太空概念电台——《宇宙电台》，将大家的声音传到宇宙中（见图7-8）。这次创意活动引发了45万人次参与，产出了5.6万多条录音，也因此获得了2021年金投赏国际创意节铜奖。

随着《流浪地球》的热播、元宇宙概念的兴起以及中国航天技术的不断创新突破，航天、宇宙和科幻等话题的热度不断攀升。《宇宙电台》的创意正来源于此，并希望"让每一个微不足道的声音，回响全宇宙，实现你与星辰的零距离对话"。

《宇宙电台》共设置有"喜悦暴击""人生遗憾""未来情书""宇宙 flag""灵魂拷问"五大发声主题，面向站内外的广大用户征集"初代地球发声联盟"。同时，在以科幻文化、人文旅行、生活方式等内容为主的众多播客 KOL 的参与和推动下，连接用户感情，引发共鸣。这次成功的文化创意传播不仅为喜马拉雅赢得了口碑与好评，也让中国移动"链接5G无限可能"得到印证，提升了移动品牌形象与竞争力。

图 7-8 喜马拉雅《宇宙电台》

资料来源：声音的力量，喜马拉雅的营销价值凸显［EB/OL］. https://baijiahao. baidu. com/s? id=1722632737010137866&wfr=spider&for=pc.［访问时间：2022-03-31］

四、文化创意的网游手游传播

5G、大数据、人工智能等技术应用和硬件技能的增强,赋予了游戏开发者和企业更多的想象空间,使得游戏文化创意产品未来的态势呈现出多元化、数字化趋势。网络游戏和手机游戏本身就是文化创意产业的重要组成部分,也是文化创意传播的重要载体。

从技术创新的角度来看,越来越多的游戏企业正在尝试以技术推动内容体验,诸如AR、VR、动捕、RTG真实地形生成等现代技术,为用户带来更加有趣的互动和沉浸式的感知体验,不断优化文化创意传播形式。从文化创意的角度来看,作为"新文创"的代表,网络游戏和手机游戏以IP构建为核心的文化生产方式,打造了许多具有广泛影响力的文化符号。其天然具备"交互""参与"的属性,更是承载文化创意的优质媒介。不少公司也开始推出"文创+游戏""非遗+游戏"等功能性游戏产品,既丰富了游戏的文化内涵、延长了游戏的生命周期,又将诸多传统文化元素、文化理念真正融入游戏的创作。例如:《地下城与勇士》以当代的数字技术,成功还原了一千多年前既古老又开放的唐长安西市,在游戏中重现了当时异域驼队、胡姬酒肆的繁华景象;手游大作《梦幻新诛仙》自2020年5月就开启了"天工筑梦计划",邀请多位非遗传承人参与人物专属服装、配饰、关键道具等的设计,融入包括蜀绣、油纸伞等在内的国家级非遗项目(见图7-9),并邀请国艺大师方锦龙与维也纳殿堂级交响乐团共同为游戏配乐。这些融入传统文化的游戏向更多的玩家和用户传播了我国优秀传统文化。

图7-9 手游《梦幻新诛仙》中的油纸伞

(图片来源:助力非遗传承《梦幻新诛仙》携手蜀绣、油纸伞传人展现千年之美[EB/OL]. https://baijiahao.baidu.com/s?id=1666091880951088540&wfr=spider&for=pc.[访问时间:2022-03-31])

第四节 文化创意的电子商务媒体传播

电子商务(electronic commerce, EC)简称电商,通常是指在全球各地广泛的商业贸易活动中,在因特网开放的网络环境下,基于浏览器、服务器应用方式,利用计算机技术、网络技术和远程通信技术,实现整个商务过程的电子化、数字化和网络化。根据交易对象和实现方式的不同,电子商务媒体可分为 B2C(business to customer)、C2C(customer to customer)、O2O(online to offline)、B2B(business to business)、B2G(business to government)、C2G(consumer to government)等多种形式。电商是网络销售的途径,而文化创意则是内容产品,两者的结合便可以促成更为直接有效的文化创意传播。

一、文化创意的 B2C 传播

B2C 是企业与消费者之间的电子商务,是消费者利用互联网直接参与经济活动的形式,类似商业电子化的零售商务。一般有两种形式:一是企业直接将产品或服务放在官方网站,并提供充足资讯与便利的接口吸引消费者选购,这也是一般最常见的方式;二是企业依托综合性 B2C 平台,进行网络销售与服务,如亚马逊(Amazon)、天猫(Tmall)、京东(JD)等。B2C 电商最大的特点是企业可以直面消费者,了解他们的需求与偏好,可以为企业之后的发展提供一手数据与资料。例如,小怪兽手表(HappieWatch)在入驻天猫后,根据销售爆款的产品做出用户画像、进行消费者偏好洞察,推动后续新产品的研发。因此,文化创意在 B2C 电商媒体的传播可以直达目标参与者,实现更为精准的文化创意投放,开展有针对性的文化创意传播活动。个性化定制与服务则成为文化创意 B2C 电商媒体传播需要关注的方面,品牌不仅可以为参与者提供全方位的文化创意体验,而且可以提升品牌好感度,树立良好的品牌形象。

研读材料

京东 618 跨界重塑经典 IP 的创意

京东携手上海美术电影制片厂(以下称"上美影"),在 2020 年"618"全球年中购物节的创意传播活动中,以"不负热爱,成就经典"为主题,重塑了《大闹天宫》《哪吒闹海》《葫芦兄弟》《黑猫警长》等经典国漫 IP,不仅还原经典、实现传统文化的内容输出,而且通过创意传播获得了声誉与销量上的双赢。

首先,活动主海报集结了上美影各经典 IP,呈现出共赴京东"618"的视觉创意。同时,结合品牌特点,联动品牌与 IP 形象、创新国漫 IP 组合,设计全新的品牌 CP 海报,让年轻消费者与品牌快速建立连接。

其次,不同媒体的创意传播也向京东站内不断导流,实现外站用户在站内的有效转化。例如:微博的海报、视频及 2020 One Show 青年创意奖投票活动,提升了京东"618"讨论热度,增加了各品牌曝光率;微信各公众号上的上美影入驻京东推文、回顾经典、官宣联名;B 站的国漫 IP 长图、视频及互动投票,重新解读了经典故事,增强互动性;抖音的国漫 IP 冷知识解读,专业且有趣,提高了受众关注度。

最后,虚拟偶像楚天歌空降京东直播间,凸显电商平台优势,激发国漫情怀,提升粉丝积极性,推动联名商品的销售。

资料来源:京东 x 上美影:《不负热爱 成就经典》[EB/OL]. http://winner.roifestival.com/cn/winners/detail/d678anjo?year=2020.[访问时间:2022-09-16]

二、文化创意的 C2C 传播

C2C 即消费者与消费者之间的电子商务,类似线下的跳蚤市场、二手市场。C2C 电商平台最大的特点是不受时间和空间的限制,节约了市场沟通成本,可以快速完成交易活动。随着"断舍离"、环保节约等观念的再次兴起,C2C 电商媒体也日益壮大,如淘宝、闲鱼、易贝(eBay)等。C2C 电商平台中的买方通常会被低价或新奇的商品所吸引,同样受"注意力经济"的影响。因此,文化创意在 C2C 电商媒体的传播更着重于所销售产品的个性、特点与网络的视觉效果,能够吸引"眼球"的文化创意则成为其传播的关键。

研读材料

> **易贝汽配频道的创意传播**
>
> 　　易贝(eBay)于 1995 年在美国加利福尼亚州成立,是一家主营网上拍卖、电子商务、购物商场的 C2C 平台。其中,汽车配件频道已成为全球最大的在线汽摩整车及配件交易市场之一,而汽配的主要消费群体则是改装车用户。
> 　　为了吸引更多改装车车主光顾 eBay,汽配频道曾组织一场改装车挑战赛活动。召集四支改装车挑战队,要求他们分别对从 eBay 上购买的四辆旧车进行全新改造,并规定只能通过 eBay 渠道购得改装汽车所需的零配件。汽车改装活动的全过程则由 eBay 与四家汽车杂志进行线上线下全程追踪报道。最终的获胜队由粉丝通过网络票选决出,并将四辆改装好的汽车通过 eBay 平台进行义卖,所获资金全部捐给公益组织,用于慈善事业。
> 　　eBay 通过汽车改装的创意传播活动吸引了诸多改装车爱好者的关注,为其汽配销售业务成功引流,同时也沟通了 eBay 自身的电商业务与拍卖业务、形成联动,取得良好的社会效应。
>
> 资料来源:Ebay 汽配频道活动营销案例 改装车[EB/OL]. https://iwebad.com/case/2263.html. [访问时间:2022-07-26];Ebay 拍卖筹善款 4 款名贵的改装古董车[EB/OL]. http://www.360doc.com/content/12/0924/09/179287_237849771.shtml. [访问时间:2022-07-26]

三、文化创意的 O2O 传播

O2O 即线上到线下,是指将线下的商务机会与互联网结合,让互联网成为线下交易的平台。O2O 电商媒体的优势在于把线上和线下相结合,通过网络的导购和指引,实现网络消费落地,并让消费者以与线上同样的价格享受线下的服务。这类电商媒体多适用于餐饮、购物、旅游等行业,目前较为流行的 O2O 电商媒体有优步(Uber)、爱彼迎(Airbnb)、大众点评、饿了么、盒马等。虽然 O2O 电商媒体核心是在线支付,但其关键则在于能否通过网络把商家信息传播得更快、更远、更广,并短时间聚集强大的消费能力。因此,文化创意的 O2O 电商媒体传播就把握联动线上线下的方式,通过创新性与具有吸引力的线上引导,为线下活动引流、造势,并能让创意传播参与者体验到优质的线下服务,形成线上线下联动效应。例如,饿了么联合国潮顶流 IP《唐宫夜宴》打造了一场"国庆享国味"的活动：先是通过饿了么发布"舞出中国味了么"的创意视频，结合《唐宫盛宴》的唐舞元素让大家认识中国的老字号、新国味和正当食以及各地城市味道；之后《唐宫夜宴》IP 形象唐小妹携手饿了么 IP 形象饿小宝，前往 22 座城市开启寻味之旅，用外卖形式打卡当地老字号和美食，让国味深入人心。

此外，文化创意还可以通过 B2B、B2G、C2G 等多种类型的电子商务媒体进行传播，其关键都是要着眼于不同类型电子商务媒体的特征，挖掘文化创意、创新内容与媒体平台嫁接的潜力，让企业成为重要的参与者，加入文化创意传播活动。

案例解析

蜜雪冰城"玩转"网络社交媒体

2021 年的新晋魔性"洗脑"神曲非蜜雪冰城的广告宣传 MV 莫属（见图 7-10），"你爱我，我爱你，蜜雪冰城甜蜜蜜""蜜雪冰城"等关键字不仅频频登上各大社交媒体热搜，也让蜜雪冰城热度持续攀升，被网友亲切称为"国民奶茶"品牌。蜜雪冰城此次的火爆"出圈"是创意内容、社交媒体与线下门店三方面合力协作的结果，推动此次文化创意成为现象级传播活动。

图 7-10　蜜雪冰城广告宣传 MV 截图

（图片来源：乐的文化/谷肉获融资；鸿星尔克入局房地产；字节申请元宇宙商标[EB/OL]. http://sohu.com/a/500237037_99893342.[访问时间：2022-10-12]）

一、简单而洗脑的魔性歌曲内容

蜜雪冰城广告宣传曲如此"洗脑"，主要在于歌词内容和歌曲旋律都令人印象深刻。一方面，此次广告宣传 MV 的歌曲仅有三句歌词，即沿用多年的品牌宣传语"你爱我，我爱你，蜜雪冰城甜蜜蜜"，这也正是打造"洗脑"神曲的常规套路——"重复，重复，再重复"，例如，曾经火过的一些神曲《小苹果》《倍爽儿》《江南 style》等，也是采用这种模式火爆出圈的。另一方面，蜜雪冰城广告宣传 MV 的歌曲使用的是美国经典乡村民谣 Oh！Susanna（《哦！苏珊娜》）的旋律。哲学家维特根斯坦说："一首乐章的主旋律，就是反复、重复的那一部分。"[1] Oh！Susanna 的旋律已经风靡全球百年之久，也曾出现在小学音乐课上，因而人们很容易不由自主地就跟着哼唱起来。同时，这首曲子是由史蒂芬·福斯特（Stephen Foster）于 1847 年所作，如今已经成为公共版权作品，在改编、传唱等方面不存在法律问题，也为其后续的广泛传播提供了更为宽松的环境。

由此可见，从歌曲本身来看，蜜雪冰城的这一广告神曲不仅歌词简单、重复，而且旋律欢快、熟悉，都让其成为适合创意传播的超级符号，容易形成洗脑式的记忆"轰炸"，从而加深人们对蜜雪冰城的品牌记忆。

二、以短视频为主的社交媒体传播

此次蜜雪冰城广告神曲的广泛传播主要通过短视频的形式，在各大社交媒体形成传播网络，并引发相关的话题讨论，成为以神曲为中心的文化创意传播活动。

第一，多管齐下，广泛布局社交媒体传播。在此次神曲"出圈"过程中，蜜雪冰城并没有选择在单一媒体进行创意传播，而是在哔哩哔哩、抖音、快手、微博、微信等官方账号分别发布广告神曲 MV，让神曲短视频在视听共创、信息交互、即时通信等各类社交媒体平台形成交叉传播，力求覆盖更广泛的受众群体，持续深化神曲的"洗脑"作用。

第二，各显神通，发挥不同社交媒体优势。蜜雪冰城根据不同社交媒体的特点，采用不同的创意传播方式。在哔哩哔哩采用圈层式传播，通过鼓励各区 UP 主对神曲进行二次创作与改编，不断出现以圈层文化为核心的创意改编，如多语种蜜雪冰城、"高考禁曲"蜜雪冰城、鬼畜版蜜雪冰城、雪王动画版蜜雪冰城、舞蹈版蜜雪冰城、趣玩玩具版蜜雪冰城等，甚至还有更多"融梗"类型的二创版本，如高校版蜜雪冰城招生宣传曲、CMG 观察邀请于和伟、万茜、王冰冰等演唱根据蜜雪冰城神曲的原编曲改编的《空间站官保鸡》等。在抖音、快手以体验式传播内容为主，通过 KOL 线下探店、解密隐藏吃法、测评全线产品等短视频内容，引出关于"蜜雪冰城"的话题讨论，引流网友线下光顾，更是掀起为验证免单传言而引发的"蜜雪冰城社死"热议。在微博形成裂变式传播，通过更广泛的话题讨论，形成以蜜雪冰城为中心的投票、舞蹈、种草、美食、段子、趣闻、仿妆等多元方向的泛娱乐内容，如#蜜雪冰城表情包#、#蜜雪冰城仿妆#、#蜜雪冰城开在京东是什么样的#、#蜜雪冰城都有女朋友了#等话题。在微信则采用深度传播策略，关于解读蜜雪冰城神曲出圈事件原因与品牌故事的帖子被大量转载、转发，也因此出现了"神曲""出圈""逆袭""低估"等与蜜雪冰城相关的标签化词语，提升了大家对于蜜雪冰城的品牌好感度。

第三，有的放矢，把握社交媒体传播关键点。通过抓取蜜雪冰城关键词得到的社交媒体声量分布数据可知，蜜雪冰城神曲"出圈"事件在不同社交媒体的引爆时间具有一定的规

---

[1] 蜜雪冰城火遍全网！揭秘幕后操刀大佬，二十年洗脑三代人！[EB/OL]. https://baijiahao.baidu.com/s?id=1705243305402115777&wfr=spider&for=pc. [访问时间：2022-04-16]

律性。首先，在哔哩哔哩以二次创作的神曲内容引起网络热议，成功吸引网友关注。其次，通过抖音、快手这样的短视频平台将蜜雪冰城相关话题引爆全网，并成功向线下引流。之后，凭借已有的网络热度，又在微博不断扩展蜜雪冰城的话题范围，吸引更广泛群体加入讨论。最后，在蜜雪冰城话题热度仍处于高峰时期，以多维深度的解析推文帮网友厘清蜜雪冰城神曲"出圈"事件逻辑，回归理性认知，不断延续话题的网络热度。

三、遍布全国各地的庞大线下门店

蜜雪冰城之所以能通过社交媒体引发神曲传播"出圈"，也离不开其遍布全国各主要城市的庞大线下门店体系。一方面，可以让更多的视频创作者触达蜜雪冰城线下门店，实现场景化的视频创作，为线下门店进行宣传推广，大大提升了品牌知名度；另一方面，试吃测评、创新吃法、"到店唱蜜雪冰城神曲可免单"等短视频内容，让众多网友跃跃欲试、亲临现场，快速完成线上传播到线下引流的过程，同时利用打折优惠吸引网友拍摄并上传到店视频，反哺社交媒体线上传播，形成线上与线下的双向循环、相互促进，共同推动此次神曲"出圈"事件发酵，不断扩大传播影响。

由此可以看出，蜜雪冰城神曲"出圈"爆火的关键就是玩转社交媒体：在充分了解不同类型社交媒体平台的用户画像、传播模式、商业价值等方面特征的基础上，进行媒体投放的优化布局、强强联合，以具有话题性的文化创意内容在各社交媒体引发热议，形成多重覆盖、多元话题、多样形式、多层渗透的社交媒体传播，以实现品牌迅速走红、提升知名度的目的。

思考题

1. 请谈谈基础网络媒体如何开展文化创意传播。
2. 试举例说明文化创意传播与网络社交媒体之间的关系。
3. 网络视听媒体包括哪些？文化创意可以依托其开展怎样的传播活动？
4. 试举例说明文化创意如何开展B2C电子商务媒体的传播。

本章参考文献

[1] 薛可,余明阳.文化创意学概论[M].上海:复旦大学出版社,2021.

[2] 李洪心,刘继山.网站建设与管理[M].重庆:重庆大学出版社,2016.

[3] 杨心强.数据通信与计算机网络教程[M].北京:清华大学出版社,2013.

[4] 叶朗,向勇.中国文化产业发展报告(2020—2021)[M].北京:社会科学文献出版社,2021.

［5］王雷.高等计算机网络与安全［M］.北京:北京交通大学出版社,2010.

［6］陈勤.媒体创意与策划［M］.3版.北京:中国传媒大学出版社,2017.

［7］方师师.搜索引擎中的新闻呈现:从新闻等级到千人千搜［J］.新闻记者,2018(12):45-57.

［8］龙佳.论搜索引擎的特点与发展态势［J］.电脑知识与技术:学术版,2019(1):2.

［9］晏青,杜佳芸.中国春节文化海外传播的话语方式［J］.对外传播,2020(3):48-51.

［10］凌惠惠.图片类社交平台研究——以Pinterest和Instagram为例［J］.理论月刊,2018(1):167-170.

［11］关于编制《中图法·网络信息分类表》的构想［J］.国家图书馆学刊,2002(3):69-72.

［12］社交媒体,是怎样改变人类互动的?［EB/OL］.https://baijiahao.baidu.com/s?id=1671359633757017527&wfr=spider&for=pc.［访问时间:2021-12-08］

［13］2022年国外最具创意网页设计20例！［EB/OL］.https://www.mockplus.cn/blog/post/1197.［访问时间:2022-03-31］

［14］第48次中国互联网络发展状况统计报告［EB/OL］.http://www.cnnic.net.cn/hlwfzyj/hlwxzbg/hlwtjbg/202109/P020210915523670981527.pdf.［访问时间:2021-12-08］

［15］还不去Bing首页看看? 必应的圣诞节创意［EB/OL］.https://www.sohu.com/a/50408606_223764.［访问时间:2022-04-13］

［16］社交媒体的五大类型及各自特点（下）［EB/OL］.https://zhuanlan.zhihu.com/p/70950483.［访问时间:2022-03-30］

［17］Twitter上有什么比较成功的营销案例?［EB/OL］.https://www.zhihu.com/question/20831444.［访问时间:2022-03-30］

［18］Twitter:让中国品牌的海外营销更具影响力［EB/OL］.https://baijiahao.baidu.com/s?id=16347382099707757010&wfr=spider&for=pc.［访问时间:2022-03-30］

［19］TCL可能是海外社交网络上,品牌做得最好的中国企业［EB/OL］.https://www.sohu.com/a/116123065_517094.［访问时间:2022-03-30］

［20］标致汽车Pinterest案例［EB/OL］.https://iwebad.com/case/1629.html.［访问时间:2022-03-30］

［21］微信营销案例分享——星巴克《自然醒》音乐［EB/OL］.https://mt.yuzhua.com/consulte/2-20-30417.html.［访问时间:2022-04-13］

［22］2013年9个优秀的豆瓣兴趣营销案例［EB/OL］.http://www.woshipm.com/operate/66447.html.［访问时间:2022-03-30］

［23］社会创新引领营销趋势,知乎斩获广告节两项全场大奖［EB/OL］.https://www.sohu.com/a/433068396_100137374.［访问时间:2022-04-14］

[24] 奈飞：全世界创意者联合起来[EB/OL]. https://tech.sina.com.cn/csj/2019-04-02/doc-ihsxncvh7565305.shtml.[访问时间：2022-03-31]

[25] 移动端即时通信营销：看老外通过 IM 玩转营销[EB/OL]. http://www.cniteyes.com/html/2013/cygc_1029/1724.html.[访问时间：2022-04-14]

[26] 直播之变，5G 为豹[EB/OL]. https://mp.weixin.qq.com/s/cgE6nUZ8JAp3o2jRBlolQg.[访问时间：2021-12-08]

[27] 一文读懂阿里云直播技术是如何实现的[EB/OL]. https://mp.weixin.qq.com/s/UiZiMsN6wBhL0QGUtsKgnQ.[访问时间：2021-12-08]

[28] 2020 直播行业创新案例[EB/OL]. TOP10https://baijiahao.baidu.com/s?id=1668893886759465713&wfr=spider&for=pc.[访问时间：2022-03-31]

[29] 百万人围观"娘娘"直播，出圈的佰草集直播间有人气没钱赚？[EB/OL]. https://www.sohu.com/a/500726730_282116.[访问时间：2022-04-14]

[30] 5 个剪辑小技巧，让视频更有创意[EB/OL]. https://zhuanlan.zhihu.com/p/127786123.[访问时间：2022-03-31]

[31] 声音的力量，喜马拉雅的营销价值凸显[EB/OL]. https://baijiahao.baidu.com/s?id=1722632737010137866&wfr=spider&for=pc.[访问时间：2022-03-31]

[32] 如何打造优秀传统文化 IP 之"网游篇"[EB/OL]. https://baijiahao.baidu.com/s?id=1687017859064783374&wfr=spider&for=pc.[访问时间：2022-03-31]

[33] 助力非遗传承《梦幻新诛仙》携手蜀绣、油纸伞传人展现千年之美[EB/OL]. https://baijiahao.baidu.com/s?id=1666091880951088540&wfr=spider&for=pc.[访问时间：2022-03-31]

[34] 京东金投赏优秀案例频出　创意营销助力合作伙伴创新增长[EB/OL]. http://d.youth.cn/xw360/202110/t20211018_13265979.htm.[访问时间：2022-09-16]

[35] 京东 x 上美影：《不负热爱　成就经典》[EB/OL]. http://winner.roifestival.com/cn/winners/detail/d678anjo?year=2020.[访问时间：2022-09-16]

[36] 长安福特新福克斯——在豆瓣"过瘾"驾驭[EB/OL]. https://socialbeta.com/t/douban-case-study-changan-ford-2013.html.[访问时间：2022-07-26]

[37] Ebay 汽配频道活动营销案例　改装车[EB/OL]. https://iwebad.com/case/2263.html.[访问时间：2022-07-26]

[38] Ebay 拍卖筹善款 4 款名贵的改装古董车[EB/OL]. http://www.360doc.com/content/12/0924/09/179287_237849771.shtml.[访问时间：2022-07-26]

[39] O2O[EB/OL]. https://baike.baidu.com/item/O2O/8564117.[访问时间：2022-03-31]

[40] 牵手国潮顶流IP,饿了么打造"国味"过节新流行[EB/OL]. https://baijiahao.baidu.com/s?id=17128337140171278888&wfr=spider&for=pc.[访问时间:2022-04-16]

[41] 蜜雪冰城的这波社媒营销操作,绝绝子![EB/OL]. http://www.woshipm.com/marketing/5083516.html.[访问时间:2022-04-16]

[42] 蜜雪冰城火遍全网!揭秘幕后操刀大佬,二十年洗脑三代人![EB/OL]. https://baijiahao.baidu.com/s?id=17052433054021157778&wfr=spider&for=pc.[访问时间:2022-04-16]

[43] 蜜雪冰城魔性事件详解:简单与共情[EB/OL]. http://www.woshipm.com/marketing/4784232.html.[访问时间:2022-04-16]

第八章 文化创意传播的活动组织

学习目标

学习完本章,你应该能够:
(1) 了解文化创意传播活动的分类;
(2) 了解文化创意传播活动的主要手段;
(3) 了解文化创意传播活动的表现形式、内涵与差异。

基本概念

文化创意传播活动　会议展览活动　文化节事活动　休闲娱乐活动

第一节 文化创意传播活动的分类

对于活动的定义纷繁复杂,《现代汉语词典》中的一种解释为"为达到某种目的而采取的行动",营销专家约翰·艾伦(Johnny Allen)对活动的定义获得了一定的认可:"活动为组织者在某个特殊场合为达到特定的社会、文化或社团目标或目的而精心计划和举办的某个特定的仪式、演讲、表演、竞赛或庆典"。[1]传播是"传受信息的行为或过程",[2]传播行为和现象存在于我们生活中各种实践活动,而根据以上定义,可以认为文化创意传播活动是基于精心策划、具有一定目的性、以文化创意为核心的信息传受行动。根据不同的分类标准,文化创意传播活动可以分为不同类型。

一、文化创意传播活动的一般分类方式

按照活动目的进行分类是活动分类中最常见、最基本的方式。基于此,可以将文化创意传播活动分为以下四种类型。

(一)营销主导型文化创意传播活动

营销主导型文化创意传播活动中,举办传播活动的目的是促进销售和盈利。这类传播活动注重通过创意性策划来突出产品的优势和特点、制造一定的话题性和热度、突出销售活动的实惠性,以此吸引产品的潜在消费者、增进人们对产品的了解,最终促成产品购买,如各类电子产品、汽车的发布会,各类展销会等。如今一些企业为了达到良好的营销效果,纷纷尝试突破传统的营销传播活动框架,创意性地引入新潮表演、数字技术等新形式。

(二)知名度主导型文化创意传播活动

这类文化创意传播活动是指以打响、扩散传播对象的知名度为主要目的的传播活动,常见于企业对于旗下品牌的塑造,虽然根本目的依然是盈利,但与营销主导型文化创意传播活动不同的是,知名度主导型文化创意传播活动是先"打响名声",再通过知名度带动销售,因而如何通过创意最大程度地吸引社会的关注并提升人们对传播对象的好感度就成为重中之重,公益活动、时尚沙龙、颁奖典礼、明星站台、文化仪式等都是常见的创意方向。

(三)政治、公益主导型文化创意传播活动

这是指不以商业盈利为主要目的,而是为了达到一定的政治目标、公益效力、文化推广而进行的传播活动,如国家举办的各种文化节、文化交流活动,学界举办的学术会议、高端论坛,官方部门主导的爱国展、科学教育展,主流媒体打造的文化节目、文物节目等。这类传播活动的文化创意不能一味讲"噱头""热度",更需要关注的是传播效力的"深度""厚度",使传播活动主张的理念、精神、文化内涵深入人心。

(四)休闲主导型文化创意传播活动

这类活动指以放松、休闲、娱乐、促进人际交流为主要目的的文化创意传播活动。这类活动一般规模并不大,背后也并没有太过深刻的诉求、背景,主要通过一系列文化创意使参与者获得良好的娱乐体验。如公司年会、学校迎新晚会、餐会、"轰趴聚会"等,策划者常常通过用心的策划来获得所在人群的认可、促进社交关系。

---

[1] 林慧.活动营销[M].北京:光明日报出版社,2004:20.
[2] 张国良.传播学原理[M].上海:复旦大学出版社,2009:6.

二、文化创意传播活动的其他分类方式

除了以上所讲解的一般分类方式外,按照其他分类标准,文化创意传播活动还可以进行多种不同分类。

按照传播类型的不同,文化创意传播活动可以分为人际文化创意传播活动、组织间文化创意传播活动、群体间文化创意传播活动、大众媒体文化创意传播活动。

按照传播空间的不同,文化创意传播活动可以分为线上文化创意传播活动、线下文化创意传播活动。

按照活动规模的不同,文化创意传播活动可以分为国际性文化创意传播活动、全国性文化创意传播活动、地区性文化创意传播活动。

按照组织者的不同,文化创意传播活动可以分为政府性文化创意传播活动、民间性文化创意传播活动、企业性文化创意传播活动。

按照参与者参与程度的不同,文化创意传播活动可以分为亲身参与型文化创意传播活动、观赏型文化创意传播活动、参与和观赏混合型文化创意传播活动。

按照传播活动主题的不同,文化创意传播活动可以分为宗教性文化创意传播活动、文化性文化创意传播活动、经济性文化创意传播活动、体育性文化创意传播活动、政治性文化创意传播活动。

按照传播活动丰富程度的不同,文化创意传播活动可以分为形式单一型文化创意传播活动、形式组合型文化创意传播活动。

第二节 文化创意传播活动的手段

一、创意内容整合营销

(一)整合营销的定义

有学者通过对整合营销的研究进行归纳,提出整合营销传播的核心内涵主要包括以消费者为导向、运用一切传播形式、寻求协同优势、建立持久关系、整合内外传播、强调战略管理和重视长期效果。[1] 创意内容是整合营销过程中最为关键的组成要素,决定着营销活动的传播效率和效果。创意内容整合营销就是要以创意为支撑点,整合各种传播工具和传播渠道,投放同一个产品的宣传内容,扩大创意推广范围和受众面。

(二)成功的整合营销传播活动的特征

如今,整合营销传播活动在我们的生活中无处不在,如线上铺天盖地的网页广告、推广视频、社交媒体软广内容等。线下则有各种见面会、促销会、快闪等,人们对于整合营销传播活动已经司空见惯。那么,如何策划一个创意十足的整合营销传播活动呢?通过归纳,可以发现一

---

[1] 初广志.整合营销传播在中国的研究与实践[J].国际新闻界,2010(3):108-112.

个成功的、吸引人的整合营销活动常常具有以下三个特性。

1. 话题性

创意整合营销活动应制造一定的话题,在合理的范围内"炒热"热度,以吸引受众的注意力。如电影《英雄》上映前,内部剧照"不慎泄露",引发人们的关注,随后《英雄》剧组又宣布该电影将"出征奥斯卡";剧组还适时举办了"全球首映仪式",与港漫大师马荣成合作推出漫画版《英雄》等。一时间,《英雄》电影和创作团队的知名度和社会声誉得到提升,在多个宣传路径制造了话题和热度,为电影的放映做了良好的铺垫。

2. 亲近性

整合营销传播的源头在于策划方,然而推广内容的层层拓展、递进式传播则依赖受众间的口耳相传、内容分享等人际传播,因而应当提升受众在整合营销传播活动中的参与度,使创意传播活动更贴近受众,以此提升受众的参与热情。多芬品牌曾开展过主题为"真美运动"的整合营销传播活动:首先,多芬在 *TimeOut* 杂志刊登信息,寻找"欣赏自己曲线的乐观女性",将目标受众纳入传播活动中;其次,通过用户调查发布"权威美丽调查报告";再次,多芬品牌召开"多芬峰会",行业专家们在这次会议中探讨年轻女性应该如何处理个人形象;最后,开展"多芬真美运动",启发女性思考与美丽相关的问题。多芬通过用户导向的策略,让受众充分参与各项营销活动,并根据用户反馈的需求调整营销活动。

3. 稀缺性

俗话说,"物以稀为贵",稀有的产品常常会激起消费者的购买欲和持续关注。在整合营销传播活动中赋予产品稀有、限量的属性有时可以取得较好的效果。如在中国国际数码互动娱乐展览会(China Joy)中,许多参会展商会向观众发送限量手提袋,这些手提袋设计精美,具有一定的收藏价值,观众为了领取这些手提袋需要经历漫长的排队过程,"竞相排队"的盛况为参展商制造了话题,而领取到手提袋的观众也会兴奋地将印有参展商 logo 的手提袋图片在会展现场和社交媒体上"晒"、分享,促进了参展商宣传的二次传播。

研读材料

咪咕影院与"乡村风"

俗话说,"时尚是一个轮回",老式的视觉元素设计仍然"宝刀未老",可取得良好的传播效果,"咪咕影院"的"怀旧版"整合营销就是一个很好的例子。在当下许多宣传设计"求新""求潮"的情况下,"咪咕影院"却反其道而行,将自家的宣传标语印在农村的平方墙上,就如过去村中的标语、口号一般,遣词造句也十分幽默、接地气,如"咪咕影院大片多,丈母娘看了没话说""要想老公回家早,咪咕影院不可少"。

此外,咪咕影院还制作了一批颇具老上海气息的邮票(见图8-1)、复古风格浓郁的"土味"宣传视频,多渠道的"怀旧营销"一下子就制造了话题和热度,受到人们的关注,也引发受众的二次创作,更有知名自媒体秒拍达人依据咪咕的刷墙广告将《乡村爱情故事》中的情节改编、剪辑,又形成一波病毒式传播。

图 8-1　咪咕影院的复古邮票风格电影票

(图片来源:三分钟带你看懂什么是整合营销![EB/OL]. https://www.sohu.com/a/272497854_742811.[访问时间:2021-12-11])

二、个性 IP 创意打造

"IP"是"Intellectual Property"的缩写,意为"知识产权",也可以理解为具备知识产权的创意产品。[1] 许多文化创意与热门 IP 结合,形成了成功的文创产品。在对于文创产品的推广传播上,同样也可以借助与 IP 结合的思路,通过塑造一系列高质量的 IP 实现注意力的吸引以及热度的保持。文化创意传播活动中个性 IP 的打造可大致分为两种策略:其一是结合产品的特色和受众需求,完全重新塑造一个新的 IP 形象来开展传播活动,将受众对新 IP 的喜爱投射到产品本身,以完成对产品的推广和传播;其二是将自身产品与已有的热门 IP 进行结合,通过开展一系列联动活动将该 IP 的粉丝转化为自身产品的受众。

(一)设计 IP 形象

有的文创产品并不乏创意感和设计感,但因缺少具有辨识性和故事性的 IP 形象而难以给人留下深刻的印象。因此,建立一个让人立即联想到产品的典型 IP 形象、设计出一套创意十足的 IP 背景故事体系、赋予一个让人产生共鸣的 IP 内涵是很有必要的,在自创 IP 的基础上开展文创产品的宣传、传播活动。例如,双汇智趣多品牌针对儿童消费者群体创造了海精灵 Coobi 这一可爱的动画 IP 形象,在此基础上开展旗下肉肠产品的宣传活动以及该 IP 的进一步深化打造,如创作《海精灵深海历险记》系列动画片、发售海精灵 Coobi "深海历险"系列盲盒、打造互动性强的双汇智趣多 IP 快闪店等。围绕着海精灵 Coobi 的一系列妙趣横生的线下活动"俘获"了儿童消费者的心,有利于促进与该 IP 关联的系列产品的销售。

(二)借助已有热门 IP

为产品打造个性化的 IP 并借此开展相关的创意传播活动虽然是一种行之有效的策略,但

---

[1] 彭侃.好莱坞电影的 IP 开发与运营机制[J].当代电影,2015(9):13-17.

从无到有孵化一个 IP 需要相当长的过程，有时 IP 成长的速度可能跟不上产品宣发的步伐，在这种情况下，借助已有热门 IP 开展线上线下的宣发工作不失为一种明智的策略。与热门 IP 的联动活动一般需要做到三个"结合"：其一是热门 IP 形象与产品的合理结合，两者的结合应当是符合逻辑、非生硬的，产品不宜与品牌个性、调性差异过大 IP 相结合，如儿童教育产品就不宜与"潮牌"IP 结合；其二是宣传时点的结合，即产品的宣传活动应与当下时点最热门、最具有话题的 IP 相结合，以达到最好的传播效果；其三是产品受众的结合，即将要宣传的产品受众应与欲进行联动的 IP 受众是同一人群，以达到 IP 受众—产品受众的有效转化。

 研读材料

迪迦奥特曼与"一加 9R"

图 8-2　迪迦奥特曼与一加 9R

（图片来源：一加 9R 迪迦联名版值不值得使用［EB/OL］. https://www.xyzs.com/guide/51886.html.［访问时间：2021-12-11］)

《迪迦奥特曼》作为国内早期引进、译制的奥特曼特摄系列作品，是不少 90 后的童年回忆，虽然该片早已播出多年，但在国内有着一批稳定且不断增长的粉丝群体。2021 年 3 月，备受年轻人欢迎的哔哩哔哩上线了一系列正版奥特曼特摄作品，其中就包括《迪迦奥特曼》。一时间，"奥特曼""迪迦奥特曼"又一次成为热点话题。不久，一加品牌宣布旗下的"一加 9R"手机与《迪迦奥特曼》联名（见图 8-2），"迪迦奥特曼"成为一加手机的形象代言人，并发布了颇具奥特曼特摄作品风格的代言宣传片。在随后的新机发布会中，迪迦奥特曼更是"亲临"发布会现场，向人们介绍产品的新功能。曾经拯救世界的英雄化身导购员，"一本正经"地介绍产品，趣味性十足。

此次一加与迪迦奥特曼的联名传播活动，实现了 IP 联动的三个结合。在产品调性上，功能新颖的科技产品与天马行空的特摄作品有着一定的交汇点，两者的结合并不突兀。一加品牌的 CEO 刘作虎表示："希望我们的'加油'、用户在选择一加 9R 时，得到的不只是一部手机，还有迪迦与 9R 所承载的'光'的精神。相信自己，永不放弃。"[1]在受众类型上，价格亲民、主打娱乐功能的一加 9R 手机的目标用户群体正是当年观看迪迦奥特曼的那一批 90 后粉丝，传播活动精准定位了受众。在传播时点上，一加准确地抓住了 IP 的热门时段，在《迪迦奥特曼》时隔多年再次成为话题之际开展联名活动，乘上了"迪迦热"的东风。

［1］　一加和奥特曼合作 9R 来了！［EB/OL］. https://www.bilibili.com/read/cv10877880/.［访问时间：2021-12-11］

三、多元产业跨界融合

文化创意传播活动下的多元产业跨界融合指的是在举行产品宣传、推广活动的过程中，不同的行业、产业系统的协调、耦合以及协同发展的过程。亚瑟·库斯勒（Arthur Koestler）提出了"二旧化一新"的概念，意思是将两个不同甚至对立的想法、概念、事物进行结合，反而会产生意想不到的新创意。[1]这一规律同样也适用于文化创意传播活动的跨界融合。根据文化创意传播过程中跨界方式的不同，可将多元产业跨界融合分为形式融合和革新融合两大类。

（一）相关产业形式融合

相关产业的形式融合是指相关联或相近产业在文化创意表现形式上进行合作、嫁接，同时具有多种产业的特性，放大传播活动的新意。博物馆行业的跨界常常体现出这种融合，如与游戏产业、电影产业、表演产业等融合，将这些行业的要素引入博物馆的展演空间，拓展与提升受众的游览体验：米兰歌剧院的演出团队在某博物馆解读、展示了卡拉瓦乔（Caravaggio）画作的创作情景；南京大报恩寺遗址博物馆开放了《报恩盛典》这一世界首个博物馆实景演出；四川现代舞蹈团在金沙遗址博物馆表演了以古蜀文明为主题的舞剧《根》。形式融合中的不同产业虽然表现形式存在一定的差异，但其内核具有较高相似度，博物馆产业和表演产业都可以作为传播传统文化创意的载体，而其不同的表现形式则增强了传播活动的多元性和生动性，层层叠加，增强传播效果。

（二）产业碰撞革新融合

产业碰撞革新融合的重点在于"新"，即文化创意传播活动中不同产业间不仅仅要实现形式上的融合，还要更进一步催生新的文化创意传播活动形式。交融的产业间可能存在较高的关联性，也可能关联性较弱，但因为人们大胆的创意而连接在一起，产生意想不到的效果。文旅行业与农业相结合，形成了"农家乐"沉浸体验、农业山水游览、古村落深度游览等一系列新的传播农业、自然文化的创意游览活动。手工行业、美食行业、艺术行业与古迹文旅行业相结合，形成了商业街、艺术街等新的区域性文化及文创产品传播渠道。例如：有着百年历史，包括宽巷子、窄巷子和井巷子三条平行排列的老式街道在内的成都"宽窄巷子"，在引入能体现"成都生活精神"的各类产业后，成为体现当地特色文化氛围的综合文化商业街；位于上海打浦桥地区的田子坊是一条充分体现上海市民生活的老弄堂，在多名艺术家以及一些文化企业入驻该区域后，该地成为富有特色的艺术街、文化创意园区。

研读材料

苏州博物馆推出跨界合作产品

3月26日—3月31日，在苏州博物馆内举行了一场以明代江南四大才子为主题的春茶"派对"，工作人员身着明代服饰化身才子佳人，观众们品茶合影、写下留言寄语……

这是苏州博物馆与电商平台举行的一场跨界文创活动，6天内就有超过26 000人参

---

[1] 魏炬.广告思谋与运作[M].长沙:中南大学出版社,2006:160-161.

与。在这次活动中,设计师参考苏州博物馆的建筑风格以及四大才子的经典形象,设计出"有颜有料"系列春茶,电商平台也开放了该款春茶的销售。

在"桃花流水之间"主题空间,苏州博物馆把正在盛开的真桃树搬进了活动现场,观众与"才子佳人"合影留念,沉醉其间;在"穿越时空之间"主题空间,苏州博物馆设计了观光巴士、英式电话亭,令人产生时空穿梭之感,以供观众互动拍照;在"诗情画意"主题空间,还原了明代书房,将唐寅画作摆放其间,人们似乎离才子越来越近了;在"山水画卷之间"主题空间,穿着明代服饰的工作人员使用西洋的小提琴演奏音乐,中西结合,琴声悦耳。

苏州博物馆通过一系列形式,将茶、表演、书画等多个来自不同产业的要素引入博物馆的物理空间,不但演绎出中国茶的时尚一面,还精准迎合了年轻人求新、求异的文化消费心理。

资料来源:苏州博物馆推出跨界合作产品[EB/OL]. http://www.szmuseum.com/News/Details/37c88545-1f81-419c-b851-1df35e8052b4. [访问时间:2021-12-11]

四、创新技术赋能文创

在 5G、增强虚拟现实、人工智能、大数据等数字技术飞速发展的当下,"数实共生"的程度不断提升,文化创意产业、文化创意传播活动的数字化程度不断提升已经是大势所趋。在数字化社会的熏陶下,人们参与文化创意活动的需求也在不断发生变化,高度沉浸的视听体验和基于人工智能、大数据的个性化定制服务成为文化创意传播活动新的发力点。一系列创新数字技术将会有力促进文化创意传播活动的效果。

(一) AI 人工智能技术与文化创意传播活动

AI 人工智能技术使线下文化创意传播活动的强互动性和个性化体验成为可能。腾讯"T-DAY"展览西安站使用一系列人工智能技术向人们展现了一个"诗意长安":在"棋待诏"(陪皇帝下棋的岗位)体验区,观众可以与围棋 AI 一较高下;通过翻译 AI"腾讯翻译君",观众可以体验一把"丝路贸易的翻译官";文字识别的 AI 将观众手写的文字实时投射到碑文上;临别之际,人像作诗 AI 还能根据照片为观众赋诗一首。观众在参与活动的过程中能够实时得到 AI 的交互反馈,还能根据 AI 定制化服务实现"千人千面"的活动体验,自然可以产生更高程度的愉悦。

(二) 虚拟现实技术与文化创意传播活动

增强现实(AR)技术可以拓展文化创意传播活动中视听体验的维度和层次,这在画展、艺术展等活动中最为常见。面对一幅平面画作,用户只需要掏出手机扫描画作旁的二维码,就可以看到令人惊叹的场景:画作中的人物朝观众挥手,甚至要伸出手把观众"抓进去";画作随着音乐"起舞",声画结合。虚拟现实(VR)技术则突破了文化创意传播活动的时间和空间限制,只要戴上 VR 设备,用户就能随时进入活动现场,甚至完成在真实世界不可能完成的物理动作:荷兰的一座博物馆将展馆和展品虚拟化,用户通过 VR 设备就可以进入不受物理规则限制的展览空间,欣赏 74 幅 17 世纪的画作,甚至连画上的油脂都清晰可见;一些画展将画作 3D 化,人们戴上 VR 眼镜就可以进入画中世界,深度欣赏;在 53 美术馆的 VR 展览体验区现场,观众只需要戴上 VR 眼镜就可以进入虚拟场景中临摹达·芬奇、凡·高等大师的经典作品,还可以即时上传到网络,建立专属于自己的 3D 美术馆。AR和VR技术不但明显提升了受众的活动参与体验,还给予文化创意传播活动更广阔的发挥空间,活动的组织者不用再拘泥于文创产品表现形式的单一性和活动地点的固定性。

(三) 全息技术与文化创意传播活动

融合了感应、光影等技术的全息沉浸展览是近年来流行的文化创意传播活动之一,受众进入一个与外界隔绝的奇幻的光影空间,通过与艺术元素的一系列互动而沉浸其中。例如,"The Star"是世界上第一个永久性沉浸式艺术作品,通过将光、水和交互画廊融为一体,制造出身临其境的沉浸式体验,展览空间中央还有一个25米长的8K分辨率的屏幕,播放各种艺术作品,展现光线律动。与物理空间的暂时隔绝和"超真实"的体验,也使得受众在参与这类文化创意传播活动时会更加专注、更容易进入思考状态,与艺术对话,与传播活动背后的创意理念对话:北部森林之光展览通过灯光、投影、互动技术等塑造了一个童话森林,其中的"耳语树"灯光装置像一棵美丽的梦境之树,树木灯光的频率、色彩随着游客的歌声而产生变化,通过这些互动引发人们对于人与自然关系的思考。

研读材料

发人深省的"雨屋"

"雨屋"是由兰登国际团队历时四年设计的3D视觉展。自2012年首次在伦敦亮相后,已经在全球多个城市进行展览。

所谓"雨屋",其实是一个面积不太大的昏暗的"小黑屋",水喷头营造的"大雨"持续不断。但是"雨屋"中的雨和屋外自然的雨有所不同,在3D追踪摄像机、计算机感应等技术的作用下,不管人如何走动,都不会被雨淋湿,仿佛是雨在躲着人一般(见图8-3)。让人们进入一个沉浸的场域,通过这种人与雨的互动,人们更好地感受到了自我的存在,根据个人感悟的不同,人们也会产生各种不同的思考。

图8-3 "雨屋"

(图片来源:怎样的雨能在屋子里下,又不淋湿屋中的人? https://www.sohu.com/a/29988742_114949[访问时间:2021-12-11])

第三节 | 文化创意传播活动的表现形式

一、文化创意传播活动之会议展览活动

对于会展的定义较为复杂,分类较为多元,一般可以认为会展活动是人类在社会活动和经济活动中,聚集于一定的时空,围绕某一主题进行的物质、文化和信息交流活动。[1] 广义的会展包含公司或组织的会议活动、旅游活动、展览会、博览会、节日庆典、体育竞技活动、新闻发布会、产品发布会、年会、慈善晚宴等,而狭义的会展就是指会议和展览。通常情况下,"会"和"展"不分家,会议的举行伴随着展览,展览活动通过会议活动深化,形成"以会带展"和"以展带会"的形态。随着文化创意产业的发展、数字技术的进步,人们对会展活动也有了更高的要求,会展不能仅仅实现信息的集成和传播功能,更重要的是,这一信息过程还需要具备创意性、体验性和观赏性。会展活动是文化创意传播活动的表现形式之一。我们可以从哪些方面着手,提升会展活动的创意属性呢?

(一)新颖的展示设计

会展的设计应当新颖、具有吸引力。展位、站台等展示区域就是参展商的"门脸",若外在设计缺乏新意,则不管展览内容多么精彩纷呈,始终还是"酒香也怕巷子深"。展示设计需要考虑诸多因素,如场地空间布局和照明设计、展品外观和陈列、展台平面设计和色彩搭配、场地多媒体选择等。在中国国际数码互动娱乐展览会(ChinaJoy)上,就有不少成功的会展展示案例值得我们学习:网易《我的世界》将游戏中的小猪角色搬到了展台上,观众可以来到展台"骑猪"合影留念;盛大的《传奇世界3D手游》则直接在会场立起了一把长十余米的"屠龙刀";黑桃互动更为惊人,在2016年的ChinaJoy会场立起了高24.8米的"初号机"机器人像,相当于七层楼的高度。这些别具一格的创意设计达到了吸引注意力的绝佳效果,为接下来传达文化创意活动的相关信息做好了铺垫。

(二)多元的活动环节

正如前文所说,如今会展的形式和环节呈现多元化、丰富化的趋势,除了会议和展览这两种形式的相辅相成,各类活动都可以加入会展的环节,通过多彩的流程设置吸引观众,使传播活动更加顺利。例如:会议服务商"青春派轰趴"提出"创意会议+创意团建"的理念,会议地点就在"轰趴馆"中,人们开会之余还可以参加体感游戏、KTV、桌球、台球、私人影院、棋牌等一系列娱乐活动;知名的游戏展德国科隆游戏展一直以丰富的会展内容受到游戏粉丝们的欢迎,除了常规的游戏展和游戏商发布会之外,科隆游戏展还举办了"cos大赛"、各类游戏奖项颁奖典礼、游戏和软件从业者论坛、电竞比赛、演讲、游戏音乐会等活动,其中不少活动都制造了相应

---

[1] 史国祥.会展导论[M].天津:南开大学出版社.2009:1.

的话题,相关活动的视频如游戏音乐会、"cos比赛"的录像得到广泛的二次传播,增强了参会的相关游戏IP的知名度,也打响了"科隆游戏展"的品牌。会展活动的话题性、热度、二次传播的影像资料来自丰富的展内环节,因而有必要以会展活动的"厚度"换取传播效果的"广度"。

(三)合理的技术运用

合理运用数字技术,如AR、VR、光影技术等,给观众带来线上或线下良好的观感体验。

例如,百度世界大会每年举行一次,其目的是展示百度的最新成果。受新冠肺炎疫情影响,2021年的大会改为线上举行,百度为观众提供了两种线上参会方式:其一是下载"希壤世界"APP,进入一个如电子游戏般的3D虚拟世界,通过交互操作来了解百度的最新情况;其二是使用VR设备进入一个虚拟会场,体验现实世界难以实现的展示效果。

又如,过去的传统发布会常常是通过大屏幕展示PPT的形式来讲解最新产品,观众很难对产品有一个全面直观的了解,而东风日产天籁系列的新车发布会使用了AR技术,将数字模型通过AR技术投射到展台现场,随着主持人的讲解不断发生变换,观众不仅可以看到"天籁"汽车360°的全貌,还可以看到经过拆分的内部设计和主要零部件,展示过程清晰、形象。

再如,"非物质/再物质:计算机艺术简史"艺术展中使用了AI技术,在识别出用户的外形轮廓或动作后,数字艺术作品会根据用户的动作产生变换,在交互沉浸体验中实现艺术价值的共创。各类数字技术或增强会展展示效果,或打通虚拟和现实世界的壁垒,实现信息传播双重叠加,带来良好的观感体验,是我们在传播活动中发挥创意的关键工具。

二、文化创意传播活动之文化节事活动

"节事"一词在含义上等同于英文的"event",指事件或节庆,亦有一说认为英文中"festivals & special events"指的节日、盛事、特殊事件可简称为"节事"。[1] 文化节事活动可以理解为以节日、盛事、特殊事件为主题举行的文化活动的总和。文化节事活动常常由政府主导,具有规模大、影响广、注重时效、促进经济等特点。作为一种文化创意传播活动,一次成功的文化节事活动的举办有助于将一种文化现象广泛推广,达成社会共识,形成一种有影响力的文化品牌。我们可以从以下五类文化节事活动来进行把握。

(一)自然景观节事活动

自然景观节事活动指以某处极具特色的自然景观作为活动主题,在主题的基础上衍生出相应的文化背景和解读,以此举办以节日为表现形式的旅游活动。如天桥沟风景区依托红枫漫遍群山的景观优势,举办枫叶文化节,并将活动主题与加拿大枫叶文化结合,游客不仅可以乘坐缆车游览满山枫叶奇观、品尝当地土特产,还可以住进欧式别墅小镇,享受仿若国外的田园式生活。

(二)宗教节事活动

宗教节事活动指依托宗教文化或宗教圣地举办的文化节事活动,不仅传播宗教精神,也宣

---

[1] 史国祥.会展导论[M].天津:南开大学出版社,2009:201.

传推广与宗教相关的文化艺术、旅游活动等。如五台山举办的佛教文化节,依托佛教文化举办佛教歌舞表演、画展、剪纸展,吸引众多佛教爱好者,传播佛教精神,此外还邀请了众多国内外企业,推广当地的旅游产品、土特产等。文化节还创意性地依托当地的历史、传说、神话、传奇等推出佛母重生体验游、革命战争追忆游等特色体验活动。

(三)民俗节事活动

民俗节事活动指以民间习俗为素材策划的文化节事活动,可大致分为两类:一类是以地方性习俗为特点的文化节事活动,如朝鲜族民俗文化节、彝族火把节、傣族泼水节等;另一类是以传统节日作为主题举办的文化节事活动,如"粽子节""月饼节""龙舟祭""圣诞庆典"等。需要注意的是,在国内策划以外国文化为主题的节事活动时需要考虑历史背景与民族感情,如在中国举办以日本文化为主题的"烟花大会""浴衣节"等活动,就需要考虑当地居民的情绪以及特殊的日期节点,要格外谨慎。

(四)体育节事活动

体育节事活动指以大型体育赛事为主题举办的文化节事活动,体育节事活动不仅要以体育精神、项目特色作为传播活动的核心,还需要有机结合承办地的城市文化,促进城市形象的同步提升。如武汉马拉松就将马拉松精神与武汉精神、城市文化相结合,赛程路线经过长江大桥、黄鹤楼、辛亥革命博物馆、东湖、汉街等多个武汉标志性的历史文化地点,使比赛既有国际体育赛事的共性文化精神,又不失武汉本地的文化特色。

(五)生产生活节事活动

生产生活节事活动指与当地的特色物产、生活习惯息息相关的文化节事活动,其主要目的是打响城市品牌或促进地域特产销售。如浦东牛排节、青岛啤酒节、潍坊风筝节、梁子湖螃蟹文化节、大连服装节等。

研读材料

海南首届文笔峰祭月大典

文笔峰景区曾于中秋月圆之夜举行了海南首届文笔峰祭月大典这一活动,既反映了古人求得月神祝福的美好愿望,也旨在唤醒人们的文化意识,更好地了解、传承汉文化,彰显华夏文明和礼仪之邦的精神。

这次文笔峰祭月大典活动持续了40分钟,融入礼、乐等文化要素,为了使团圆、喜庆的中秋节日氛围达到最佳,文笔峰景区在中央湖中央打造了高达10米的明月景观,传达"'水'上生明月,天涯共此时"的美妙意境。此外,还设计了"焰火耀空""千灯绕月""湖畔赏月""神女仙舟""千人共享福月饼"等环节,不仅让游客能在这些绝美的景观前合影留念,还满足了游客于中秋节这一天在文笔峰赏"海南最大团圆月"、吃"蟾宫素月饼"的期许。

文笔峰通过举行祭月大典这一节事活动,展现了传承华夏千年传统文化的积极态度,用礼俗和礼仪加强、引导人们对传统文化的认知,把祭月文化、拜月礼仪传承下去。

三、文化创意传播活动之文化休闲活动

休闲活动是指个人或团体在工作之余参与的不以获得报酬为目的的活动,目的在于放松休憩、获得愉悦。文化休闲活动则指以文化艺术活动为主要形式的休闲活动。文化休闲活动与会展活动、文化节事活动相比既有交叉之处,也有区别之处。一方面,三者都包括文化元素,如会展方面有文化艺术展,节事活动方面有民俗文化节,文化休闲活动包含广场舞、作画等。另一方面,它们兼具放松娱乐的功能:会展活动的游戏展趣味十足,文化节事活动包含的民俗节、美食节都属于放松休闲的文旅活动。那么,我们如何把握这三者间的区别,理解文化休闲活动这一定义呢?本书关注的文化休闲活动具有两点特性。其一是小规模,即非大规模的文化创意传播活动,如会展、节庆活动等,而是规模较小、以个人或小规模团体为主体的休闲活动。其二是日常性,即本书讨论的文化休闲活动是常态化、日常便可参加的文化休闲活动,如跑步、唱歌、绘画等活动,而非经过策划的大型事件或者在特定假日才能成行的旅游活动。人们不可能每天参加会展活动或节庆活动来进行休闲,但可以通过各类日常的小型活动来放松。在明晰了文化休闲活动的定义之后,我们可将其分为如下四类。

(一)文艺休闲活动

文艺休闲活动指以诗词、歌舞、琴、棋、书、画等文化艺术活动为主题的休闲活动,人们参加这类活动除了满足放松、交友等需求之外,更主要的是为了满足对传统文化知识和技能的需求,这类活动常以"同好会""票友会""兴趣班"为载体举办。一些文化机构为推进传统文化的传播,常常联络各个文化爱好会举办小规模的比赛,或是邀请一些文化名家、艺术家来"票友会""艺术沙龙"这样的小规模团体中参与讲座,以此丰富人们的文化生活。

(二)运动休闲活动

运动不仅具有竞技性,更是放松身心的重要渠道。前文已介绍了竞技为主的大型体育节事,这里讨论的为以锻炼身体、舒缓压力、结交朋友为主要目的的日常体育锻炼,具有娱乐性和创造性的特点,主要体现在两个方面:一是锻炼方式上的创造性和新奇性,如走红网络的"公园锻炼大爷天团",他们以最古朴的方式、最简单的器材和一系列夸张但有效的动作练出了一身"腱子肉",丝毫不输年轻人;二是锻炼地点的创意性,如中山市"火花体育文化创意园"的场馆设计融合了街头篮球、NBA 湖人、公牛、勇士等球队的元素,打造成"网红篮球场",此外还在场馆内展示限量球鞋球衣、球星签名,传播了篮球文化,吸引了众多篮球爱好者前往。

(三)娱乐休闲活动

娱乐休闲活动指人们在工作之余进行的各种游乐、消遣活动,如玩电脑游戏、看电影、唱卡拉OK、下棋、打牌等活动。如果说运动休闲活动是以强身健体等外部体验的满足为主,那么娱乐休闲活动更加注重内心精神世界的满足。娱乐休闲活动的创意可从活动举办的场地入手,如现在盛行的电竞酒店、电竞网咖、微型KTV等;也可打破娱乐互动之间的界限,达到"1+1>2"的效果,如手机游戏"王者荣耀"邀请知名棋手古力与游戏角色"弈星"对弈,实现两种休闲项

目的"破圈交融"。

（四）养生休闲活动

养生休闲活动指一切有利于缓解身体疲劳、促进身体健康的活动，既包括各类直接的养生活动，如健美、按摩、汗蒸、食补等活动，也包括参与科普养生知识的信息传播活动。养生行业现在普遍实行"中医/传统文化＋养生"的创意设计策略，在给客户调理身心的同时传播中医知识，实现精神世界的文化满足。也有养生机构实施"科技＋场景"的传播方式，用户可以通过各种移动设备购买并观看数字化的养生课程、接受养生信息。需要注意的是，养生行业"鱼龙混杂"，存在打着中医文化的幌子炒作"伪概念""伪科学"的现象，因而在进行这方面的文化创意传播时需要将大众的信任因素考虑在内。

案例解析

成都马拉松：城市与体育的创意碰撞

成都国际马拉松赛（以下简称"成马"）是中国首个大满贯候选赛事，其完赛成绩可获得国际田径联合会和国际马拉松和公路跑协会的认证，因而是国际公认的权威性马拉松比赛。自2017年落地成都，"成马"已逐渐成为新城市IP，让参赛选手在穿越大街小巷、比赛竞技的同时，领略成都作为公园城市的魅力，一睹"天府"古今文化的风采，为蓉城增添了无限活力。

一、"成马"连接了成都与世界

马拉松让"成都跑向世界，世界跑进成都"。2017成都国际马拉松赛于2017年9月23日上午8时正式鸣枪开跑，共有来自智利、阿根廷等35个国家和地区的两万名选手参赛。随着"成马"在国际上的影响力不断扩大，报名人数与参赛人数也在不断创造历史。2018年的"成马"吸引了全球54个国家5万余人报名，参赛规模扩大到2.8万人。2019年，"成马"报名人数已从最初的4万升至近10万，参赛选手达3万余人。"成马"也在2019年成为国内首个世界马拉松大满贯联盟的候选赛事，成为马拉松领域异军突起的黑马。

"成马"赛事不断改进与升级，也与成都的城市规划与发展相互促进、相互成就。2018年，"成马"赛道新增三分之一的天府绿道，让选手在赛道上感受天府绿道之美。2018年的"成马"赛道变为集厚重历史、繁华现代和生态文明于一体的"贯穿古今"的经典线路：从金沙遗址博物馆，途经琴台路、安顺廊桥、四川大学、望江楼公园、东湖公园、天府国际金融中心、环球中心、天府绿道桂溪生态公园，最终抵达世纪城新国际会展中心。赛道途经了成都众多城市地标，给全世界的跑者和游客们展现了天府魅力，"成马"也因此荣获2018年中国田径协会特色赛事"最美赛道"殊荣。

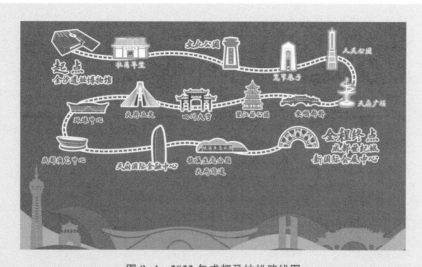

图 8-4　2022 年成都马拉松路线图
（图片来源：成都马拉松[EB/OL]. http://chengdumarathon.cn/. [访问时间：2022-09-17]）

在国际单项体育赛事中，只有马拉松以城市命名，自然而然地为城市品牌形象代言，也成为城市品牌价值提升的重要手段。尼尔森发布的《2018 马拉松赛事媒体曝光价值报告》显示，对比中国北京、上海、广州、深圳、厦门和成都等具有代表性的城市的大型马拉松赛事，"成马"的总媒体价值位列第一。"成马"让世界认识了成都，也成为当之无愧的成都城市品牌活动之一。

二、"成马"开启了成都赛事之路

早在 2017 年，成都市委十三届二次全会提出，要塑造世界文创名城、旅游名城、赛事名城和国际美食之都、音乐之都、会展之都国际标识，提升城市文化沟通力和全球传播力。得益于"成马"不断提升的国际声望，越来越多的综合性和国际规模赛事选择成都为举办地。

中国体育经济研究中心主任鲍明晓指出，中国城市走向世界体育名城有两条路径：一是是通过举办奥运会、亚运会等综合性赛事来彰显城市全球影响力的"北京模式"；二是通过举办国际单项赛事最高级的赛事来提升城市影响力的"上海经验"。成都在建设"赛事名城"的过程中，正是创新地融合了"北京模式"和"上海经验"。仅 2019 年一年，成都就成功申办了 2021 年大学生运动会、2022 年世界乒乓球团体锦标赛、2023 年亚足联亚洲杯、2025 年世界运动会等重大赛事，并成功举办第 18 届世界警察和消防员运动会、国际篮联三人篮球世界巡回大师赛、国际乒联男子女子乒乓球世界杯等 32 项国际赛事，并被国际铁人三项联合会和国际篮联分别授予"黄金主办城市"称号。之后，成都又成功获得 2020 年中国羽毛球超级联赛、中国足球协会甲级联赛和中国女子篮球联赛三项国内高级别职业联赛的承办权，第 31 届世界大学生夏季运动会、第 56 届世界乒乓球团体锦标赛等国际赛事的举办权。伴随各种赛事的举办，成都迎来了越来越多的世界各国赛事选手与游客，体育经济也在其中被激活，体育产业被拉动，同时成都的城市形象也在不断被塑造与彰显。

三、"成马"激发了成都新活力

据《成马四年,成都跑者行为大数据》显示,跑步成为成都市民最爱的运动类型,以65%的占比高居各类运动榜首。"成马"的举办,在潜移默化中影响着城市居民的生活方式,运动和健康也成为越来越多成都人生活的重心。

成都拥有世界最长的绿道系统——"天府绿道",为城市居民提供了运动健身的最佳场所。成都的全民健身活动中心、国民体质中心及街道(乡镇)全民健身设施也在2020年达到100%覆盖,构成"15分钟健身圈",让市民真正实现在"家门口"随时随地健身。成都也因此连续蝉联"中国最具幸福感城市"榜首,"像成都人那样生活"成为成都城市形象的重要特征。

四、"成马"加速了成都创新发展

赛事经济加快了城市建设的步伐,推动城市向着理性规划布局发展。因此,"成马"的成功给成都带来的不仅仅是短时的经济效益,也有更为长远的影响。各体育场馆、配套设施的建设与大型体育赛事的组织与举办,一方面拉动了部分区域经济快速增长,激发了原有产业活力,强化了城市功能,另一方面也大大提升了城市承接和转化各种赛事红利的能力,提升城市服务能力,真正实现了"体育改变城市"的目标。

随着人民生活水平的不断提升,生活方式、消费观念、消费结构等也随之不断变化,更具鲜明的时代特征,人人运动、人人参与体育的观念也日渐深入人心。飞盘、腰旗橄榄球、攀岩、滑雪、冲浪等时尚休闲运动与高端小众运动,逐渐被人们所熟知并参与其中,成为新的体育运动潮流,也为体育与城市的创意碰撞提供了更多新思路与新视角。

资料来源:"成马"四年,给成都带来了什么?[EB/OL].https://baijiahao.baidu.com/s?id=1684615705474233070&wfr=spider&for=pc.[访问时间:2022-09-17]

思考题

1. 请谈谈文化创意传播活动都有哪些类型。
2. 具体来说,可以通过哪些手段开展文化创意传播活动?
3. 文化创意传播活动都有怎样的表现形式?
4. 试举例说明文化创意怎样通过文化休闲活动开展传播工作。

本章参考文献

[1] 林慧.活动营销[M].北京:光明日报出版社,2004.

[2] 张国良.传播学原理[M].上海:复旦大学出版社,2009.

［3］魏炬.广告思谋与运作［M］.长沙：中南大学出版社,2006.

［4］薛可,余明阳.文化创意学概论［M］.上海：复旦大学出版社,2021.

［5］张义,杨顺勇.会展导论［M］.上海：复旦大学出版社,2009.

［6］郑建瑜.大型活动策划与管理［M］.重庆：重庆大学出版社,2007.

［7］白庆祥,李宇红.文化创意学［M］.北京：中国经济出版社,2010.

［8］吴存东,吴琼.文化创意产业概论［M］.北京：中国经济出版社,2010.

［9］史国祥.会展导论［M］.天津：南开大学出版社.2009.

［10］张晓娟.会展概论［M］.沈阳：东北财经大学出版社,2008.

［11］章晴方.商业会展设计［M］.上海：上海人民美术出版社,2006.

［12］秦宗财,林燕,沈喜彭.文化创意产业营销理论与实践［M］.合肥：中国科学技术大学出版社,2013.

［13］刘嘉龙,胡坚强,温燕,等.休闲活动策划与管理［M］.上海：格致出版社,2016.

［14］卢晓.节事活动策划与管理［M］.上海：上海人民出版社,2006.

［15］初广志.整合营销传播在中国的研究与实践［J］.国际新闻界,2010(3):108-112.

［16］王爽."IP"热的传播学解读［J］.传媒观察,2015(8):23-24.

［17］彭倪.好莱坞电影的IP开发与运营机制［J］.当代电影,2015(9):13-17.

［18］曹如中,仓依林,郭华.文化创意产业跨界融合的理论认知与价值功能研究［J］.丝绸,2019(10):40-49.

［19］林秀琴.产业融合与空间融合：文化产业融合发展的思维创新［J］.福建论坛（人文社会科学版）,2016(6):165-173.

［20］王艳.论动漫会展的营销创意特色与城市产业带动——以"中国国际动漫节"为案例的研究［J］.当代电影,2015(10):148-151.

［21］吴雪丽.武汉马拉松开展现状、特征、影响因素及对策［J］.安徽体育科技,2019(2):12-16.

［22］徐青.基于4I理论的创意赠礼在会展营销中的应用［J］.现代营销（下旬刊）,2021(1):42-43.

［23］宜家开"挂",样板间成了攀岩墙.［EB/OL］.https：//www. topys. cn/article/15281.［访问时间：2021-12-11］

［24］看传统文化温床如何孕育文创营销新玩法［EB/OL］.http：//www. huodongju. com/home/article. html?id＝6544.［访问时间：2021-12-11］

［25］盘点2020年十大失败营销案例［EB/OL］.http：//www. huodongju. com/home/article. html＝6811.［访问时间：2021-12-11］

［26］阿布拉莫维奇和卡普尔两件最新VR艺术作品在巴塞尔艺术展香港展会展出.［EB/OL］.http：//www. artda. cn/view. php?tid＝10771&cid＝3.［访问时间：2021-12-11］

[27] 三分钟带你看懂什么是整合营销![EB/OL]. https://www.sohu.com/a/272497854_742811.[访问时间:2021-12-11]

[28] 双汇 IP 文创营销燃动六一深圳欢乐谷[EB/OL]. https://www.sohu.com/a/470057321_339728.[访问时间:2021-12-11]

[29] 一加 9r 迪迦联名版值不值得使用[EB/OL]. https://www.xyzs.com/guide/51886.html.[访问时间:2021-12-11]

[30] 一加和奥特曼合作 9R 来了![EB/OL]. https://www.bilibili.com/read/cv10877880/.[访问时间:2021-12-11]

[31] 苏州博物馆推出跨界合作产品[EB/OL]. http://www.szmuseum.com/News/Details/37c88545-1f81-419c-b851-1df35e8052b4.[访问时间:2021-12-11]

[32] 新的网红景点来了!腾讯在西安建了座诗意长安城[EB/OL]. https://www.sohu.com/a/320960413_561929.[访问时间:2021-12-11]

[33] 全球首个仅存于 VR 的博物馆展出 74 幅名画 它能吸引多少客人?[EB/OL]. https://baijiahao.baidu.com/s?id=1587995164945779772&wfr=spider&for=pc.[访问时间:2021-12-11]

[34] 53 美术馆又爆网红展!通过 VR,走进莫奈、凡·高、达·芬奇的画作世界[EB/OL]. https://www.sohu.com/a/328652127_120055036.[访问时间:2021-12-11]

[35] 第一个永久性沉浸式艺术作品,不止是炫酷![EB/OL]. https://www.douban.com/group/topic/142763696/#9292400ZRXaF7l.[访问时间:2021-12-11]

[36] 这些才是真正的沉浸式艺术展[EB/OL]. https://www.sohu.com/a/434507958_99914252.[访问时间:2021-12-11]

[37] 怎样的雨能在屋子里下,又不淋湿屋中的人?[EB/OL]. https://www.sohu.com/a/29988742_114949.[访问时间:2021-12-11]

[38] 历年 ChinaJoy 最具创意展台盘点,一切为了吸睛![EB/OL]. https://www.sohu.com/a/321692463_733605.[访问时间:2021-12-11]

[39] 活动策划中的常见的活动分类有哪些[EB/OL]. https://www.sohu.com/a/414998720_120578489.[访问时间:2021-12-11]

[40] ChinaJoy 场外竖起了一把十米长的屠龙宝刀,霸气![EB/OL]. https://baijiahao.baidu.com/s?id=1607611172724818875&wfr=spider&for=pc.[访问时间:2021-12-11]

[41] 科隆游戏展 2011 详细日程安排公布本周开幕[EB/OL]. https://www.gamersky.com/news/201108/178405_3.shtml.[访问时间:2021-12-11]

[42] 百度世界大会 VR 会展打造"第二空间",如何亲身体验一把?[EB/OL]. https://baijiahao.baidu.com/s?id=1708519671168931853&wfr=spider&for=pc.[访问时间:2021-12-11]

[43] 超炫酷！看 AR 如何玩转汽车发布会[EB/OL]. https://www.sohu.com/a/329195945_99952634.[访问时间：2021-12-11]

[44] 百度办了一场 AI 艺术展，让 AI 与人类共同创作?![EB/OL]. https://www.digitaling.com/articles/355795.html.[访问时间：2021-12-11]

[45] 第十一届枫叶文化节在即 多项主题活动为中国"枫"增添色彩[EB/OL]. http://travel.sina.com.cn/china/2016-09-22/1029338303.shtml?from=wap.[访问时间：2021-12-11]

[46] 五台山：举办佛教文化节，推动当地的旅游业及传播和弘扬佛教文化[EB/OL]. https://baijiahao.baidu.com/s?id=1612094780636443420&wfr=spider&for=pc.[访问时间：2021-12-11]

[47] 中秋节千人齐聚文笔峰 观祭月大典 赏"最大"团圆月[EB/OL]. https://www.sohu.com/a/340867436_743853.[访问时间：2021-12-11]

[48] "迎中秋 祭月礼"海南首届文笔峰祭月大典将在定安举行[EB/OL]. http://dao.china.com.cn/2019-09/10/content_40889601.htm.[访问时间：2021-12-11]

[49] 中山周末好去处|4 000 平超大体育文化创意园[EB/OL]. https://www.xiaohongshu.com/discovery/item/5f69c5be000000000100be9b.[访问时间：2021-12-11]

[50] 成都马拉松[EB/OL]. http://chengdumarathon.cn/.[访问时间：2022-09-17]

[51] "成马"四年，给成都带来了什么？[EB/OL]. https://baijiahao.baidu.com/s?id=1684615705474233070&wfr=spider&for=pc.[访问时间：2022-09-17]

[52] 更多"体育+"，正在提升城市能级[EB/OL]. http://www.cdrb.com.cn/epaper/cdrbpad/202209/01/c103652.html[访问时间：2022-09-17]

第九章 文化创意传播的组织机构

学习目标

学习完本章,你应该能够:
(1) 了解文化创意传播组织机构的形态;
(2) 了解文化创意传播组织机构的职责;
(3) 了解文化创意传播组织机构的管理。

基本概念

自媒体 文化创意传播企业 文化创意产业园 第三方专业机构 组织机构职责 组织机构管理

第一节 文化创意传播组织机构的形态

作为传播过程的开端,传播者要承担收集、加工和传递信息的重要任务,是整个传播活动的关键。随着媒介新变革、数字技术进步,传播者从专业媒体机构扩展到非媒体机构和个人。就文化创意传播而言,传播者已不再局限于具有新闻传播职能的媒体,逐渐扩大到更广泛的人群或团体,如独立的个人、具有文化创意传播能力的企业或组织、从事文化创意传播活动的中介机构等。因此,本节将分别对当代文化创意传播组织机构的不同形态进行介绍与阐述。

一、文化创意传播的个人

文化创意传播者身份多元化是当代文化创意传播的特征之一。互联网的快速发展推动了以个人为基本单位的传播主体出现并逐渐壮大,改变了以往以机构为单位的传播主体与传播方式,同时也催生了一系列新的规则、格局和改变。

(一)打造个人IP的自媒体

自媒体的崛起最为突出,它不仅为文化创意传播的主体注入新鲜血液,而且也让文化创意传播活动更具多样性与创新性。

1. 自媒体

"自媒体"源自英文"We Media",首次由美国学者谢因·波曼(Shayne Bowman)和克里斯·威理斯(Chris Willis)在2003年提出。他们认为,自媒体是"一个普通市民通过数字科技与全球知识体系相连,提供并分享他们真实看法、自身新闻的途径"(a way to begin to understand how ordinary citizens, empowered by digital technologies that connect knowledge throughout the globe, are contributing to and participating in their own truths, their own kind of news)。[1]《网络新词语选编》释义自媒体为私人化、平民化、普泛化、自主化的传播者,以现代化、电子化的手段,向不特定的大多数或者特定的单个人传递规范性及非规范性信息的新媒体的总称。学者喻国明则将自媒体通俗地解释为"全民DIY",即全民都可以通过DIY来表达观点和展现自己。[2]

一般来说,自媒体又有狭义与广义之分。狭义的自媒体就是指以独立的个体作为新闻生产、内容创作的主体,而且拥有独立用户号的媒体。广义的自媒体并不局限于"自",将独立进行内容创作的主体范围扩大,包括独立的个人创作,也包括团队创作、企业创作,如企业的官方微博、官方公众号等,也都涵盖在广义自媒体的范畴内。[3]随着消费市场的需求升级和传播生态的变化,更多的个人自媒体开始由专业团队共同完成内容创作与加工,运作也日益精细化、专业化,因而狭义与广义自媒体的界限也日渐模糊。

自媒体由早期的BBS、博客、个人网站发展到如今的微信公众号、微博、新闻客户端、短视频等形式,其展现的内容也结合不同网络平台的特点更加丰富而多元。除了传统的文字、图片、音频外,短视频、vlog、H5、直播等更多形式的出现也让自媒体受到越来越多人的喜爱。

---

[1] [美]Dangillmor. Wethemedia[EB/OL]. http://www.oreilly.com/catalog/wemedia/book/index.csp. [访问时间:2022-02-05].
[2] 喻国明. 直面数字化:媒介市场新趋势研究[J]. 国际新闻界,2006(6):5.
[3] 刘阳. 自媒体终极秘诀[M]. 哈尔滨:哈尔滨出版社,2016.

自媒体发展如此之迅速,得益于其独特的个性。一是开放性。由于自媒体所依托的网络平台面向全民、机会均等地提供服务,降低了成为自媒体的准入门槛,吸引了广泛的人群参与。二是创新性。与传统新闻媒体相比,自媒体的内容生产机制相对灵活,在内容题材、形式、表现手法等方面更加多元,在创意与创新上更加新颖、独具一格。三是交互性。越来越多的自媒体选择在社交媒体平台发布内容,如微博、短视频等。一方面,作为传播者的自媒体可以及时了解传播效果,获得意见反馈,提升自媒体内容制作的质量与受众满意度;另一方面,作为受众的网络用户可以直接与自媒体发布者进行交流互动,通过网络拉近彼此距离,形成良性的交互关系。四是高效性。自媒体的高效性既体现在与网络用户的意见沟通上,又体现在内容传播的及时与广泛,可以提升信息传播的到达率与渗透率。五是可识别性。自媒体具有很强的可识别性,包括内容发布者或创作者的个人性格、语言、气质,内容的题材、风格,文字、图片或视频内容的展现手段、表现技巧等,如语言上的幽默风趣、内容上的轻松愉悦、视觉上的冲击震撼、主题上的深刻升华等,这都是自媒体可以避免同质化的独特个性。六是圈层性。因自媒体的交互性与可识别性,关注同一自媒体的网络用户逐渐集合成为相对固定的网络社群,他们也因具有相同或相似兴趣与内容偏好形成了相对稳定的文化圈层,在不断的交流与互动中促进圈层文化的发展与巩固。

2. 自媒体的 IP 打造与文化创意传播

自媒体的发展就是一个全新 IP 的诞生过程,无论是自媒体的内容生产还是品牌价值,IP 化的打造都让自媒体的商业价值与传播影响力不断凸显。在这一过程中,自媒体既是文化创意传播的践行者,又是文化创意传播内容生产的主力军。

他们在开展文化创意传播方面也各具特色:以内容形式创意为主的自媒体,如将星座漫画、变声原创、租房旅拍、搞笑短剧等作为内容形式的自媒体;以内容主题创意为主的自媒体,如以记录宠物日常生活、讲解真实犯罪案件、开展文化艺术科普、进行产品专业测评等为内容主题的自媒体;以内容营销创意为主的自媒体,如推出"4 小时逃离北上广""丢书大作战""当一小时偶像剧女主角"等成功活动的公众号"新世相"等。

除了内容生产上的文化创意传播外,随着全媒体时代的到来,自媒体也逐渐布局以 IP 为中心的媒体创意传播矩阵,不仅在微博、微信公众号、短视频平台、小红书、哔哩哔哩等媒体开设同名账号,将传播触角延伸到不同人群,满足更多受众的多元需求,而且根据媒体平台特性发布创意内容,迎合受众的媒体使用习惯,多管齐下、稳固圈层、拓展社群,以获得相关领域更多网络话语权,成为优质意见领袖、文化意见领袖。

研读材料

> ### "瑜老板"创意传播国粹京剧
>
> 网友口中的"瑜老板"即著名京剧演员王珮瑜,被称为"京剧第一女老生",是当代京剧重要的推广者、传播者。2017 年,"瑜老板"通过《奇葩大会》《朗读者》《跨界歌王》《喝彩中华》等一系列综艺节目爆红出圈,成为社交媒体上的"网红",也让越来越多的年轻人发现

"京剧很好玩",开始喜欢这项传统艺术。

"瑜老板"不断尝试各种跨界方式,深入了解年轻人的兴趣与偏好,让京剧打破"次元壁"。一是将抖音作为推广京剧的重要阵地,并主动发起"我要笑出'国粹范'"的话题挑战,展示京剧中生旦净丑各行当的笑声;二是面向广大受众推出"京剧清音会",以"清谈"方式演绎京剧中脍炙人口的经典唱段,介绍京剧老生行当历史,更设置第二现场揭秘京剧后台换装过程,让观众从多方面了解京剧;三是面向高校学生推出"瑜乐京剧课",为学生讲解京剧艺术及知识,让戏曲进校园;四是面向青少年推出少儿京剧教育项目"京剧小科班",培养新一代戏曲爱好者;五是策划首档京剧脱口秀节目《瑜你台上见》,以"脱口秀+表演"的形式拉进年轻受众与京剧的距离;六是在喜马拉雅FM推出首档戏曲类付费音频节目《京剧其实很好玩》,普及京剧知识;七是,出版老少咸宜的轻漫画读本《瑜老板三分钟京剧小灶》,为戏迷介绍十六部京剧必看剧目。

资料来源:王珮瑜:"难的是让大家一直记住你"[EB/OL]. https://www. 163. com/dy/article/F04S1HMU055040N3. html.[访问时间:2022-09-17]

(二)肩负文化传播使命的全民

人人都是文化创意传播的践行者。除了自媒体这一类较为特殊的文化创意传播个人外,无论网络用户还是社会成员,任何普通人都是文化创意传播的一员,在文化创意传播过程中扮演着不同的角色。一方面,任何人都可以作为内容生产者,在社交媒体平台发布心得、琐记、作品等,拥有成为自媒体的均等机会,开展"全民DIY"的传播。另一方面,任何人也都可以作为传播参与者,参与线下创意活动,转发、点赞、评论线上创意内容,参与、协助、完成文化创意传播活动,如"冰桶挑战""转发点亮红心助力"等,参与者在不知不觉中帮助了创意活动的推广与传播。

此外,个人的创造力、创新力不容小觑,正如众多的知名自媒体也是从普通的个人开始,通过文化创意内容与传播赢得粉丝喜爱,逐渐发展成为如今众所周知的KOL、COL,创意达人多藏于民间。约翰·哈特利(John Hartley)等学者曾提出"文化生产群体,群体生产知识"的口号,指出创意活动已经成为"人人、处处、事事"(everyone, everywhere and everything)的普遍全民性活动。文化创意传播亦如此,人人都是参与者,处处都蕴藏创意,事事都需要创意,全民皆肩负着文化创意传播的使命。

二、文化创意传播的企业

文化创意传播的企业是当代文化创意传播组织机构的重要创意单元,是开展文化创意传播内容生产、媒介推广等一系列活动的核心力量。

(一)文化创意传播企业

广义上讲,文化创意传播企业就是从事文化创意传播活动的企业。因此,广义的文化创意传播企业可以理解为文化创意产业内的相关企业,从事广播影视、动漫、音像、传媒、视觉艺术、表演艺术、工艺与设计、雕塑、环境艺术、广告装潢、服装设计、软件和计算机服务等的创意群体。从某种意义上说，文化创意企业都可以被认为是从事文化创意传播活动的企业。狭义的文化创意传播企业则是侧重传播，专注文化创意传播的内容、渠道、受众等传播流程各个环节的企业，如动漫游戏企业、影视传媒企业、图书出版企业等。本部分所涉及的文化创意传播企业主要是开展相对独立的文化创意传播活动的主体企业，包括创意生产、内容制作、策划推广、人才培养等综合性的文化创意传播企业，区别于承接其他公司文化创意传播活动的第三方专业机构。

（二）文化创意传播企业与文化创意传播

从事文化创意的企业本身就是文化创意传播活动的重要参与者，他们为文化创意传播提供内容、素材、产品等各种丰厚的物料资源，持续不断地推动文化创意传播活动的开展。根据文化创意传播企业的经营内容，可以大致将其分为以下几类：综合性文化创意传播企业，跨界文化创意产业的多个领域，形成了较为庞大的文创集团，如腾讯大文娱、华纳兄弟娱乐公司、华特迪士尼公司等；影视类文化创意传播企业，主要围绕电影、电视、综艺节目全方位开发、制作、发行，如派拉蒙影业、正午阳光、米未传媒等；动漫游戏类文化创意传播企业，如任天堂、东映动画、奥飞娱乐等；网络媒体平台类文化创意传播企业，依托媒体平台自主开发、制作影视综艺节目，如英国广播公司（BBC）、奈飞、爱奇艺等；娱乐经纪类文化创意传播企业，主要负责娱乐活动、演员经纪等业务，如创新艺术家经纪公司（CAA）、韩国 SM 公司、乐华娱乐等；平面媒体类文化创意传播企业，主要从事报刊、图书编辑、出版与发行业务，如哈珀·柯林斯（Harper Collins）、英国 DK 公司、湛庐文化等；时尚艺术类文化创意传播企业，如大都会艺术博物馆、路威酩轩集团（LVMH Group）等；此外，还有景观环境类文化创意传播企业、演艺团体类文化创意传播企业、广告设计类文化创意传播企业，以及数字交互类文化创意传播企业等。随着文化创意在各个行业的渗透发展，文化创意传播也深入各类企业，企业的经营范畴逐步扩大，相关企业的业务领域相互交叉，界限逐渐模糊。

研读材料

企鹅图书的封面创意

企鹅兰登书屋由德国兰登书屋（隶属于贝塔斯曼集团）和英国企鹅出版集团（隶属于培生集团）于 2013 年组建而成，成为世界最大的图书出版公司之一。企鹅图书深受书迷喜爱的重要原因是其具有视觉冲击和创意性的封面装帧。

其一，企鹅图书在封面装帧的色彩运用上独具匠心，标志性的视觉识别让其别具一格。企鹅图书利用封面颜色区分图书题材，如通俗小说为橙色，旅行游记为粉色，人物传记为深蓝色，学术论著为紫色，国际时事为灰色等。此外，企鹅图书也会推出具有色彩与视觉冲击的封面系列图书，如汇集 80 位文学大师最具代表性的短篇佳作的小黑书经典系列、以 26 个字母顺序选取 26 名作家的大写字母系列等（见图 9-1）。

图 9-1　企鹅图书"大写字母系列"　　图 9-2　企鹅图书《神曲》封面

其二,企鹅图书封面设计的灵感来自图书内容,并寻找与图书风格相契合的插画师为其进行装帧设计。例如:《希腊神话》采用美式"超级英雄"漫画的形式来设计;《神曲》的封面采用三联画形式展示了"地狱""炼狱"与"天堂"的概念(见图 9-2),让封面从故事和风格都与图书内容紧密相连。

资料来源:企鹅图书,如何用封面俘获你的心?[EB/OL]. https://www.topys.cn/article/30483.[访问时间:2022-02-05]。

三、文化创意产业的园区

文化创意企业的集聚自然而然就形成了文化创意传播的共同体,通过文化创意企业在地理集聚、产业发展、空间共享等方面构成集群、产生辐射效应,搭建了相对完整的产业链,也逐渐形成了文化创意传播的一种特殊主体形式——文化创意产业园。它通过艺术中心、文化街区、娱乐场所、村落古镇、公共广场、购物商城等文化空间形态,影响人们的生活方式、消费习惯以及文化审美,逐渐深入人们日常生活,成为众所周知的文化创意"传播者"。

(一)文化创意产业园

关于文化创意产业园的界定很多。世界知识产权组织(World Intellectual Property Organization, WIPO)定义文化创意产业园为文化创意产业(工艺、设计、互动软件、电影、音乐、出版等)在地理上的汇集,它将文化创意产业资源聚集在一起,使文化产品的创造、生产、分销和消费得到最优化,这种集聚行为最终将促使企业间合作和关系网络的形成。[1]这一定义概括了文化创意产业园的基本功能与作用,也可以帮助理解文化创意产业园在产业发展上的定位。

从学术角度来看,各国学者从不同的研究视角,对文化创意产业园的界定也各有侧重。西方学术界对文化创意产业园有两种主流研究视角。一是将文化创意产业园视为产业集群的分

---

[1] 蒋三庚,张杰,等.文化创意产业集群研究[M].北京:首都经济贸易大学出版社,2010:18.

支,是文化与相关企业之间的地理空间集聚,也是文化生产和消费的场所,其目的是促进文化经济生产。西方国家也因此使用文化创意集聚区(cultural and creative clusters,CCC)来代指文化创意产业园。二是受西方城市发展理论的影响,文化创意产业园作为城市文化发展的重要组成,是艺术家聚集形成的有创意氛围的园区,其构成要素包括文化活动、建筑构造和文化意义。在我国,文化创意产业园区的形成与发展与西方研究相吻合,可以将文化创意园区分为自发形成的产业集群园区与展现城市文化生活的功能园区。因此,关于文化创意产业园区的定义也并无统一论述。如在工业园的产业集群理念基础上,部分学者认为文化创意产业园是指以服务文化创意企业为目的,在政府引导下提供完善的管理服务体系及公共服务设施,通过文化创意产业的定位和集聚,招引相关企业,形成庞大的产业集群。如学者陈少峰认为,这就是以产业集聚的方式来推动文化产业的发展,其核心是产业集聚,最理想的形态是产业链很完美的产业集群。[1]此外,国内部分学者则强调文化创意产业园区在追求文化企业效益的同时,文化创意产业与社区、居民和谐互融、共生共赢,形成一个文化消费与共享空间。如向勇、陈娴颖认为,文化产业园区是集形象功能、产业功能和艺术功能为一体的文化产业园区。[2]

(二)文化创意产业园与文化创意传播

文化创意产业园区现已深刻影响了人民的生活方式、消费方式以及文化生产方式,艺术中心、文化街区、娱乐场所、村落古镇、公共广场、购物商城等文化开放空间也逐渐具有了文化创意传播的功能,并成为普通大众日常文化创意的生活体验聚集区。

如今,文化创意产业园逐渐向创意生产与消费商业的复合型园区发展,而不同类型园区在开展文化创意传播活动时的侧重也各不相同。第一类艺术型文化创意产业园区,具有较强的原创能力,多基于地方文化、艺术和工艺传统而建立但艺术产业化程度比较低。因此,其文化创意传播也偏向于传统的艺术传播方式,如艺术展览、作品展示、艺术品交易等,如北京大山子艺术园区、青岛达尼画家村、北京高碑店传统民俗文化创意产业园、潘家园古玩艺术品交易区等。第二类休闲娱乐型文化创意产业园区,以满足当地居民及外来游客的文化消费与文化娱乐需求为目的,在文化创意传播方面注重与人们的互动与体验,因而交互式、体验式、沉浸式等创新型互动传播在这类园区较常见,如上海新天地、七宝老街、北京长安街文化演艺集聚区等。第三类混合型文化创意产业园,依托科技与优势产业同步发展文化创意产业,但文化创意产业链条欠完善,因而这类园区在文化创意传播过程中多与数字技术、高新技术联系紧密,多向数字传播方向发展,如张江文化科技创意产业基地、香港数码港、深圳华夏动漫产业园等。第四类产业型文化创意产业园,不仅具有较强的原创能力,而且产业集群发展也比较成熟,通过相对完善的文化创意产业链逐渐形成了规模效应,在文化创意传播过程中侧重传播内容的开发和生产,为文化创意传播活动提供扎实、创新性的内容资料,如上海智慧湾创意园、深圳大芬村、上海国家音乐产业基地等。

---

[1] 打造专业的文化产业集聚园——中国文化产业网专访北京大学文化产业研究院副院长陈少峰[EB/OL]. http://www.cnci.gov.cn/content%5C2010122/news_60817.shtml.[访问时间:2022-02-06]

[2] 向勇,陈娴颖. 文化产业园区理想模型与"曲江模式"分析[J]. 东岳论丛,2010(12):139-143.

此外，在文化创意传播过程中，文化创意产业园区也逐渐重视品牌化发展路线，逐渐通过线上线下多种传播方式，构建符合园区品牌发展的创意传播媒体矩阵，扩大园区品牌传播的范围，强化对园区文化创意品牌的认知，提升对其的美誉度与忠诚度，打造园区的文化创意品牌形象，如上海M50、德必易园、北京798等。

四、文化创意传播的第三方专业机构

随着文化创意产业的快速发展，专业化、流程化等特征也让文化创意传播流程的分工更加细化，提供相应服务的外包业务也随之崛起，逐渐成为企业最常用的策略之一。从内容专业性、成本控制、工作效率角度考虑，越来越多的公司或企业会委托第三方专业的文化创意传播公司来具体执行相关工作。

（一）服务外包与第三方业务委托

20世纪80年代，服务外包最早出现在信息技术产业中的软件服务业务。随着产业分工细化、专业化，服务外包的模式逐渐深入各行各业，业已成为一种不容小觑的发展趋势。所谓服务外包，就是在企业与服务外包供应商之间建立以"委托-代理"关系为基础的合作。[1]服务外包主要分为信息技术外包、业务流程外包和知识流程外包，其中信息技术外包是我国占据主导地位的服务外包类型。与文化创意传播相关的服务外包，多是以提供专业知识与技术服务业务为主的公司，如咨询公司、广告公司、设计公司、公关公司等，主要从事业务流程和知识流程外包服务工作。

企业选择服务外包主要是出于自身客观条件与长远发展情况的考虑，剥离企业自身需要完成的业务，交付给外部第三方专业服务供应商来运营，以更高质高效的方式完成业务内容。就文化创意传播业务委托具体而言，企业与不同类型的第三方专业机构针对文化创意传播有关事项进行详细洽谈，签订合法合规的合同，完成文化创意传播相关业务委托，其中，企业对业务内容起到监督作用，而第三方专业机构则需完成具体的业务流程与内容。对于企业而言，将更为专业的文化创意传播业务委托给第三方专业机构，不仅可以降低企业运营成本、提高工作效率、获得专业知识与服务，同时也可以提高企业的灵活性、敏锐度与前瞻性，更好地适应市场环境的变化，把握市场机会，专注提升企业核心竞争力。

（二）第三方专业机构与文化创意传播

随着文化创意产业深入发展，分工愈加细化，从事文化创意传播活动的第三方专业机构也越来越多样。在文化创意传播过程中，涉及的第三方专业机构主要有咨询公司、创意公司、设计公司、影视制作公司、广告公司、公关公司等。

1. 咨询公司与文化创意传播

咨询公司是从事管理咨询业务的商业性服务型公司，具体指根据委托者的委托意向和要求，采用科学的方法进行市场调研、资料分析、数据挖掘等工作，为委托者提供建议或具体服

---

[1] 田耕,杨梦龙.基于价值网络的业务外包中介机构运作模式研究[J].科技管理研究,2011(3):6.

务,并向委托者收取咨询费的专业性机构。咨询公司在专业性、宏观性与个性化定制方面相较于其他公司具有一定优势。根据咨询公司服务业务,可以分为管理咨询公司、战略咨询公司、专业性咨询公司等。综合性的管理咨询公司一般提供"一站式"管理咨询服务,咨询业务涉及范围较广、较全,如"四大管理咨询公司"——普华永道(PwC Advisory)、德勤(Deloitte Consulting)、毕马威(KPMG Advisory)和安永(EY Advisory)等;传统战略咨询公司以提供战略咨询业务为主,如"战略三巨头"——麦肯锡(McKinsey)、贝恩(Bain)、波士顿咨询(BCG)等;专业性咨询公司主要提供某一或某些特定领域咨询服务,如以技术咨询擅长的埃森哲(Accenture)、擅长人力资源咨询的美世(Mercer)、提供房地产咨询的高力国际(Colliers)、专注于供应链咨询的艾睿铂(Alix Partners)等。随着咨询公司规模扩大,获得更大的规模效应,越来越多的咨询公司在业务领域方面开始重叠、争夺客户,也逐渐向综合性咨询服务公司方向发展。

关于文化创意传播,咨询公司主要可以提供两方面的咨询服务。其一是提供企业内部文化创意传播发展解决方案,如文化创意管理、文化创意人力资源、企业文化发展等建议与策略,以提升企业自身的文化氛围与创意管理水平。其二是为企业具体业务发展提供文化创意传播解决方案,包括文化创意传播的市场调研、传播优劣势、传播方案等方面的建议与策略。

2. 设计公司与文化创意传播

设计公司是为客户提供设计方面技术支持与服务的专业公司,主要从专业设计角度与技术可实现性方面进行线上和线下的视觉创意。由于各行各业对设计的需求日益增多,设计公司的主营内容也愈加广泛,包括平面设计公司、形象设计公司、产品设计公司、建筑设计公司、室内设计公司、动漫设计公司、服装设计公司、景观设计公司、网页设计公司等。

表 9-1 全球知名设计公司 [1]

公司名称	国家	成立时间	服务客户
IDEO	美国	1991 年	三星、微软、联想、华为等
Frog Design	德国	1969 年	苹果、LV、三星等
Designaffairs	德国	2006 年	西门子、现代、雀巢等
Designworks	德国	1972 年	宝马、诺基亚、西门子、阿迪达斯等
Fuseproject	美国	1999 年	宝马、迪士尼、耐克、阿迪达斯等
Nedo	日本	2002 年	日清、珑骧等
GK Design Group	日本	1952 年	龟甲万、雅马哈等
Ziba	美国	1984 年	微软、英特尔、三星、索尼等
LUNAR	美国	1984 年	苹果、微软、欧乐B、百事等

---

[1] 不可不知的全球九大顶级设计公司[EB/OL]. https://www.shejipi.com/115358.html. [访问时间:2020-02-06]

文化创意传播离不开设计,因而设计公司会参与整个传播活动的各个环节。例如:对文化创意传播内容的视觉设计,包括海报设计、图形设计、logo 设计、色彩设计、页面设计、广告设计、造型设计等;对文化创意传播的产品设计,包括包装设计、功能设计等;其他类型的文化创意传播设计,包括交互设计、场地设计、品牌设计等。

3. 影视制作公司与文化创意传播

影视制作公司是从事影视作品视觉制作的公司,主要包括视频拍摄、剪辑、特效、音效等业务。在数字化技术与计算机技术不断升级发展的推动下,影视制作在软件应用与硬件设备方面更加便捷,影视制作公司也应运而生。视频摄制是影视制作公司的主要业务之一,包括现场录制或直播,如影视片、广告片、宣传片、会议讲座、晚会活动等。早期的视频摄制主要由影视制片公司负责,以电影、电视剧、广告片的拍摄为主,如全球知名的影视公司环球影业、派拉蒙影业公司、哥伦比亚电影集团等。影视公司的另一主要业务即后期制作,包括视频剪辑、配乐、配音、字母、转场、特效等,负责音视频的综合声觉、视觉效果制作,如全球知名电影特效制作公司工业光魔、数字领域、盟图等。

影视制作本身就是文化创意传播的重要内容。随着音视频在各行各业的广泛应用、文化创意传播需求的增加,影视制作逐渐从电影电视领域拓展到互联网、游戏、社交网络、家庭娱乐、短视频等多媒体应用场景,影视制作公司的业务范围也逐渐扩大到影视策划、动画制作、游戏开发、影视发行、文化娱乐、创意传播等领域。例如,全球第一个制作、发行有声电影的华纳兄弟电影公司,经过一个世纪的发展,如今已成为涵盖电影、电视、制片、动画、游戏、娱乐等多领域的娱乐公司。

4. 广告公司与文化创意传播

广告公司是专门从事广告经营业务的公司,早期广告公司主要提供广告设计、建议和媒介投放等服务,也因此被称为"广告代理商"。广告公司具有调研与策划职能、创意开发与制作职能、媒介计划与购买职能、广告效果评估职能四大职能。就具体业务而言,包括市场调研、广告策划、文案撰写、广告设计、创意表现、广告制作、广告投放、效果评估等内容。根据服务内容与业务范围,广告公司一般包括:综合广告代理公司,为客户提供全方位、全过程的广告代理服务,如奥美、阳狮、电通等;专业型广告公司,一般专注于某一或某些行业或专业领域的广告公司,如综合性交通户外广告公司德高集团、专注地产行业广告的黑狐奥美、主营楼宇广告的分众传媒等;广告媒介购买公司,主要从事媒介计划、媒介购买、媒介执行等业务,如浩腾媒体(OMD)、实力传播(Zenith Optimedia)、传立(Mindshare)等;广告制作公司,主要进行广告设计、物料制作等工作,可以细分为广告设计公司、广告摄制公司、广告印刷公司等。此外,数字化进程也推动广告公司拓展数字媒介与互动营销业务,有诸多专门从事数字营销与新媒体的广告公司,如奥美互动、知世安索帕、睿狮广告传播等。

就文化创意传播而言,广告公司是传播文化创意的重要渠道之一。它的一系列经营活动与业务流程都是在开展创意性工作,不仅承担了文化创意的策划、表现、实施等主要任务,也是在文化创意传播过程中起到关键性作用的机构。

5. 公关公司与文化创意传播

公关公司是有偿向各种组织提供公共关系咨询或代理服务的专业机构,目的是帮助企业与企业内外部的利益相关者形成有效的双向沟通,改善双边关系,促进双方相互理解、相互尊重、相互配合,为企业发展扫除障碍。从经营方式看,公关公司可以分为咨询类公关公司、咨询代理类公关公司与咨询实施类公关公司。从服务内容看,公关公司又可以分为综合性公关咨询或代理公司,如爱德曼公关、博雅公关、罗德公关等,以及专业性定向服务公关咨询或顾问公司,如专注会议定制的万博宣伟、擅长政府公关的 ICF Next、致力于中国企业国际化发展的博雅公关等。

公关公司在文化创意传播过程中,通过各类公关活动策划,让公关的灵活性、多样性、双向性特点发挥优势,与广告公司的创意传播形成良好的互补,促进企业部门与部门之间,员工与员工之间,企业与外部各机构、组织、单位之间的有效沟通,增进相互之间的关系,保障文化创意传播活动的顺利开展。

第二节 文化创意传播组织机构的职责

文化创意传播的本质仍是传播活动,传播的社会功能同样适用于文化创意传播。因此,结合传播学的功能理论,文化创意传播组织机构应肩负相应的社会职责。当代传播文化创意组织机构要有责任感,勇于担当,不仅要肩负起传播教育的重要任务,向社会传播正能量,完成信息传递与文化教育的重要使命,而且要在传承传统文化基础上,推动文化创新发展。

一、积极传播正能量

作为一个有责任的文化创意传播组织机构,就要将传播正能量作为自身发展的重要职责,向社会和世界传播积极向上的文化创意内容,对正能量的创意内容进行正向引导,主动维护文化创意的传播秩序,营造健康、和谐的文化创意传播社会环境和网络环境。

就我国文化创意传播组织机构而言,积极传播正能量就是要坚持正确的政治方向、正确的舆论导向,引导积极向上的价值观。首先,把握正确政治方向是中国文化创意传播组织机构首要的职责。政治方向涉及国之根本,关系国之命运,决定国之兴衰。[1] 习近平总书记在参观马栏山视频文创产业园时,也强调发展文化产业一定要牢牢把握正确导向,坚持守正创新,确保文化产业持续健康发展。[2] 其次,传播正能量也要求中国文化创意传播组织机构坚持正确

---

[1] 孙立樵,佟海林.政治领导力的基本构架界定[A].中国领导科学研究会、中共福建省委党校.治国理政 70 年经验和规律——第二届中国共产党领导力论坛论文集[C].中国领导科学研究会、中共福建省委党校:中国领导科学研究会,2019:8.

[2] 习近平谈文创产业:守正创新,坚持正确导向[EB/OL]. http://www.qstheory.cn/yaowen/2020-09/18/c_1126509589.htm.[访问时间:2020-09-18]

的舆论导向。习近平总书记强调指出"要把坚持正确导向摆在首位,始终绷紧导向这根弦,讲导向不含糊、抓导向不放松"。[1] 在文化创意传播方面,正确的舆论导向才能让文化创意工作向着健康、积极的方向发展。最后,文化创意传播组织机构还应引导正确的价值取向,担负创建良好文化创意氛围的社会责任,助力文化创意传播人才的培养,推动文化创意产业的快速发展。

二、实现有效信息传递

文化创意传播的落脚点在于传播,因而有效的信息传递是文化创意传播组织机构的基本职责。随着数字技术与互联网技术的发展,文化创意的传播方式也趋于数字化、多元化。对于广大消费者来说,与自身需求和喜爱度匹配高的传播内容更能从众多纷繁复杂的信息中脱颖而出,这对文化创意传播组织机构的文化创意传播水平提出了更高的要求。要实现文化创意的有效传播,就要在充分了解广大文化消费者多元需求的基础上开发文化创意内容、产品或服务,选择恰当的传播渠道、创新性的传播方式,实现文化创意的广泛传播。

我国文化创意传播组织机构正处于快速成长与发展阶段。在开展文化创意时应注意文化内容、创意点与传播方式之间的适配性,避免为了博人眼球、谋求经济利益而破坏文化内涵、扭曲历史文化、产生有害的创意,从而传递无效的、错误的、失真的文化信息与资讯。

三、肩负社会教育重任

教育功能是传播的重要社会功能之一,作为开展文化教育的一种方式,文化创意传播同样具有社会教育的功能。一方面,文化创意传播组织机构具有文化创意优势,可以作为学校系统性教育的延伸与拓展,为广大民众提供更具时代性、创意性的文化内容,进行文化知识的普及与推广;另一方面,文化创意传播组织机构具有更为专业的传播优势,可以开辟人们文化创意求知的新渠道,体验、感受具有创新性的文化传播内容与形式,让文化创意在传播过程中实现效果最大化,构建健康良好的文化创意传播氛围。因此,文化创意传播组织机构应肩负这样的社会责任,积极参与对广大民众进行文化教育的创意传播事业。

在我国大力推进文化创意产业发展的进程中,文化创意传播组织机构有责任承担社会文化教育的任务,尤其是对青少年的文化教育和创新意识培养。文化创意传播组织机构可以为他们提供更加多渠道、多元的文化创意学习机会,与校内传统教育形成互补,并通过良好的文化创意社会环境与网络环境激发他们的创造性思维,让寓教于乐融入文化创意传播过程。

四、推动文化延承发展

文化创意传播组织机构的另一重要职责就是保护、传承与传播文化,特别是对传统文化的传承与保护。文化创意传播组织机构进行文化创意传播的过程,既是对文化个性保护与传播

---

[1] 中共中央文献研究室. 习近平关于社会主义文化建设论述摘编[M]. 北京:中央文献出版社,2017:26.

的过程,又是推动文化多样性的过程,让多元文化和谐共存,"美美与共,天下大同"。同时,创意性的文化传播正是以当代人们所喜闻乐见的方式或载体对文化的延承,为历史文化续写记忆,文化创意传播组织机构正是推动文化延承发展的中坚力量。

对于我国而言,习近平总书记多次强调,在新时期必须大力弘扬中华优秀传统文化,提高民族道德素养,更好地推进中国特色社会主义建设。《中共中央关于党的百年奋斗重大成就和历史经验的决议》指出:"中华优秀传统文化是中华民族的突出优势,是我们在世界文化激荡中站稳脚跟的根基,必须结合新的时代条件传承和弘扬好。"[1]因此,当代中国的文化创意传播组织机构同样要勇于担当,将弘扬中华传统文化作为自身发展的使命,立足中华传统文化,开展当代具有中国特色的文化创意传播活动,坚定文化自信,推动文化兴盛。

第三节 文化创意传播组织机构的管理

文化创意传播组织机构的管理是保证其顺利开展文化创意传播活动的重要保障。关于文化创意传播组织机构的管理工作主要包括:机构内部的组织管理,确保组织机构的日常运营顺利进行;组织机构的人才培养管理,为组织机构提供源源不断的人才,推动文化创意传播的发展;机构外部的行业管理,通过行业协会与行业规范,维护行业秩序,为文化创意传播组织机构提供良好的市场发展环境。

一、文化创意传播机构内部组织管理

除了交给第三方专业公司完成业务外包外,文化创意传播的企业、政府机构、非营利组织等机构内部也会设置相关部门,利用自身已有的人力、物力等资源,处理文化创意传播相关工作,或与外部机构就文化创意传播工作进行对接与沟通。一方面,这种"业务自营"的方式可以确保机构内部信息的安全性,降低泄密、丢失、被抄袭的概率;另一方面,内部设置相关部门,可以大幅度提高沟通效率、降低沟通成本,提高文化创意传播活动的成功率。一般来说,文化创意传播机构内部会涉及品牌、策划、创意、广告、公关、设计、媒体等相关业务,因而也会设置与之相对应的业务部门。下面将对其中主要部门进行简单阐述。

(一) 品牌部

品牌部也称为品牌战略部或品牌管理部,主要负责企业的品牌形象建设与维护工作。品牌部通常输出策略性内容,帮助企业科学地构建品牌体系,涉及品牌定位、理念、视觉、创意、战略、宣传、活动等内容,对企业品牌进行宏观层面的顶层设计与整体规划,具体的视觉、创意、宣传与公关等工作则交由企业内部相关部门跟进或执行。品牌部的工作往往需要多个部门或外

---

[1] 担负起传承弘扬中华优秀传统文化的历史责任[EB/OL]. http://www.qstheory.cn/dukan/hqwg/2021-12/10/c_1128150971.htm. [访问时间:2020-02-08]

部企业共同配合完成，因此，根据不同企业的组织机构设置需要，企业的品牌部与市场部、公关部、广告部等会成为隶属、被隶属或相对独立的部门而存在。

如今，品牌化发展是众多企业在开展文化创意传播过程中的重要策略之一。企业内部的品牌部可以在打造品牌过程中密切关注品牌的发展动态，对品牌发展进行长期管理，适时开展或调整品牌传播活动，对品牌进行内涵挖掘、形象强化、创意激活等工作，保持企业品牌的生命力。

（二）广告创意部

为了进行视觉设计、创意内容生产和广告宣传，企业内部一般会设置独立的广告部、创意部、设计部，它们是开展文化创意传播活动的核心部门。由于这三个部门或多或少在业务内容上有交叉，根据企业的业务内容与机构设置，也有部分企业将广告部、创意部和设计部合并为广告创意部，将广告、创意与设计的业务统一。

就具体职责而言：广告方面主要包括广告策划、文案撰写、内容制作等广告业务；创意方面顾名思义就是提供创意、点子，负责输出想法与构思，不负责具体的执行；而设计方面则要根据需求对标志、画面、图案等内容进行视觉设计。依企业自身情况而定，广告创意部可以承担广告公司、创意公司和设计公司的部分或全部职能。倘若企业自身无法承担广告宣传、产生创意或视觉设计任务，该部门就会有选择性地确定业务外包的内容与范畴，如媒介投放与购买、复杂视觉设计、创意呈现等企业自身较难独立完成的业务，一般会交由第三方专业机构进行外包服务、具体执行。同时，企业也可以选择综合性广告代理公司，将所有业务进行外包，而广告部与设计部则需要确定方案、对接人员、沟通细节、审核内容、进行全程监督，成为企业与外部第三方专业机构沟通协调的桥梁，确保视觉设计、创意内容和广告宣传可以顺利执行与开展。

（三）公关部

公关部作为企业的官方发言人，主要协调、维系、处理企业与内部、外部利益相关者之间的关系。具体而言，公关部的职责主要有：情报搜集，密切关注法律政策、企业评价、品牌公信力等信息，进行舆情管理；形象管理，负责企业形象识别系统开发导入、新闻稿件发布、广告宣传、对接采访报道等；对外沟通，与政府、媒体、社区、相关机构和企业保持长期联系，建立和谐良好的关系；对内协调，有效地沟通情况、协调部门之间矛盾、开展企业文化；危机应对，及时、准确、恰当地处理危机公关事件，补救企业品牌形象，挽回企业损失。

在文化创意传播过程中，公关部门也发挥举足轻重的作用。如何让文化创意传播活动与品牌形象相得益彰，如何有效地通过文化创意传播获得品牌美誉，如何把握公关事件、开展文化创意传播，都是企业公关部在进行文化创意传播时所要解决的重要问题。

（四）新媒体部

为顺应数字技术与新媒体的发展潮流，如今企业会在内部设置新媒体部，将与新媒体运营推广相关的业务独立出来。具体而言，新媒体部一方面要负责企业在PC端和移动端的自媒体建设与维护工作，包括官方网站、APP、微信小程序、微博等，另一方面也要负责企业在其他新媒体平台上的宣传推广工作，如社交媒体、知识问答社区、短视频平台、社群运营等。

新媒体部在文化创意传播过程中同样扮演着至关重要的角色。它是开展文化创意传播活动的前沿阵地,不仅可以帮助企业拓展新媒体的渠道,布局文化创意传播媒体矩阵,而且也将品牌的文化创意通过新媒体平台输出,更广泛地宣传推广品牌,还可以配合市场部开展互动营销,推动企业在主营业务上的发展。

二、文化创意传播组织机构人才培养管理

文化创意传播组织机构的人才培养主要有两种途径:其一是国家与政府出台相关人才培养政策,从制度与资金方面创造文化创意传播人才培养的良好环境;其二是依托学校或专业机构,有针对性地培养具有文化创意能力与传播技能的人才。

(一)国家、政府的政策与资金支持

国家、政府在政策和资金方面对文化创意传播人才培养的支持,可以从社会发展与产业规划的宏观视角,加大文化创意传播相关领域的人才培养力度,加速人才培养进度。利好的政策引导也为培养文化创意传播人才的机构提供资金支持与便利服务,鼓励多方参与、多元形式地进行文化创意传播人才的培养。在政策与资金的支持下,如加大财政拨款力度、设立文化创意人才专项基金、完善和建立相关人才培养制度、搭建文化创意人才培养交流平台等,城市与社会也逐步完善公共文化服务,开展多种多样的文化活动、创意活动,吸引文化创意传播人才聚集,为文化创意传播人才营造开放、自由、宽松的社会环境。

以英国为例,在1998年出台的《英国创意产业路径文件》中,明确指出为相关人才提供文化创意的专业培训,并注重对青少年的艺术教育和创造力培养,这也因此成为英国指导社会组织开展文化创意人才培养的纲领性文件。之后,英国政府颁布的《英国创意产业专题报告》《下一个十年》等一系列文件,也从政策上推动文化创意相关领域人才的培养,如改善文化创意人才培养设施与条件、设立专项奖金奖励文化创意人才、组织活动吸引相关人才交流学习等。此外,在美国、韩国、日本等多个国家推动文化创意产业发展的政策文件中,都强调并推动文化创意传播人才的培养,鼓励和支持年轻人的创意行为,为他们提供多元渠道的学习机会和展示途径。

(二)学校、机构的专业与技能培养

除了国家和政府在政策与资金上的支持外,学校的专业教育、机构的技能提升与企业的岗位培训也是培养文化创意传播人才的重要途径。

首先,越来越多的高校开设文化创意或创意传播的相关专业,或设置文化创意、创意传播、数字媒体等相关课程,进行正规的、系统性的专业人才培养,重视对人才综合能力与专业技能的培养,并鼓励学生进行跨学科、交叉学科的学习与研究。基于文化创意产业与媒体传播的特性,相关专业或课程的培养重视以产业为导向的产学研一体化人才培养模式,因而各国高校也根据本国文化创意产业的发展开设特色专业课程。例如:美国高校通过设置艺术设计、图书出版、媒介经营等专业课程培养"创意核心群"人才,设置管理学、传媒学等专业培养"创意专业

群"人才；英国高校开设了多元的文化创意传播相关专业，有理论研究、产业实践、艺术管理、媒介传播等；法国高校将文化创意与新媒体技术融入专业课程；韩国高校重视影视、动漫、游戏、广播等产业中的创意人才培养；日本高校的文化创意传播人才培养注重对日本的传统文化和民族文化的传承。此外，高校也通过学术研究、文化交流以及校园生活，为培养文化创意传播人才提供便利条件、创造学习机会，营造良好的文化创意氛围。

其次，专业培训机构也是培养文化创意传播人才的渠道之一。所谓专业培训，是区别于普通高校的系统化专业教育，为个人或组织提供专业化、高质量的培训服务。因此，这类培训也具有针对性，可以在一段时间内提升学员的某方面能力或某一技术，帮助他们有的放矢地增强自身技能。关于文化创意传播人才的专业培训内容，主要有学科理论、文化艺术、策划传播、媒体技术、广告设计等。同时，公共文化服务机构也开始开设文化创意传播方面的专业培训，为普通大众提供专业性或普及性的培训服务，如文化馆、博物馆、艺术馆等。此外，越来越多的普通高校或艺术机构开始开设慕课(MOOC)，[1]让更多的人通过互联网就可以学习文化创意传播相关的专业课程、提升专业技能，如教育平台Coursera上的知名高校文创课程、纽约现代艺术博物馆(Museum of Modern Art, MoMA)的免费在线课程等。

最后，企业内部的专业培训也对文化创意传播人才的培养具有重要作用。根据培训内容的不同，企业内部的培训可以分为岗位培训、技能提升培训和文化拓展培训。岗位培训是针对具体岗位要求开展的，对文化创意传播人员进行岗位职责与能力方面的培训，这样的对口培训与高校、培训机构相比，可以直接作用于实际工作，快速看到培训实效，提升工作效率与绩效。技能提升培训可以帮助员工弥补个人在文化创意传播方面的技能短板，加强员工某种或某方面技术能力，让员工的专业技能发挥到最佳状态。文化拓展培训则注重文化创意传播人员的综合素质提升，协调企业内部员工之间的关系，促进企业文化发展，创造良好而宽松的文化创意环境。

三、文化创意传播组织机构行业规范管理

从行业角度看，对文化创意传播组织机构的管理主要依靠行业协会与行业标准。行业协会在各文化创意传播组织机构之间起到中介作用，作为其与行业内外各方沟通联络的桥梁。行业标准则可以规范各文化创意传播组织机构的市场行为，确保其合法合规运营，维护行业整体秩序。

(一) 文化创意传播行业协会

行业协会是由同一行业的商事主体为增进共同利益、维护合法权益而自愿组成的非营利性社会团体法人。行业协会一般具有非政府性、非营利性、自治性特征，在政府与企业之间起到中介作用，旨在促进各成员单位自律、维护行业竞争秩序、保护企业的合法权益等。就文化创意传播而言，相关行业协会则是致力于服务文化创意传播相关领域内各组织机构的非营利性组织。

---

[1] MOOC, massive open online courses，即大型开放式网络课程。

就文化创意传播而言，专注文化创意传播的行业协会较少，如中国文化信息协会下设有文化创意传播工作委员会。但是与文化创意、创意传播相关的行业协会众多，有专注文化产业、文化创意产业的行业协会，如联合国文化发展委员会文化创意理事会（UN Cultural Development Committee Cultural Creative Council），也有辅助型相关行业协会，如设计协会、影视协会、新闻传播协会、艺术协会等。以英国为例，文化创意相关行业协会发展较为成熟，如政府创办的英国文化教育协会（British Council）、创意产业委员会（Creative Industries Council）、占主导地位的英国创意与文化技能委员会（Creative & Cultural Skills）、创意技能委员会（Creative Skillset），以及辅助型行业协会英国新闻媒体协会（News Media Association）、英国时尚协会（British Fashion Council, BFC）、英国广告从业者协会（The Institute of Practitioners in Advertising）等。在我国，设有与文化产业、文化创意产业直接相关的行业协会，如中国文化产业协会（China Cultural Industry Association）以及各省区市的文化创意产业协会，也设有相关领域的辅助型行业协会，如中国广告传播协会（China Association of Advertising Communication）、中国文化娱乐行业协会（China Culture & Entertainment Association）、中国公共关系协会（China Public Relations Association）等。此外，我国还为促进文化创意传播的国际交流，积极与各国共同创办行业协会，如中英文化创意产业协会、中法艺术交流与文化传播协会等。

（二）文化创意传播行业规范

行业规范或行业标准是用于规范行业范围内的企业活动的规则和标准。行业规范的制定不仅可以指导行业协会开展日常管理，更重要的是对行业内的组织机构起到监督规范作用，加强行业从业人员职业道德，规范行业组织机构的行为。

文化创意、创意传播属于文化产业和文化创意产业范畴，因而同样受其行业规范的约束。例如，英国早在1998年发布的《英国创意产业路径文件》中，就提出了对文化创意产业细分的广告、建筑、艺术古董、手工艺、设计、时尚、电影、互动休闲软件（游戏）、音乐、表演艺术、出版、软件、电视与广播等行业的规范要求，从而被视为英国文化创意相关行业的规范准则，也成为之后各国制定相关行业规范的参考范例。在我国，在国家层面有相关行业法律法规为文化创意传播的开展保驾护航，如《中华人民共和国文化产业促进法（草案送审稿）》《中华人民共和国广告法》等。还有各省区市分别出台的促进行业发展的相关文件，也可以起到行业规范作用，如北京市发布的《关于推进文化创意产业创新发展的意见》、上海出台的《关于加快本市文化创意产业创新发展的若干意见》等。

案例解析

中国文化创意产业园区分布与发展

文化创意产业园区是文化创意企业和科技创新企业的聚集区，是文化创意产业发展园区化、规模化的表现形式。文化创意产业园区以创意设计、产业孵化、研发创新为核心，吸引相关文科创企业在区域内集聚，逐步形成了集科技创新、创意研发、人才培训、展览交易、文化交流等于一体的综合性、公共性的多元化社区，为文化创意企业和科技创新企业提供更好的创新创业服务。

一、我国文化创意产业的分布

在国家和地方政策的鼓励下，我国文化产业进入快速发展的新时期。文化创意产业园作为文化产业的重要载体，在此过程中也取得了快速的发展。

从空间分布来看，我国文化创意产业园区的空间集聚特征明显。我国已形成包括长三角文化创意产业区、环渤海文化创意产业区、珠三角文化创意产业区、滇海文化创意产业区、川陕文化创意产业区和中部文化创意产业区在内的六大文化创意产业集群。

长三角文化创意产业区主要以上海为核心，辐射苏州、南京、杭州等城市，各地区彼此关联，协作与竞争并举。上海文化创意产业园区的重点是旧厂房改造，大量旧厂房结合其区域特点进行重新规划与改造，升级形成具有特色的文化创意产业聚集区。上海市文创办统计：2018年，上海文化创意产业实现增加值4 227.7亿元，占全市生产总值的比重为12.9%；符合市级标准的园区数量已达137家，分布在15个区，总面积近700万平方米；入驻企业两万多家，包括影视、出版等传统领域企业及时尚、设计等新兴领域企业。随着长三角文化创意产业集群的发展，上海周边经济较为发达的城市包括苏州、南京、杭州等地的文化创意产业也纷纷发展起来。苏州已成为长三角地区的创意产业生产基地，是上海创意产业链的延伸；南京和杭州则聚集了一批以艺术设计、室内装饰设计、广告策划、动漫为主的文化创意产业园区。

环渤海文化创意产业区主要以北京、天津、大连等为核心，其文化创意产业园区已经呈规模化发展，多家文化创意产业园区已成为某一类型文化创意产业园区的标志性园区。其中，北京文化创意产业园区发展最为迅速且具有代表性。北京的文化创意产业以文艺演出、广播影视、文艺动漫、时装设计等为主。

珠三角文化创意产业区主要以广州、深圳等为核心，以广州和深圳为主的新文化创意产业聚集区近几年快速崛起，广州和深圳成为珠三角文化创意产业的核心城市。广州市文化创意产业发展较早，发展较快；深圳市大力发展平面设计、动漫、传媒、文化旅游等文化创意产业，据深圳市商务局统计，2018年深圳文化创意产业实现增加值2 621.77亿元，占GDP的比重超过10%。文化产业已经成为深圳经济支柱产业，在深圳的发展中占据了重要位置。

随着我国文化创意产业的不断发展，文化创意产业区从长三角、环渤海、珠三角等东部沿海地区向中西部地区蔓延。以昆明、丽江和三亚为代表的滇海文化创意产业区，以重庆、成都、西安为代表的川陕文化创意产业区和以武汉、长沙为代表的中部文化创意产业区迅速崛起，全国文化创意产业区遍地开花，蓬勃发展。

二、文化创意产业园区发展趋势

文化创意和科技创新融合发展是行业未来的发展趋势，两者成为行业发展新动能的双引擎。在此背景下,越来越多的文化创意企业和科技创新企业入驻文化创意产业园区。为了适应行业发展趋势、满足发展需求,文化创意产业园区的服务内涵也不断拓展完善,不断向智慧型园区转型升级,由国内区域集聚向国际协同发展。

(一) 服务内涵不断拓展完善

随着文化创意产业园区产业链和运营模式的不断完善,文化创意产业园区的运营除收取租金和配套物业服务费外,将更加注重公共服务平台的建立。文化创意产业园区通过公共服务平台为入驻企业提供产品孵化、展示推广、技术服务、人才培训、投融资、政策及法律咨询等专业化服务,有助于拓展园区服务内涵,为园区长期发展提供重要保障。未来,完善的公共服务平台将成为决定园区有效运行与发展的关键。

(二) 向智慧型园区转型升级

我国的文化创意产业园区建设已初具规模。随着社会经济的发展和科技应用的创新与发展,着眼于文化创意产业园区高效运行、放眼于不同产业园之间的合作协同的智慧园区逐渐成为行业热点。智慧园区利用物联网、云计算、大数据等新一代技术对园区进行全面升级,通过检测、分析、集成和智慧响应等方式全面集成运用园区内外资源,能够增强园区之间信息交流,整合园区资源信息,促进产业园区规划、建设、管理和服务实现智慧化,提升园区产业价值链,实现园区经济可持续发展目标。

(三) 由国内区域集聚向国内外协同发展

围绕着京津冀协同发展、长江三角洲经济区、粤港澳大湾区等区域建设发展规划,各地文化创意产业园区根据自身产业基础和优势,因地制宜,形成了优势互补、协同共享的文化创意产业园区集聚发展的格局。随着"一带一路"倡议的提出及实施,我国文化创意产业园区逐渐由国内集聚向国际协同发展,一些文化企业开始在美国、欧洲等发达地区建设文化创意产业园区,如德必佛罗伦萨 WE"和德必硅谷 WE"都是国内企业到海外建设文化创意产业园区的典型代表。未来将有更多的企业和园区探讨在海外建立文化创意产业园区,国际合作园区也将不断出现,促进不同文化创意产业园区良性互动。

资料来源:2020 年中国文化创意产业园产业分布及发展趋势分析[EB/OL]. https://baijiahao.baidu.com/s?id=1658723343858699339&wfr=spider&for=pc.[访问时间:2022-02-08]

——思考题——

1. 文化创意传播组织机构都有哪些形态?
2. 试举例说明哪些属于文化创意传播的第三方专业机构。
3. 文化创意传播组织机构的职责是什么?
4. 如何管理文化创意传播组织机构?

本章参考文献

[1] 薛可,余明阳.文化创意学概论[M].上海:复旦大学出版社,2021.

[2] 总政治部宣传部.网络新词语选编[M].修订本.北京:解放军出版社,2013.

[3] 刘阳.自媒体终极秘诀[M].哈尔滨:哈尔滨出版社,2016.

[4] 蒋三庚,张杰,等.文化创意产业集群研究[M].北京:首都经济贸易大学出版社,2010.

[5] 杜慕群,朱仁宏.管理沟通[M].2版.北京:清华大学出版社,2014.

[6] 李凌凌.社会化传播背景下舆论场的重构[J].中州学刊,2016(9):160-163.

[7] 孙文杰,蒋旭峰.传统文化的社交化创新与社交化传播研究[J].新媒体研究,2020(4):3.

[8] 喻国明.直面数字化:媒介市场新趋势研究[J].国际新闻界,2006(6):5.

[9] 占绍文,辛武超.文化产业园区的界定与评价指标体系研究[J].天府新论,2013(1):6.

[10] 向勇,陈娴颖.文化产业园区理想模型与"曲江模式"分析[J].东岳论丛,2010(12):139-143.

[11] 薛童.高碑店传统民俗文化产业园区中国古典艺术之窗[J].新经济导刊,2006(18):32-34.

[12] 田耕,杨梦龙.基于价值网络的业务外包中介机构运作模式研究[J].科技管理研究,2011(3):6.

[13] 李丽,戴湘竹.完善坚持正确导向的舆论引导工作机制[J].思想政治教育研究,2020(6):108-112.

[14] 代玉梅.自媒体的传播学解读[J].新闻与传播研究,2011(5):8.

[15] 邓新民.自媒体:新媒体发展的最新阶段及其特点[J].探索,2006(2):5.

[16] 邓文君.数字时代法国文化创意产业的创意环境构建研究[J].深圳大学学报(人文社会科学版),2014(6):141-145.

[17] 姚旭.关于行业协会概念的界定[J].辽宁公安司法管理干部学院学报,2010(1):2.

[18] 孙立樵,佟海林.政治领导力的基本构架界定[A].中国领导科学研究会、中共福建省委党校.治国理政70年经验和规律——第二届中国共产党领导力论坛论文集[C].中国领导科学研究会、中共福建省委党校:中国领导科学研究会,2019:8.

[19] 肖博文.政策转移视角下中国文化创意产业园区变迁研究[D].华中师范大学,2019.

[20] 王佩瑜:难的是让大家一直记住你[EB/OL]. http://www.163.com/dy/article/F04S1HMU055040N3.html.[访问时间:2022-09-17].

[21] 企鹅图书,如何用封面俘获你的心?[EB/OL]. https://www.topys.cn/article/30483.[访问时间:2022-02-05]

[22] 打造专业的文化产业集聚园——中国文化产业网专访北京大学文化产业研究院副院长陈少峰[EB/OL]. http://www.cnci.gov.cn/content%5C2010122/news_60817.shtml.[访问时间:2022-02-06]

[23] 服务外包统计调查制度[EB/OL]. http://images.mofcom.gov.cn/fms/201901/20190125093012382.pdf.[访问时间:2022-02-06]

[24] 不可不知的全球九大顶级设计公司[EB/OL]. https://www.shejipi.com/115358.html.[访问时间:2022-02-06]

[25] 习近平谈文创产业:守正创新,坚持正确导向[EB/OL]. http://www.qstheory.cn/yaowen/2020-09/18/c_1126509589.htm.[访问时间:2020-09-18]

[26] 担负起传承弘扬中华优秀传统文化的历史责任[EB/OL]. http://www.qstheory.cn/dukan/hqwg/2021-12/10/c_1128150971.htm.[访问时间:2020-02-08]

[27] 2020年中国文化创意产业园产业分布及发展趋势分析[EB/OL]. https://baijiahao.baidu.com/s?id=1658723343858699339&wfr=spider&for=pc.[访问时间:2022-02-08]

[28] Creative Industries Mapping Documents 1998[EB/OL]. https://www.gov.uk/government/publications/creative-industries-mapping-documents-1998.1998.[访问时间:2022-02-16]

[29] Creative Industries Mapping Documents[EB/OL]. www.gov.uk/search/all?keywords=Creative+Industries+Mapping+Documents&order=relevance.[访问时间:2022-02-25]

[30] Dangillmor. Wethemedia[EB/OL]. http://www.oreilly.com/catalog/wemedia/book/index.csp.[访问时间:2022-02-05]

第十章

文化创意传播效果评估

学习目标

学习完本章,你应该能够:
(1) 了解文化创意传播效果评估的流程;
(2) 了解文化创意传播效果评估的方法;
(3) 了解文化创意传播效果评估管理的内容及意义。

基本概念

文化创意传播效果　效果评估流程　效果评估方法　效果评估管理

第一节 文化创意传播效果评估流程

效果评估是指衡量和分析项目、活动在实施后实现目标和指标的程度。对文化创意传播进行效果评估,是对文化创意传播活动的执行结果和效益进行科学的估计与评判,进一步总结活动实施的经验与教训、衡量团队管理水平与执行能力,为今后文化创意传播活动的改善、改进提供科学依据。本节将介绍文化创意传播效果的一般评估流程。

一、建立文化创意传播效果评估小组

进行文化创意传播效果评估的第一步是建立效果评估小组,不仅要负责整个效果评估工作的具体实施,确保评估计划顺利推进,而且要对评估流程进行全程监督,保证效果评估的质量和过程的有序性、规范性,同时还要对后续的评估程序进行科学性的指导与跟进。

根据不同的效果评估任务,文化创意传播效果评估小组的规模可大可小。对于小型或简单的效果评估工作而言,可以指定专人负责,进行效果评估工作的统筹、跟进与监督。大中型或复杂的效果评估工作则需要组建专门的效果评估小组,设小组负责人,主要负责统筹项目、领导小组成员开展效果评估工作。小组成员的配置要以文化创意传播效果的评估目标为前提,一般由管理人员、技术人员和执行人员三部分组成。管理人员主要包括小组管理者和财务人员等,管理评估运作和处理评估过程中的财务等问题;技术人员主要负责提供专业技术支持,可以是文化创意传播项目本身的专业人员,也可以聘请业内专家、学者或权威人士等;执行人员主要是具体执行评估计划的人员,包括资料收集人员和资料分析人员等。小组成员的数量视具体的文化创意效果评估工作和实际情况而定,如资料收集工作一般可以聘请临时人员完成,不计入评估小组正式成员。

此外,文化创意传播效果评估小组建立后,需在内部建立一定的规则标准,各成员职责与分工应明确,各在其位、各尽其职,如角色职责、沟通计划、联络渠道、工作汇报方式、文件格式等,以便后续的文化创意传播效果评估工作可以顺利进行。

二、制定文化创意传播效果评估方案

在文化创意传播效果评估小组建立后,首要任务就是要制定评估方案。具体而言,文化创意传播效果评估方案包括但不限于以下几个部分:评估目的、评估内容、评估方法和工具、评估进度和评估预算。

(1) 文化创意传播效果评估目的。评估目的是此次效果评估工作所想获得的目标和结果。评估小组在制定评估方案时,首先要明确评估目的是什么,这将决定后续整个评估方案的走向与设计细节。

(2) 文化创意传播效果评估内容。这是开展文化创意传播效果评估工作的核心所在,也是主要任务。根据评估目标与客观实际情况,评估内容一般包括评估对象、样本范围、样本数量、时间范围等。

(3) 文化创意传播效果评估方法和工具。在明确评估目的和确定评估内容基础上,选择合适的评估方法与评估工具,力求完成评估目标。关于评估方法,选择量化方法还是质性方法,或两者兼备,这主要取决于需要获得何种文化创意传播的效果评估,具体的效果评估方法将在

本章第二节讲解。评估工具的选择是根据不同的评估方法所决定的,辅助评估工作的开展。

（4）文化创意传播效果评估进度。在制定评估进度计划之前,先要明确整个评估工作的持续时间,然后确定评估工作的起始与完成具体时间、重要工作时间节点、具体的实施方案等内容,最后制定出评估工作的时间进度表,即工作日历。时间进度表要将各种已知、未知、可能发生的情况考虑在内,因而在制定时要预留出处理随机风险的时间,确保评估工作仍可以按时按质完成。

（5）文化创意传播效果评估预算。开展一项评估工作必定需要资金投入,因而在评估方案中也要制定整个评估工作的资金预算。资金预算项目通常由项目组的财务人员进行管控,预算一般包括基本的办公费用、人员费用、工具设备使用费用等。

三、收集文化创意传播效果评估资料

资料收集是文化创意传播效果评估工作的重要一环,所有评估结果都要建立在此基础上,因而资料收集的数量多少与质量好坏将直接影响评估的结论。

收集的资料类型可以是数据、文字、图片、视频等形式,具体要求要根据不同的效果评估目标、内容和方法来决定。这些收集来的资料可以分为一手资料和二手资料。一手资料即从亲身实践或调查中直接获得的材料,也是最直接、最原始、最真实的资料,因而具有高度保密性。二手资料与一手资料相对应,是指通过对现成的资料内容进行收集、整理而来的资料,一般包括文献、报告、数据库等。无论一手资料还是二手资料,都可以成为文化创意传播效果评估的研究材料。

收集资料的方法众多,各有千秋,如文献阅读、问卷调查、观察、实验、访谈、购买等。评估小组根据实际情况可以选择自行组织收集资料,也可以选择由第三方专业机构完成收集资料的任务。选择第三方专业机构收集资料,一方面可以节约时间、人力成本,另一方面可以获得因客观条件限制评估小组无法获取的数据资料,如庞大的样本数量、更广泛的样本范围等。第三方专业机构通常会根据评估小组所提出的评估内容、评估方法等要求,提供个性化数据采集服务,帮助评估小组完成所需的资料收集工作。第三方专业机构也可以满足评估工作的部分需求,如提供足够的调查人员、供给所需的调查工具等。

在资料收集完成后,要注意资料的保存与保密,以确保文化创意传播效果评估工作的准确性与可靠性。

四、分析文化创意传播效果评估数据

收集完文化创意传播效果评估资料后,先要对基础资料加以核实,查证资料是否有问题或疑问、是否足够丰富以进行效果评估、是否可以作为效果评估的依据等。如果收集到的资料出现疑问、错误、不足等不符合要求的问题,应及时修正、再次核实或进一步收集必要的资料以作补充,确保在正式开展文化创意效果评估分析之前,所有资料与数据可靠、有效并合法合规,避免返工或做无用功。在审查核实完资料后,还要对资料进行加工整理、汇总归类,如为资料重

新命名、分类编号等,为后续进行分析研究提供便利。

对资料的分析研究可以有多种方法,本章第二节将会对此具体阐述。根据评估小组所制定的评估计划,采用恰当的评估方法与工具,对资料进行系统性分析。对于量化数据资料,可以通过对比分析、构建模型、工具辅助等方法进行数据分析与处理,并加以综合判断。对于质性数据资料,既可以根据一定标准对内容资料进行分类整理、质性分析,也可以对质性资料数据化编码,采用量化分析方法进行评估研究。采用量化分析方法还是质性分析方法,主要取决于文化创意传播效果评估目标。无论哪种方法,其目的都是从收集的资料与数据中提取有价值的信息,以便形成最终的效果评估分析结论。越来越多的效果评估分析会采用量化与质性相结合的方法,因为量化分析可以让评估分析过程和结果更加清晰明了,也相对严谨,而质性分析可以为量化分析提供研究基础或方向,也可以更好地阐释量化结果的意义。

在对资料分析研究的过程中,要充分尊重已经核实的各种资料和数据,并要秉着尊重客观事实的态度进行规范性的研究分析,科学、理性地对待文化创意传播效果评估分析研究出的任何结果。

五、提出文化创意传播效果评估结论

整个文化创意传播效果评估的最后一项工作就是根据调查和分析结果,撰写效果评估报告,并提出最终的评估结论。效果评估报告既是对文化创意传播效果的综合性评价,又是对文化创意传播工作的重新审视,为之后的发展提供经验借鉴与参考依据。

一般而言,撰写文化创意传播效果评估报告可以包括以下几个部分:一是评估概述,对整个效果评估工作做简要的说明,如评估项目名称、评估目的、评估内容等基本信息;二是评估实施过程,主要了解效果评估过程中具体工作的开展情况,如是否按照评估进度正常执行、是否出现特殊情况与原计划有所出入等具体内容;三是评估结果与结论,对文化创意传播效果评估的调查与分析研究的事实进行梳理、总结,阐述与评价其中关键性数据与结果,从而提出最终的效果评估结论;四是优化意见,针对评估中发现的不足或效果不佳环节,提出具有参考性、可行性专业意见,以便后续改进优化;五是备注及附件,对评估报告中需要进一步解释说明的内容进行备注和补充,包括名词释义、数据、图片、表格、问卷等内容。

本节所提及的文化创意传播效果评估流程为一般流程,根据不同评估目标与客观情况,评估流程可以进一步简化或更加细化,其目的都是顺利完成对文化创意传播效果的有效评估。

第二节 文化创意传播效果评估方法

可用于评估文化创意传播效果的方法众多。根据不同项目性质、评价目标、结果需求等标准,文化创意传播效果评估的方法也各不相同。因此,参照文化学与传播学的效果评估与研究

方法,本节将对文化创意传播效果的评估方法进行总结与阐述。

一、量化的效果评估方法

量化的文化创意传播效果评估方法是指遵循自然科学原理,尽量排除评估过程中的主观干扰因素,运用数理统计的思维、资料和技术手段,对文化创意传播进行概化抽象的研究,力求产生带有普遍性质的、数学化的模型结论,可以对文化创意传播活动的结果进行分析研究,对其发展趋势进行预判。下面介绍常见的量化效果评估方法。

(一)调查研究法

调查研究法是指对选择的样本进行提问来系统地收集有关资料,并通过对资料的统计分析来认识社会现象、揭示规律的研究方法。具体而言,进行调查研究的第一步是提出研究假设,即有待验证说明的命题,然后根据研究假设的需求,确定调查样本的范围和样本量,进而制定样本抽样的方法,在此基础上设计调查问卷,通过可行且合理的方式发放问卷,随即回收问卷并对问卷资料进行统计分析,测量变量之间的关系、检验研究假设正确与否,从而对研究内容进行定量描述,获得所需研究结果。

1. 调查研究法的优缺点

调查研究法将广泛大众作为研究对象,可以在较短时间内获取大量一手样本资料,样本量越大,其数据分析结果越客观,越趋于准确,可以更好地描述群体特征。采用标准化的问卷设计可以确保调查按步骤、规范地进行,同时标准化的测量方式让获取的信息与数据具有可比性,便于资料整理和分析。此外,通过科学的数量和统计手段对样本资料进行分析,可以更为准确、客观地测量变量之间的差异与关系。

同时,调查研究法也有其较为明显的缺点。标准化的问卷设计让调查研究缺乏灵活性,很难通过调查研究发现新问题、新变量,也无法了解被调查者更深层的需求、态度和情感方面的问题。另外,在调查过程中很难控制被调查者的主观偏差和偏见对问卷结果的影响,因而问卷内容的真实性有待考究,这样将影响调查结果的可靠性。

2. 抽样调查与问卷调查

在调查研究法中,样本的选择与问题的设置是十分关键的,这将直接影响收集的样本资料与调查结果。

抽样调查就是科学地从总体中抽取具有代表性的部分样本进行调查,以部分样本代表总体进行研究,进而分析和认识总体特征与规律。选择抽样调查的方法主要可以节省在人力、物力、金钱、时间等方面的消耗,同时也可以获得相对翔实的研究资料。抽样调查主要有随机抽样、非随机抽样和非概率抽样,其中具体的方法有很多,如简单随机抽样、等距抽样、配额抽样等,可以根据不同的研究内容和实际情况选择具体的抽样方法获得调查样本。

调查问卷是调查研究法用于收集数据和资料的重要工具,如何设计一份详细而周密的问卷是调查研究法中关键步骤。一般来讲,按照问卷结构可以分为结构型问卷和无结构问卷,按照调查方式可以分为自填式问卷和访问式问卷。在大量样本的定量调查研究中,一般采用自填式结构型问卷,便于问卷填写与回收。问卷的问题设计要在专业理论指导下反复推敲完善,在正式发放问卷前需要进行问卷前测实验,以确保问卷的效度和信度检验均符合科学的标准。此外,在问卷回收时,也要对问卷进行详细的筛查,及时剔除无效问卷,确保调查结果和结论的可靠性、准确性、科学性。

3. 调查研究法在文化创意传播效果评估中的应用

调查研究法是常用的定量研究方法,也被广泛应用到多个人文社会科学领域中。就文化创意传播的效果评估而言,往往需要研究群体或社会成员对文化创意或创意传播的反应,在获取大规模样本资料方面,调查研究法具有明显优势。通过客观和科学的调查研究,分析得出的结果与结论对评价文化创意传播效果具有可靠的参考价值。调查研究法可以用于研究受众的行为、态度、观念等,也可以用于研究受众与创意传播媒介之间的关系,或文化创意传播过程中各相关因素之间的关系等,其研究结果都可以作为评价与估计文化创意传播活动效果的依据。

(二) 实验法

实验法是在控制其他所有影响因素的情境下,通过操控变量进行对比,观察分析变量之间因果关系及其变化发展过程的研究方法。实验法由三对基本要素构成:一是自变量和因变量,自变量是实验中的刺激因素,引起其他变量变化,而因变量是随自变量变化而变化的变量,也是实验中需要观察和测量的结果;二是前测与后测,分别指实验实施刺激前后对因变量的测量,检验因变量实验前后的变化;三是实验组和控制组,控制组用来排除实验过程中引起的干扰因素,因而不接受实验刺激,通过两组结果对比发现实验本身的影响。

1. 实验法的优缺点

在众多人文社会科学研究方法中,实验法最突出的优点是其控制能力强,可以在实验过程中对实验对象和实验条件进行控制,尽可能降低实验结果的误差,得出较为客观的数据与结论,具有一定可信度。实验法的操作方式也决定了其可以快速建立因果关系,并能人为调控刺激因素,测量出其在实验中的作用。

但是,实验法在实际操作中也有一定局限性。实验环境无法模拟现实中的诸多非实验因素,因而与实际环境仍存在一定差距,出现效度困境[1]。同时,实验法适用于当下现象和问题的分析研究,难以测量长时间的变化,除非进行长期实验,财力、人力和物力花费较大。此外,实验法在人文社会科学的应用中,也受到法律与伦理道德的限制,因而也会影响部分实验结果的可靠性。

2. 实验法的类型

具体来讲,根据不同需求,实验方法也有众多细分类型。按照实验情境,实验法可以分为控制实验法和自然实验法。控制实验法是在室内环境中人为控制某些实验因素的实验方法,而自然实验法是在社会环境中自然进行实验的方法。按照实验设计,实验法可以分为前实验、准实验和标准实验。这是学者唐纳德·坎贝尔(Donald Campbell)和朱利安·斯坦利(Julian

---

[1] 徐沛,张艳,张放.传播研究方法基础[M].成都:四川大学出版社,2011:255.

Stanley)根据实验的控制程度和内外效度由低到高的水平进行划分的。按照时间控制和操纵自变量数量,实验法又可以分为单因素实验和多因素实验。按照实验目的,实验法也可以分为探索性实验和验证性实验,分别用以探索因果关系与检验研究假设。

3. 实验法在文化创意传播效果评估中的应用

实验法在文化创意传播的效果评估中应用范围较广。由于方法的可控性与科学性,实验法可以用于衡量文化创意传播各个环节的效果,如对文化创意传播内容的分析评价、对文化创意传播媒介的效用研究、对文化创意传播受众的行为与态度的研究、对文化创意传播最终效果的评估等。实验法在效果评估中的最大优势是可以直接测量变量之间的因果关系,寻找影响文化创意传播效果的重要因素。此外,可以采用实验法测试文化创意传播过程中的变动或调整,帮助传播者提高决策的科学性,明确文化创意传播的未来走向。

(三)内容分析法

内容分析法是传播学重要的研究方法之一,是以系统的、遵守规则的、严格的方式对传播内容进行客观、定量描述的研究方法。具体而言,内容分析法就是将语言或非语言信息转换为量化的数据资料,并对其采用科学性、系统性分析,最后通过统计数据得出最终结论。这种非介入性的研究方法可以研究传播的语言和非语言信息、信源情况、传播渠道以及传播前因和效果,对研究材料进行量化分析,从而发现传播中行为、态度、观念等的变化与趋势。

1. 内容分析法的优缺点

内容分析法是一种非接触性研究方法,更具客观性,受时间和空间限制较小,在一定情况下可以节约研究成本。内容分析法的研究内容相对明确,并在研究操作上也具有规范性,对研究内容的编码与分析过程必须保持一致,这确保了研究过程与研究结果的严谨性与客观性。内容分析法得出的结论具有系统性,是对研究内容的整体特征进行分析与描述。与其他量化研究方法不同,内容分析法兼顾质性与量化,对质性内容如词语、句子、段落、符号等信息进行量化编码与分析,将语言体系转换为数字体系,以数字形式的量化结论提升研究内容准确性。

虽然内容分析法是一种较为综合性的研究方法,但是过于依赖完整的资料素材,对于缺乏资料记录的研究不太适用。另外,由于测量、定义、分类的方法因人而异,不同研究者得出的结论有所偏差,经过加工与筛选的传播内容与客观现实会有出入,所以内容分析法与其他研究方法共同得出的结论才更具权威性与可靠性。但是,它依旧是诸多传播学研究的重要方法之一。

2. 内容分析法的操作过程

内容分析法有着一套严格的程序化操作规则。与其他量化研究一样,首先,确定研究目标、提出问题假设,在此基础上确定所要研究的范围,对研究内容样本进行抽样。其次,确定对信息内容的分析单位,如以词组、分钟、篇幅等为最小计数对象,单位越小,统计结果越精确。再次,需要制定可靠的分析维度或类别,以便对信息内容特性进行确认与分析,增加研究的深度。然后,根据建立好的量化测量系统,对信息内容进行编码,并进行效度与信度的检验,确保编码的准确性与可靠性。最后,通过统计分析软件对信息材料进行处理与分析,从而得出研究结论。

3. 内容分析法在文化创意传播效果评估中的应用

内容分析法化繁为简，在计算机与大数据技术的支持下，其适用范围不断扩大，并日益便捷与准确。在文化创意传播的效果评估方面，内容分析法同样适用。它不仅可以用于对文化创意传播的内容进行客观而系统的量化分析，而且也适用于文化创意传播效果评估，连接内容与受众，帮助传播者了解受众喜欢选择何种媒介获取感兴趣的内容。另外，内容分析法还可以就某一文化创意传播活动，对某时期某一媒介、同时期不同媒介或不同时期同一媒介的传播内容或者外界评价进行分析对比，以提升文化创意传播的效果与效益。

（四）其他量化效果评估方法

除以上三种常用的量化研究方法外，观察法、个案法等方法也可以用于衡量文化创意传播活动的效果。

观察法是观察者通过感官或借助仪器设备对研究对象进行观察，以获得真实可靠的一手资料的研究方法。通常根据研究所需或客观情况，观察者可以选择不同类型的观察方式，如实地观察、实验室观察、参与式观察、非参与式观察等。在观察过程中，要避免语言交流，可以通过描述、核对清单等方式对观察过程进行记录，或使用各种现代化设备或手段来辅助观察。虽然这种研究方法主观性较强，结论也相对片面，但是它灵活性强，不受被观察者意志影响，资料真实度高，也经常被用于评估传播效果。对于文化创意传播的效果评估来说，观察法可以帮助评估者直接、第一时间了解文化创意传播活动的受众反馈，如受众行为、态度与情感的变化，对传播效果做出初步评判。

个案研究法可以理解为通常所称的个案分析，主要是通过多种手段对某一个案进行详尽的研究与分析，从而寻找解决问题的方法或对未来发展的预判。这种方法虽然可以对个案进行全面、有深度的研究分析，但是缺乏客观性与普遍性，并且耗费时间较长。因此，个案研究法通常也与其他研究方法配合使用，以总结归纳出较为可靠与权威的结论。文化创意传播的效果评估也会采用此种方式，如对某一事件、某一过程、某一组织机构、某一社群进行个案分析，帮助评估文化创意传播过程中的个例或特殊现象，为整体效果评估提供翔实资料与依据。

二、质性的效果评估方法

质性的文化创意传播效果评估就是运用非量化、数字化手段和资料，对文化创意传播的效果进行深入理解、解释与批判，得出非数据化和模型化分析结论的方法。质性的效果评估方法采用归纳逻辑对文化创意传播的效果进行评价与估计，其分析结果与结论具有去标准化和个性化特点，对文化创意传播效果的分析也更深刻、更具人文关怀，容易得出关于意义、价值观等的深层次的评估建议，推动文化创意传播创新发展。下面介绍常见的质性效果评估方法。

（一）小组座谈法

小组座谈法也叫焦点小组访谈法，是由一个经过训练的主持人，组织、引导 6~12 人针对某个主题自由讨论，通过小组成员之间的互相讨论，获得关于研究问题较为深入的有价值信息。作为质性研究常用方法之一，小组座谈法可以研究对某一问题或现象的群体意见与态度，可以通过座谈形成某一研究的推论或假说，也可作为大规模样本的定量研究的补充，对其研究结果或结论进行解释或深入探讨。

由于座谈是以自由讨论形式开展的，小组座谈法在结构上比较灵活，在小组成员的讨论中就能完成资料收集工作，又快又高效，同时也容易获得比较丰富、具有广度和深度的资料内容。但是，这种研究方法对主持人的要求较高，主持人也是研究资料收集成功与否的关键因素，因而要求主持人有良好的交流沟通技巧，在调动小组成员进行自由讨论的同时，营造平等而轻松的座谈氛围。小组座谈法的无结构讨论也使得研究收集的小组成员回答无序、散乱，对资料整理工作提出较高要求。另外，这种座谈方式容易涉及隐私或保密问题，也增加了讨论和资料收集的难度。

小组座谈会在实施上也有一定的流程要求。首先，要准备、组织小组座谈：一是要对座谈现场进行布置，包括座谈所需要的设备仪器，为小组成员提供一个舒适的讨论环境；二是要组织参与讨论的小组成员，小组成员在构成上要尽可能多元，对研究问题有兴趣并乐于表达；三是选择适合小组座谈的主持人，不仅可以参与讨论，而且能够把握讨论气氛。其次，在做好基本的座谈准备后，要设计座谈会的讨论提纲，确保讨论涉及并突出所需要的研究问题与内容。最后，撰写小组座谈报告，要包括讨论中记录的小组成员真实的主要观点与意见。

小组座谈法在关于产品和服务的市场研究、产生信息与传播意义、阐释信息内容或传播技术方面具有优势。在关于文化创意传播效果评估的研究中，小组座谈法可以用于获取消费市场和受众市场更为直接、深入的认识与想法，如消费者对于文化创意产品和服务的反馈、对文化创意概念的理解、对创意传播行为的印象与偏好等内容。

（二）深度访谈法

深度访谈法也是一种重要的质性研究方法，一般采用"一对一"的直接访问方式进行。与量化研究中的标准化访问不同，深度访谈法是无结构或半结构化的深层次访谈，围绕谈话问题或主题，访谈人员与被访者进行自由交谈，以获取被访者对某一问题或某一现象的理解和深层认识，可以对复杂抽象问题进行深入探讨。

与小组座谈相比，"一对一"的访问形式让深度访谈的灵活性更强、弹性更大、自由度更高，有利于访谈双方进行深入、细致的交流，也容易发现新问题、新观点，具有主动性和创造性。但是，深度访谈不仅需要访谈人员具有较高的访谈技巧，其访谈质量将直接影响研究结果的质量，而且单次访谈耗时较长，也让访谈的规模受到限制，可进行的访谈数量相对有限。此外，通过深度访谈获取的资料较难进行量化统计与分析，也对报告撰写提出更高要求。

与小组座谈法的实施程序类似，深度访谈法首先要确定研究主题、制定访谈目标，采用机动的非概率抽样方式确定合适的访谈人选，根据"信息饱和原则"确定访谈人数。然后围绕访谈主题设计访谈提纲，访谈问题往往会在访谈过程中随着话题深入不断变化、调整，要及时记录访谈内容以备研究使用。最后对访谈内容进行整理，并结合相关研究理论进行编码与分析，参考访谈备忘录，对研究问题进行深度解读与阐释。

深度访谈法适用于剖析复杂现象或行为、讨论隐私性或非公开性问题、咨询专家或专业人士意见等。在文化创意传播的效果评估方面，深度访谈法可以直接了解被访者对文化创意传播的观点与看法，如访谈文化创意传播过程中的关键人物、重要参与者或极具代表性受众，以获得丰富而翔实的研究材料，尤其可以访问业内专家或学者，他们具有权威、专业的洞察与见解，对文化创意传播的效果评估具有重要参考价值。

（三）扎根理论研究方法

作为一种应用较广的质性研究方法，扎根理论就是通过经验资料构建理论的方法，一般是以观察切入，在对研究资料归纳总结基础上发展理论性概念或将其上升为理论，其主要分析思路就是比较，在资料、理论之间相互对比，提炼出其中的关系与属性。因此，扎根理论研究方法也是一种高度系统化、程序化的研究范式，包括确定问题、收集资料、编码资料、分析资料、整理备忘、构建理论、撰写报告等一系列科学化流程，其中对资料进行逐级编码是核心环节。

扎根理论研究方法的优缺点十分鲜明。一方面，扎根理论研究方法虽然以质性研究入手，但是加入量化研究的方法，让质性研究更具科学性、严谨性、系统性。另一方面，在使用扎根理论研究方法时，由于研究人员自身研究水平的差异、主观经验的影响、获取研究资料的区别，关于相同问题的研究结论也会有所不同。

扎根理论研究方法应用广泛，可以用于分析影响因素和群体心理、评估成效、策略制定等方面。就文化创意传播效果评估而言，可以用该方法评估影响文化创意传播的各方面因素、分析文化创意传播受众的心理活动、对文化创意传播效果进行评价、对典型性文化创意传播特征进行理论性归纳或规律性总结等，为之后更好地进行文化创意传播提供科学性的参考。

（四）其他质性效果评估方法

质性的效果评估方法众多，除了以上提及的方法外，网络民族志、话语分析等方法也都可以用于评估文化创意传播效果。

话语分析法即阐释和解读话语，揭示话语背后的内涵与意义，包括书面语、口语、网络用语等。它不仅以语言与句法、语用等语言学研究为主要内容，而且将自然语言、语境等都包含在内，研究话语产生的原因，话语生产者与被生产者之间的关系、思维方式与趋向等。因此，话语分析虽是起源于语言学的一种质性研究法，但其具有极强的可塑性与延展性，可以融合、适用于不同领域的研究分析，并且随着话语概念的外延不断拓展，话语分析法的应用范围也不断扩大。文化创意传播的整个过程离不开话语的参与，从文化创意传播的信息内容、产品服务，到传播过程所依托的媒介，再到受众反馈评价等，都是由各种类型的话语沟通连接而成，因而话语分析法可以用于评估文化创意传播各个环节的效果，揭示话语中媒介、文化、社会与人群之间的复杂关系，对之后文化创意传播活动的开展大有裨益。

网络民族志研究方法是一种专门观察和理解人们如何在网络上进行社会交往和意义建构的民族志研究方法。学者罗伯特·库兹奈特（Robert Kozinets）认为它是"基于线上田野工作的参与观察"。[1] 与民族志研究方法相比，网络民族志伴随互联网快速发展而生，以线上社区为

---

[1] [美]罗伯特.V.库兹奈特.如何研究网络人群和社区：网络民族志方法实践指导[M].叶韦明，译.重庆大学出版社，2016：2，71.

研究对象，因而整个研究是在虚拟的网络空间中进行并完成的，这也决定了其对各种媒介依赖性强，尤其需要通过网络媒介获取各种研究资料。从库兹奈特提出的网络民族志研究流程可以看出，其最大的特点在于研究者要沉浸式参与线上社区的网络生活，并努力挖掘社会、文化与媒介之间的关系，增强自己在线上社区的互动性参与，以此进行观察、收集资料。网络民族志研究方法一般用于研究网络文化，包括现象、属性、价值、话语、社会关系、意义等。随着数字化技术的升级发展，这种研究方法也被应用于研究与数字化媒介相关的文化内容。文化创意传播与数字技术、互联网技术密不可分，作为一种专门针对网络和数字文化现象的研究方法，网络民族志可以有效地完成部分文化创意传播效果评估工作。

三、其他效果评估方法

可以用于文化创意传播效果评估的方法有很多，除以上提及的量化与质性研究常用的几种方法外，还有其他效果评估方法可以对文化创意传播的效果进行评价与估计。下面将对其中几种进行简单阐述。

（一）对比分析法

对比分析法是效果评估中常用的方法之一，是指对两个或两个以上数据或指标做横向或纵向比较，分析它们之间的差异，进而揭示数据背后隐含的意义或规律。通过这种方法得出的结果显而易见，可以更为直观地对现实情况做出优劣评估，或对未来趋势进行预测。但是，对比分析法的实施依赖于可靠及有效的量化数据，当面对复杂情况或很难获取量化数据资料时，这种方法的可操作性就减弱，无法探究数字背后深层的意义。

就文化创意传播的效果评估而言，对比分析法的应用范围也甚广，可以对已有的传播效果相关数据以不同维度进行多次比较，如不同地域或不同媒介间的横向对比、不同时期或不同时段间的纵向对比等，从数值变化上了解传播效果的基本情况，如文化创意产品的销售情况、文化创意传播内容的曝光量、文化创意活动的参与人数等，为全面的文化创意传播效果评估提供初步判断或方向指引。

（二）层次分析法

层次分析法是以一种质性与量化相结合的多目标决策分析方法，常用于研究多目标、多方案、多要素、多层的复杂问题，揭示其本质、影响因素及内在关系等。这种方法先要对研究对象进行层次分解，比较同层次两两元素之间重要程度、做出量化描述，再经由计算判断出元素的相对权重，通过一系列系统化的比较、判断与分析，将用户定性态度转化为量化权重，进而为研究决策提供依据。

层次分析法的优点在于其将复杂问题简单化、条理化，通过质性与量化的结合，让研究过程与结果更加直观、简洁、明确，具有实用性与操作性。与此同时，对两两要素进行比较的过程可能会比较繁复，尤其是在出现多要素的情况下，检验一致性与考虑要素相关性等方面都相对困难。

尽管如此，层次分析法依旧在诸多领域得到重视与应用，多用于系统分析、规划决策、管理评价等方面。在文化创意传播效果评估的应用方面，层次分析法可以对文化创意的产品情况、服务质量、品牌价值、活动效果、媒介影响力、风险预估等进行评价，并以此建立系统性评估体系，为之后的效果评估工作提供重要参考。

（三）传播效果四度评价法

传播效果四度评价法[1]是以媒体对用户的认知、态度、行为的影响为研究对象，从传播度、影响度、友好度和互动度四个维度研究媒体与用户、社会之间的关系的方法。这种方法可以跨越多个媒体平台，对传播环境和传播效果做出精准量化评价，让评估结果具有可比性、有效性、全面性和真实性。

传播效果四度评价法在对评估效果的量化、考核和预判上具有优势，适用于品牌传播、舆情管理、公共关系、口碑管理、文化创意传播等方面。其中，具体对文化创意传播而言：这种方法可以对产品、服务或活动的传播效果进行量化评价，挖掘其中关键影响因素；可以对自身不同期、不同阶段的文化创意传播行为进行纵向对比，以便了解优化改良的实际效果；可以定量评估不同传播渠道、媒体上文化创意传播的效果和影响力，规划合理的传播媒体布局；可以预判文化创意传播效果或潜在危机，提前干预以保证文化创意传播活动顺利开展等。

（四）内容传播效果评估模型

内容传播效果评估模型，也叫"RESULTS"模型，是美通社基于ROI[2]指标和模型，提出的从内容传播的角度来衡量传播效果的一种模式。网络媒体环境快速变化，社交媒体等新媒体形式层出不穷，这一模型也随之诞生。"RESULTS"分别代表评估内容传播效果的七个维度，即到达（reach）、互动（engage）、社交（sociability）、易用（usability）、长尾（longevity）、交易（transaction）和情感（sentiment）。具体而言，这一模型从传播内容到达的广度、受众对传播内容的参与度、传播内容在社交媒体传播情况、传播内容的友好性、传播内容在搜索引擎中的可见性、传播内容在销售层面的表现以及受众对传播内容的评价等七个方面，更为全面而科学地评估传播效果。由此可见，内容传播效果评估模型在评估文化创意传播效果时具有适配性，尤其是在文化创意传播以内容为驱动的效果评估方面，可以及时知晓媒体和受众的反馈情况，有助于调整策略、提升传播效果。

此外，还有诸多评估文化创意传播效果的方法。选择何种方式衡量文化创意传播效果，取决于不同的效果评估目标。根据研究目的、评估内容、评价标准、客观条件等不同情况，可以采用不同类型的文化创意传播效果评估方法，可以选用单一方法，也可以选用多种方法组合完成评估工作。只要适合且能够完成所设定的评价任务、获得所需要的评价结果，即可以称之为合理、有效的评估工作。

---

[1] 传播效果四度评价法公布：品牌传播效果可量化评估[EB/OL]. https://baijiahao.baidu.com/s?id=16708149139098247558&wfr=spider&for=pc. [访问时间：2022-03-03]

[2] ROI是由威廉·伯恩巴克（William Bernbach）提出的广告理论。他认为，好的广告应当具备三个基本要素：相关性原则（relevance）、原创性原则（originality）、震撼性原则（impact）。

第三节 | 文化创意传播效果评估管理

文化创意传播效果评估管理就是运用科学的理论和方法,对文化创意传播效果评估工作进行高效率的计划、组织、引导、协调和控制,以实现效果评估过程的动态管理和既定效果评估目标的综合协调。对文化创意传播效果评估进行管理可以明确评估工作目标,降低评估工作组织风险与成本,高质高效地完成效果评估。

一、文化创意传播效果评估管理的内容

与一般的管理工作一样,文化创意传播效果的评估管理也包括时间管理、质量管理、沟通管理、风险管理等内容。

文化创意传播效果评估的时间管理就是对文化创意传播效果评估过程进行时间上的控制与管理,可以有效地安排文化创意传播的效果评估工作进程,保证每个评估环节有序地进行,以保证效果评估可以在规定时间内实现评估目标,让效果评估结果具有时效性。其主要包括评估工作定义、评估任务排序、评估资源估算、评估历时估算、评估进度计划及评估进度控制六部分程序。

文化创意传播效果评估的质量管理就是从质量角度对效果评估工作进行的指挥、协调和控制活动,保证文化创意传播效果评估结果可以达到预期目标,对文化创意传播工作具有实际指导与评价作用。其中,对文化创意传播效果评估的各具体任务进行质量把控,关乎整个效果评估过程的质量,因而要从质量计划、质量保证和质量控制三个方面对效果评估工作进行管理。

文化创意传播效果评估的沟通管理可以分为内部沟通管理与外部沟通管理:对内管理评估小组负责人与小组成员以及小组成员之间的沟通问题,对外管理评估小组与外部人员、机构、部门等组织的沟通问题。特别注意在文化创意传播效果评估结果认定或评分阶段,要对相关认定专家或评委的信息保密,派专人分别与之进行电话、邮件或面对面的对接。专家或评委的认定意见需要以书面形式呈现,以保证评估结果的可靠性与真实性,避免舞弊、作弊等情况出现。

文化创意传播效果评估的风险管理是指对效果评估过程中可能遇到的风险进行识别和分析,及时采取相应的措施以管控风险,最大限度地保障评估工作安全且顺利地推进,可以在规避影响效果评估工作的不确定因素的同时,提升效果评估工作的效率与效益。

二、文化创意传播效果评估管理的意义

文化创意传播效果评估的纵向运作包括启动、计划、实施和控制以及收尾等过程管理工

作。横向的文化创意传播效果评估运作则是对效果评估的时间、质量、沟通和风险等方面进行管理。无论是纵向的管理还是横向的管理，文化创意传播效果评估最终的目的都是对文化创意传播工作做出科学的评价与判定，对未来的文化创意传播工作具有重要意义。

第一，文化创意传播效果评估的主要意义就是检验决策目标。从结果判定文化创意传播工作的成效如何、实施的策略得当与否等问题，以此来评价文化创意传播是否实现既定目标，以及实际达到效果的程度。这是对一次或一项文化创意传播工作完成情况的总结与评价。

第二，文化创意传播效果评估可以时刻把握文化创意传播参与者动态，包括他们的兴趣偏好、思维方式、行为特征等信息，抓住他们的痛点，用于制定各种文化创意传播策略，提升文化创意传播效益与效率。同时，还可以在效果评估过程中探索文化创意传播发展趋势，了解文化热点、前沿科技、创意潮流等，对文化创意传播的改进与升级具有参考价值。

第三，文化创意传播效果评估的结果可以为其他或后续的文化创意传播工作提供经验参考与方法借鉴。例如：常态化的文化创意传播效果评估可以对其活动进行连续性、日常化跟踪、监测，以便及时发现问题、了解传播影响现状，适时调整传播策略，达到最佳传播效果；典型性的文化创意传播效果评估则可以对活动进行综合性、全面性总结，其评估结果也具有示范性，可以在测量方式、指标体系、技术路径等方面成为重要的参考依据，推动文化创意传播工作朝着科学化方向发展。

文化创意传播效果评估并不是一项孤立的工作，不仅与文化创意传播过程的各个环节密切相连，而且同之后的文化创意传播活动紧密相关。文化创意传播效果评估的结果可以成为下一项文化创意传播工作的调研参考或策略制定依据。当一个文化创意传播效果评估周期结束，也就意味着另一新的效果评估周期开始，周而复始、往复循环。因此，文化创意传播效果评估并不是文化创意传播工作的终点，而是未来更多文化创意传播工作的开端。

 案例解析

有效 or 无效：选秀节目的新创意

《创造营》《青春有你》等偶像养成类真人秀节目将日韩的"女团"和"男团"概念引入中国，不仅让"女团标准""男团标准"成为行业新的默许"规范"，选秀明星成为流水线上的产品，同样规格、千篇一律、毫无创意，也引发了如过度娱乐化、不良"饭圈"文化、违规应援打榜等事件。2021年9月，《国家广播电视总局办公厅关于进一步加强文艺节目及其人员管理的通知》发布，其中明确规定"广播电视机构和网络视听平台不得播出偶像养成类节目"。这无疑对选秀类节目是巨大的冲击。面对竞争日益激烈的现状，选秀类节目何去何从？

一、从"浪姐"看传统艺人的反杀[1]

相较之下,2020年上映的综艺《乘风破浪的姐姐》尝试冲出这个困境(见图10-1)。以塑造新的群体形象来区别于同类节目,并抵抗观众的审美疲劳,为选秀节目创新发展提供新的方向。

图 10-1 《乘风破浪的姐姐 2》片头

(图片来源:芒果 TV[EB/OL]. https://www.mgtv.com/b/354045/10948467.html.[访问时间:2022-07-17])

(一) 尝试突破原有选秀模式

与韩系工业流水线化的偶像选秀和日本养成模式的偶像选秀不同,《乘风破浪的姐姐》虽冠以女团之名,但成员们并不是娱乐工业生产线上的年轻女孩,而是资历颇丰的女艺人,拥有谈判权力和鲜明性格。这档节目选择让30个女艺人进行比拼,在展现每个人的性格特色和不为人知的另一面时,也丢掉年龄标签,跨越行业,打破女团的刻板印象,最后成团再次出道。因此,《乘风破浪的姐姐》也定位为全景音乐竞演类综艺节目,不仅实现国内传统艺人与新偶像产业模式的碰撞,也让我们看到了国内传统艺人的另一种可能。

(二) 精准捕捉看客情绪价值

"30+""成名艺人""全开麦 live"等字眼让《乘风破浪的姐姐》从一开始就踩在了"爆"和"出圈"两个关键词上。不仅如此,这档节目也从不同方面满足了大家的情绪价值:"30+"的姐姐就是对"媚青文化"的反击,是对一些社会固有偏见、年龄焦虑的抨击和抗议;节目中可以看到规定性模板和多样性样本之间的碰撞,这是对印象中"女团标准"的一种反抗;"全开麦 live"的现场演绎可以满足受众厌烦工业化娱乐产业修音、后期的情绪价值;30位不同性格女艺人同时出现,满足了看客追求不同人生、自由选择的情绪价值;而这一爆款综艺也贡献了不少话题和笑点,满足了观众的猎奇心理,体现了娱乐价值。

二、乘胜追击,"斩棘的哥哥"横空出世

趁着《乘风破浪的姐姐》的热度,《披荆斩棘的哥哥》也随之诞生。相较于《乘风破浪的

---

[1] 满足观众所有情绪价值的《乘风破浪》,昨晚刷屏了我的朋友圈[EB/OL]. https://baijiahao.baidu.com/s?id=1669359057403278443&wfr=spider&for=pc.[访问时间:2022-03-04]

姐姐》的核心"我要突破",《披荆斩棘的哥哥》的核心转变为"我要唤醒",通过男人之间的彼此探索、家族建立的进程,诠释"滚烫的人生永远发光",见证永不陨落的精神力。[1] 因此,节目采用"先颠覆,再重现"[2]的策略重构中年男性群体形象。

(一)颠覆传统中年男性形象

《披荆斩棘的哥哥》通过宣传语、台词、独白、歌词等形式,用大量文本信息内容引导和定位传统中年男性形象,如"昔日少年""不再少年""跌跌撞撞地老去"等文本,都隐含了中年男性群体"年龄增大""容颜衰老""体能机能下降"等典型的意义特征,为之后颠覆这一形象进行了充分铺垫。接着,又采用"火焰"符号、场景布置等来渲染"重生"的语境氛围。同时,通过节目的环节设置、竞争机制等"挑战情节",打破受众长期以来对中年男性的"油腻""不健康"等标签化的刻板成见。

(二)再现崭新中年男性形象

颠覆形象之后就要重塑形象。节目通过坚定神情的镜头、自信表达的采访镜头等视觉符码,让观众建立起与"勇敢""坚韧""自信"等词语之间的意义关联,对"哥哥们"产生全新的认知与形象定位。同时,通过"主流叙事""反差叙事"以及"标签化"等方式塑造全新的中年男性形象,在增强节目效果的同时,也加深了受众对不同"哥哥"的印象。同时,通过"自然化"再现了哥哥们在节目中不断挑战、不断蜕变的过程,凸显了新形象的特征。

三、"浪姐2"为何"浪"不起来了?[3]

《乘风破浪的姐姐第二季》于2021年1月22日在芒果TV上线。虽然承包了开播当天的热搜,但是话题热度远不及第一季,从节目播出情况来看,嘉宾和赛制也没有第一季的效果。

(一)套路相似,缺乏创新

"浪姐2"首先要解决的问题就是如何在节目原有调性基础上突破创新,给观众带来持续的新鲜感。但是,节目并没有在舞台表现和赛制设计上做颠覆性的创新,与第一季类似的情节和套路让观众产生了审美疲劳。节目设置的嘉宾人设又过于明显,以至于网友们都可以总结出两季嘉宾的人设对标。作为爆款节目,《乘风破浪的姐姐》模式可以延续或者复制,但相似的套路会折损观众原有的好感和新鲜感。

(二)立意空泛,内容单薄

"浪姐1"的成功主要在于传达了一种新女性态度,展示当代女性的"女子力",引发女性观众的强烈共鸣,这也是节目的核心立意。"浪姐2"虽同样以女性励志为主题,但生搬硬套地强调自信、奋斗的女性姿态,却并没有展现姐姐们自然而内在的特色,也让女性主义

---

[1] 《披荆斩棘的哥哥》总导演吴梦知:他们能给人启发[EB/OL]. http://www.infzm.com/contents/216989. [访问时间]:2022-03-04]
[2] 朱应霞. 颠覆与再现:《披荆斩棘的哥哥》对中年男性形象的重构[J]. 视听,2022(2):3.
[3] 浪姐2开播反响平平,"N代她综艺"如何才能延续魅力?[EB/OL]. https://www.sohu.com/a/448988881_120057219. [访问时间]:2022-03-04]

在节目中显得格外空洞。同时,"浪姐2"并没有展示关于"乘风破浪的姐姐不是选秀,而是一个关于选择的故事"的女团新定义的理解和阐述,因而空泛的设定让节目立意大打折扣。

(三) 表现平平,营销不当

"浪姐2"中姐姐们的整体水平与第一季相比也有所不及,总体表现平平。节目外关于姐姐们的八卦、人品、私生活等话题也分散了诸多观众的注意力,逐渐沦为节目组营销的切入点,导致节目的舆论走向偏离节目初衷。

整体而言,"浪姐2"并没有延续"浪姐1"的热度与关注度。制作展示女性力量的综艺节目不能只停留在口号上,归根结底还是要真正聚焦女性的内心世界和现实生活,找寻当代女性的人格特征,在此基础上创新节目形式、丰富表现手法、充实节目内容、把握营销痛点,制作真正有态度、有内涵的好节目。

思考题

1. 请谈谈文化创意传播效果评估要经历怎样的流程。
2. 试举例说明文化创意传播效果评估可以采用哪些方法。
3. 如何管理和控制文化创意传播效果评估的质量?
4. 怎样对文化创意传播效果评估的风险进行管理?

本章参考文献

[1] 黄汉江.投资大辞典[M].上海:上海社会科学院出版社,1990.
[2] 王颖吉.传播与媒介文化研究法方法[M].北京:北京大学出版社,2017.
[3] [美]雷纳德.传播研究方法导论[M].李本乾,译.北京:中国人民大学出版社,2008.
[4] 徐沛,张艳,张放.传播研究方法基础[M].成都:四川大学出版社,2011.
[5] [美]罗伯特.V.库兹奈特.如何研究网络人群和社区:网络民族志方法实践指导[M].叶韦明,译.重庆大学出版社,2016.
[6] 张立波.文化产业项目策划与管理[M].北京:北京大学出版社,2013.
[7] 曹洪星.商业策划与项目管理[M].北京:知识产权出版社,2019.
[8] 胡浩.焦点小组访谈理论及其应用[J].现代商业,2010(26):282-282.
[9] 孙晓娥.深度访谈研究方法的实证论析[J].西安交通大学学报:社会科学版,2012(3):6.
[10] 何雨,石德生.社会调查中的"扎根理论"研究方法探讨[J].调研世界,2009(5):46-48.
[11] 田霖.扎根理论评述及其实际应用[J].经济研究导刊,2012(10):3.

[12] 费小冬.扎根理论研究方法论:要素,研究程序和评判标准[J].公共行政评论,2008(3):22.

[13] 吴亚伟.扎根理论研究方法文献综述[J].市场周刊(理论研究),2015(9):20-21+78.

[14] 曹晋,孔宇,徐璐.互联网民族志:媒介化的日常生活研究[J].新闻大学,2018(2):10.

[15] 郭建斌,张薇."民族志"与"网络民族志":变与不变[J].南京社会科学,2017(5):95-102.

[16] 赵红.层次分析法在定量分析中的应用[J].中国公共安全:学术版,2010(1):3.

[17] 郜亚倩,许占民.基于层次分析法的文化创意产品评价指标体系构建研究[J].工业设计,2021(1):3.

[18] 朱应霞.颠覆与再现:《披荆斩棘的哥哥》对中年男性形象的重构[J].视听,2022(2):3.

[19] 在线新华字典[EB/OL].http://xh.5156edu.com/html5/199813.html.[访问时间:2022-03-01]

[20] 一文读懂扎根理论的研究应用[EB/OL].https://www.sohu.com/a/318783278_120052883.[访问时间:2022-03-04]

[21] 传播效果四度评价法公布:品牌传播效果可量化评估[EB/OL].https://baijiahao.baidu.com/s?id=1670814913909824755&wfr=spider&for=pc.[访问时间:2022-03-03]

[22] 美通社提出RESULTS模型,帮助企业衡量内容传播效果[EB/OL].https://www.prnasia.com/blog/archives/6765.[访问时间:2022-03-03]

[23] 满足观众所有情绪价值的《乘风破浪》,昨晚刷屏了我的朋友圈[EB/OL].https://baijiahao.baidu.com/s?id=1669359057403278443&wfr=spider&for=pc.[访问时间:2022-03-04]

[24]《披荆斩棘的哥哥》总导演吴梦知:他们能给人启发[EB/OL].http://www.infzm.com/contents/216989[访问时间:2022-03-04]

[25] 浪姐2开播反响平平,"N代她综艺"如何才能延续魅力?[EB/OL].https://www.sohu.com/a/448988881_120057219.[访问时间:2022-03-04]

[26] Hocking J E, Stacks D W, Mcdermott S T. Communication Research[M]. 3rd ed. Boston, MA: Peason Education, 2003.

[27] Saaty T L. The Analytic Hierarchy Process: Planning, Priority Setting, Resources Allocation[M]. New York: McGraw-Hill, 1980.

[28] Glaser B G, STRAUSS A. The Discovery of Grounded Theory: Strategies for Qualitative Research[M]. Chicago: Aldine, 1967.

[29] Hodges B D, et al. Discourse Analysis[J]. British Medical Journal, 2008(337):1-10.

图书在版编目(CIP)数据

文化创意传播学/薛可,龙靖宜主编.—上海:复旦大学出版社,2022.10
(博学.文创系列)
ISBN 978-7-309-16294-3

Ⅰ.①文… Ⅱ.①薛…②龙… Ⅲ.①文化传播-高等学校-教材 Ⅳ.①G0

中国版本图书馆 CIP 数据核字(2022)第 120580 号

文化创意传播学
WENHUA CHUANGYI CHUANBOXUE
薛　可　龙靖宜　主编
责任编辑/李　荃

复旦大学出版社有限公司出版发行
上海市国权路579号　邮编:200433
网址:fupnet@fudanpress.com　http://www.fudanpress.com
门市零售:86-21-65102580　　团体订购:86-21-65104505
出版部电话:86-21-65642845
上海丽佳制版印刷有限公司

开本 787×1092　1/16　印张 14　字数 314 千
2022 年 10 月第 1 版
2022 年 10 月第 1 版第 1 次印刷

ISBN 978-7-309-16294-3/G·2380
定价:49.00 元

如有印装质量问题,请向复旦大学出版社有限公司出版部调换。
版权所有　　侵权必究